FILOLOGIA CLASSICA E MEDIEVALE

7

DH.22.
Digital Humanities 2022

Per un confronto interdisciplinare
tra saperi umanistici a 30 anni dalla nascita
del World Wide Web

Atti del convegno internazionale, Dipartimento di Scienze Umane,
Università degli Studi dell'Aquila, L'Aquila, 26 e 27 ottobre 2022

a cura di
Maria Di Maro, Valeria Merola, Teresa Nocita

«L'ERMA» di BRETSCHNEIDER
Roma – Bristol, CT

Maria Di Maro, Valeria Merola, Teresa Nocita
a cura di

DH.22.
Digital Humanities 2022

*Per un confronto interdisciplinare tra saperi umanistici
a 30 anni dalla nascita del World Wide Web*

*Atti del convegno internazionale, Dipartimento di Scienze Umane,
Università degli Studi dell'Aquila, L'Aquila, 26 e 27 ottobre 2022*

© 2023 «L'ERMA» di BRETSCHNEIDER

Via Marianna Dionigi, 57   70 Enterprise Drive, Suite 2
00193 Roma – Italia   Bristol, CT 06010 – USA
www.lerma.it   lerma@isdistribution.com

Sistemi di garanzia della qualità
UNI EN ISO 9001:2015

Sistemi di gestione ambientale
ISO 14001:2015

In copertina:
Leonardo da Vinci, *Codice Atlantico*, f. 210r.

Maria Di Maro, Valeria Merola, Teresa Nocita – DH.22. - *Digital Humanities 2022. Per un confronto interdisciplinare tra saperi umanistici a 30 anni dalla nascita del World Wide Web* – «L'ERMA» di BRETSCHNEIDER, 2023 – 188 p. ; 24 cm. (*Filologia classica e medievale* ; 7)

DOI 10.48255/9788891328373

ISSN 2612-3762
ISBN 978-88-913-2834-2 (brossura)
ISBN 978-88-913-2837-3 (pdf)

CDD 800

1. Filologia

*Stampato nel rispetto dell'ambiente su carta proveniente
da zone a deforestazione controllata.*

Il volume è stato realizzato con il contributo erogato dal Dipartimento di Scienze Umane
dell'Università dell'Aquila.

INDICE

Premessa

Si raccolgono in questo volume gli atti del convegno internazionale *DH.22. Digital Humanities 2022. Per un confronto interdisciplinare tra saperi umanistici a 30 anni dalla nascita del World Wide Web*, svoltosi il 26 e 27 ottobre 2022 presso il Dipartimento di Scienze Umane dell'Università degli Studi dell'Aquila. Il ricco dialogo di quelle giornate, delle quali serba memoria il Canale di Ateneo Univaq (Prima giornata, https://www.youtube.com/watch?v=rziuanjPRYM&t=12264s; Seconda giornata, https://www.youtube.com/watch?v=oaEeWgoTygY), ha rappresentato l'occasione proficua per un paragone tra differenti prospettive di ricerca, legate ad ambiti disciplinari diversi (letterario, filosofico, artistico, scientifico). L'incontro, che è stato organizzato grazie ad un finanziamento di ateneo per lo sviluppo del progetto del Dipartimento di Scienze umane *AQDH (Aquila Digital Humanities Archive)* https://aqdh.codexcoop.it, testimonia l'impegno fattivo che l'università aquilana ha deciso di assumere nel complesso e variegato processo della transizione digitale. Ringrazio Paolo Canettieri, Anatole Pierre Fuksas e Carlo Pulsoni per aver accolto il libro nella collana *Filologia classica e medievale* da loro diretta.

Teresa Nocita

Teresa Nocita

AQDH (Aquila Digital Humanities Archive). Un archivio di risorse web per le Digital Humanities

DOI 10.48255/9788891328373.01

Franco Moretti al termine del suo ultimo pamphlet, *Falso movimento. La svolta quantitativa nello studio della letteratura*, dopo aver ricostruito attraverso quattro saggi una sorta di autobiografia della propria esperienza di studioso "digitale", si chiede se, alla luce di questa epocale rivoluzione tecnologica, la nostra conoscenza della letteratura sia realmente cambiata. La risposta, un po' sconsolata, con la quale si chiude il libro, è che «le *digital humanities* hanno fuggito il confronto con la grande cultura estetica e scientifica del Novecento»[1], rinunciando di fatto, e forse anche programmaticamente, a proporre un nuovo paradigma ermeneutico. Restringendo così la propria azione ad un intervento sul campo, è vero che si sia raggiunto un incremento in molti settori, lo stesso Moretti ammette che «le *digital humanities* hanno portato il lato statistico del lavoro a un livello di competenza professionale che va molto al di là di quel che si sapeva fare anche solo pochi anni fa»[2], ma si deve ammettere, sempre con Moretti, che «"Data-driven" vuol dire due cose: che una gran quantità di dati può agire come pungolo potente alla ricerca, il che è vero; e che la ricerca stessa può essere letteralmente *guidata* dai dati, il che è falso»[3]. L'immagine iconica del *Falso movimento*, di letteraria memoria goethiana (*Wilhelm Meister*) e dal cinematografico ricordo wendersiano, segna pertanto la dinamicità apparente di un processo dove l'orientamento pare del tutto assente: abbiamo perso la bussola.

Lo stordimento è del resto connaturato ad ogni operazione di transcodifica e nella cultura digitale il passaggio da un codice ad un altro è atto preliminare e propedeutico alla ricerca; come scrive Martina Vodola

---

[1] Moretti 2022, p. 149.
[2] Moretti 2022, p. 11.
[3] Moretti 2022, p. 12.

I processi di digitalizzazione stanno infatti riformulando le informazioni in termini digitali attraverso la loro trasposizione su supporti elettronici. Il processo implica la traduzione e la trasmissione di queste informazioni sotto forma di dati che ne sono una rappresentazione 'discreta' nel senso matematico del termine, composta cioè di parti separate, non continue. A differenza del dato analogico, quello digitale – da *digit* che in inglese significa 'cifra numerica' – è dunque una traduzione in elementi numerici di una fonte di partenza che non manterrà con quest'ultima una relazione 'esatta', ma ne sarà piuttosto una rappresentazione che, parafrasando Eco, dirà 'quasi' la stessa cosa; e dietro a quel 'quasi' si cela l'interpretazione di chi sta seguendo il processo di digitalizzazione e di chi ha programmato quel qualcosa che sta mettendo meccanicamente in atto il processo[4].

Non ci possiamo meravigliare perciò, ma forse neppure arrendere. Molte proposte sono arrivate nel corso degli anni per guidarci nella rete e per rispondere ad un bisogno tassonomico che, nella moltitudine delle informazioni, non può che dirsi vitale.

In questa direzione, un'ottima funzione di catalizzatore di notizie è svolta dalle riviste più prestigiose del settore: *Digitalia. Rivista del digitale nei beni culturali*, espressione dell'ICCU (Istituto Centrale per il Catalogo Unico) e *Umanistica digitale*, portavoce dell'AIUCD (Associazione per l'Informatica Umanistica e la Cultura Digitale).

Sul versante più specificamente universitario, un recente incontro in modalità blended, *Testi e autori della letteratura italiana on line (secc. XIII-XIX)*, organizzato dall'Accademia dell'Arcadia presso la Biblioteca Angelica il 28 gennaio 2022 e curato da Monica Berté, Giulia Raboni ed Emilio Russo, ha cercato di fare il punto su *Portali di ricerca, edizioni digitali, strumenti didattici*, come recitava il sottotitolo, cercando un confronto tra umanisti ed informatici.

Del resto, la triste esperienza della pandemia Covid-19 ha consolidato anche nell'opinione pubblica la reputazione delle risorse digitali umanistiche, che, nei momenti di lockdown hanno rappresentato l'unica opportunità per non fermare la didattica della scuola e dell'università, oltre che le vie della ricerca[5]. Il numero 2021 di *Griseldaonline*, nel quale si pubblicano gli atti del Convegno internazionale, *Italianistica digitale: biblioteche, portali, edizioni, strumenti*, organizzato nei giorni 1-2 ottobre 2020 dal Dipartimento di Filologia Classica e Italianistica (FICLIT) dell'*Alma Mater* di Bologna, insieme all'ADI (Associazione degli Italianisti) e all'AIUCD (Associazione per l'Informatica Umanistica e la Cultura Digitale), si dichiara pure come

---

[4] Vodola 2022, p. 157.
[5] Si veda soprattutto la riflessione di Caterino 2020.

Un'iniziativa nata per rispondere all'esigenza, che con l'emergenza COVID si è fatta una vera e propria necessità, di far conoscere a studiosi, docenti, insegnanti e soprattutto agli studenti, le piattaforme e i progetti digitali sviluppati negli ultimi anni su autori e testi di Letteratura italiana, divenuti ora uno strumento necessario per la didattica e la ricerca[6].

Tanto i fatti storici che l'esperienza concreta hanno senz'altro contribuito a far maturare una nuova consapevolezza circa le *Digital Humanities*, non solo a livello empirico ma anche sul piano teorico, e per quanto non sia corretto parlare di un'ideologia ermeneutica del digitale, come giustamente afferma Moretti, sopra ricordato, la sensazione che un "cambio di metodologia" sia già avvenuto è evidente se si pensa al «passaggio dalle *Humanities Computing* alle *Digital Humanities*, ovvero dall'uso del mezzo digitale come semplice ausilio al ricorso della tecnologia col fine di aprire nuovi orizzonti di ricerca»[7]. In particolare, già nelle relazioni dei lavori della Summer School *Tra(s)missioni: come la multimedialità forma e riforma la ricerca interdisciplinare nell'ambito dell'Italianistica e della cultura visuale* (9-19 settembre 2021, Università di Roma Tre), organizzata da Giuditta Cirnigliaro, Angelica Federici, Luca Marcozzi, Manfredi Merluzzi e sui quali ha riferito Martina Vodola[8], si riscontra un'attenzione particolare nei confronti dei progetti digitali, secondo quella tendenza che viene registrata compiutamente da Francesca Tomasi, quando afferma che

> Sulla progettualità nelle DH si vuole in particolare proporre una riflessione, perché il naturale risultato di ricerca di chi lavora in questo ambito è tipicamente riconoscibile in un progetto. Che sia un'edizione digitale, un *dataset*, un modello concettuale o un'ontologia, un *tool* o un'applicazione, un archivio o una biblioteca digitale, o in generale un database culturale o anche una collezione/raccolta di risorse o oggetti digitali relativi al nostro patrimonio, la pubblicazione dei risultati della ricerca non si esaurisce nel canonico contributo scientifico nella forma dell'articolo o della monografia, ma tipicamente è un prodotto, oggetto, strumento che trova nel digitale la sua collocazione e la sua ragione scientifica[9].

In tale scenario, l'attuazione del Piano Nazionale di Digitalizzazione del patrimonio culturale 2022-2023, approvato nell'ambito del PNRR (Missione 1, Componente 3, Investimento 1.1) dall'Istituto Centrale per la Digitalizzazione del

---

[6] ITALIA 2021, p. IV.
[7] MASELLI 2021, p. 336.
[8] VODOLA 2022.
[9] TOMASI 2021 pp. 208-209.

Patrimonio Culturale – Digital Library (Decreto MIC n. 12 del 30 giugno 2022), rappresenta per le *Digital Humanities* una nuova sfida e, al contempo, un impegno condiviso tra ambiti disciplinari diversi. Risulta perciò sempre più evidente la necessità di un confronto tra i differenti saperi, che si affianchi ad un aggiornamento costante sui recenti progetti in corso di sviluppo. Parimenti, si rende urgente un'operazione di censimento dei progetti digitali, che consenta un aggiornamento costante sullo *status quo* delle ricerche ed una loro catalogazione che renda intuitiva per l'utente la consultazione del *corpus* così allestito, attraverso il tramite di una modalità di fruizione delle risorse simile alla ricerca in Internet con i motori generalisti, che ciascuno di noi compie quotidianamente, e più volte al giorno.

Sul piano della produzione accademica, BASE (Bielefeld Academic Search Engine), www.base-search.net, motore di ricerca allestito dalla Bielefeld University Library, è senz'altro un riferimento obbligato. L'indicizzazione di metadati, estratti da tutti i tipi di risorse accademiche di rilevanza, come riviste, *repository* istituzionali, collezioni digitali, ha portato a raccogliere più di 300 milioni di documenti, con un accesso full text gratuito al 60% dei materiali indicizzati.

Sempre pensato per un pubblico di studenti e ricercatori RefSeek, www.refseek.com, è un *search engine* che mira a rendere accessibili a tutti, in modo semplice e diretto, le risorse elaborate e prodotte dal mondo accademico, superando quella barriera che troppo spesso divide il popolo di Internet dalla ricerca universitaria. RefSeek opera su più di 5 miliardi di documenti ed include nel suo archivio pagine Web, libri, enciclopedie, riviste e quotidiani.

Più specifico l'oggetto del censimento di AQDH (Aquila Digital Humanities Archive), che si focalizza sul repertorio dei progetti di ricerca digitali di argomento umanistico. AQDH è un archivio di risorse web per le *Digital Humanities*, nato da un'iniziativa del Dipartimento di Scienze Umane (DSU) dell'Università dell'Aquila e finanziato con fondi di Ateneo nel 2021-2022. Il progetto, del quale sono stata coordinatrice e responsabile, ha portato alla messa on line il 9 settembre 2022 di un database, interrogabile ad accesso libero https://aqdh.codexcoop.it. Questa iniziativa interdisciplinare si presenta come un portale del sapere umanistico e per la didattica in rete, ad uso della comunità scientifica, scolastica ed universitaria.

Attraverso la mappatura delle iniziative più rilevanti presenti nel Web, che si mostrino centrate sui differenti settori scientifico-disciplinari rappresentati nel DSU dell'università dell'Aquila, AQDH fornisce una guida per l'utilizzatore, garantendogli un percorso di ricerca tra risorse on line selezionate.

L'archivio raccoglie ad oggi quasi 200 schede, selezionate tra le iniziative più rappresentative e d'interesse, utili per la ricerca e la didattica nelle università, ma che possono trovare un buon impiego anche nella scuola secondaria di II grado.

Ogni risorsa è stata indicizzata con una breve descrizione del contenuto, tanto in forma estesa, quanto attraverso delle parole chiave, ed è accessibile con un link

Fig. 1. AQDH – Homepage.

diretto. Particolare attenzione è stata rivolta alla schedatura degli oggetti digitali, che sempre più affollano la nostra quotidiana realtà virtuale: riproduzioni digitali di manoscritti, stampe antiche, opere d'arte, ipertesti, ebook, edizioni digitali di testi, audio, video, multimedia.

L'interrogazione dei dati si effettua per parole libere, che vengono digitate dall'utente in una maschera d'ingresso, ma è possibile risalire ai siti pure seguendo la classificazione dei settori scientifico-disciplinari e utilizzando le parole chiave.

Una delle finalità che abbiamo voluto raggiungere è stata quella di rispondere alle esigenze della didattica, consentendo agli studenti universitari, come a coloro che frequentano la scuola secondaria di II grado, di reperire on line materiali utili al loro percorso formativo e alla preparazione degli esami (dalle raccolte di testi letterari filologicamente attendibili in formato digitale, agli archivi per la ricerca bi-

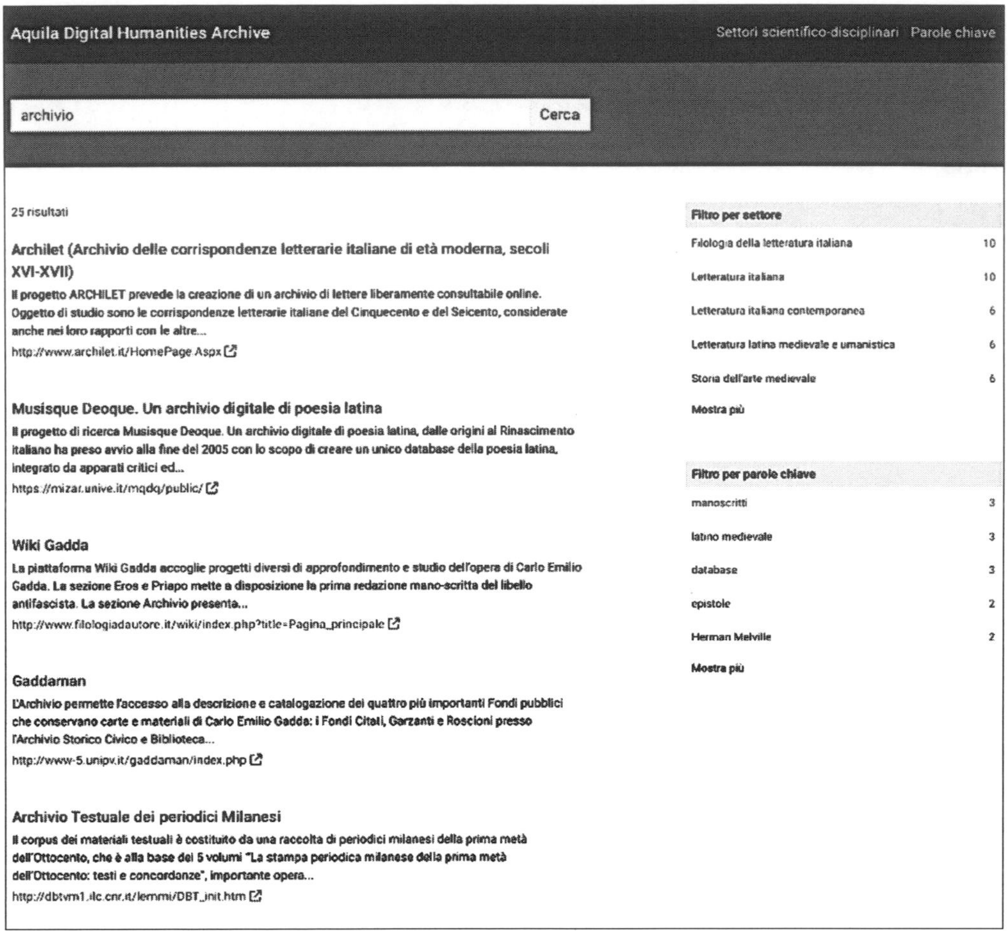

Fig. 2. AQDH – Ricerca libera.

bliografica, alle riproduzioni digitali di opere d'arte o di manoscritti, fino ai sussidi on line per lo studio delle scienze, materie presenti nei curricula di scienze della formazione). La consultazione di AQDH costituisce perciò una valida alternativa all'interrogazione "randomizzata" del web, che si avvale di motori di ricerca generici e indirizza molto spesso gli utilizzatori verso risorse inaffidabili, latrici di un'informazione non verificata e, in alcuni casi, addirittura mendace. Muovendosi all'interno di questo ambiente "protetto", poiché tutti i dati sono certificati nell'ottica di una qualificazione in linea con la richiesta universitaria e scolastica, l'utente non può approdare a siti che risultino inadeguati a livello informativo e non rischia di perdere tempo e sprecare forze inutili in una ricerca infruttuosa. Inoltre, la possibilità di avere a disposizione un ampio repertorio di risorse per la didattica rappresenta un valido strumento anche per i docenti. Tali materiali dovrebbero infatti costituire degli stimoli alla formazione individuale e alla costruzione di nuo-

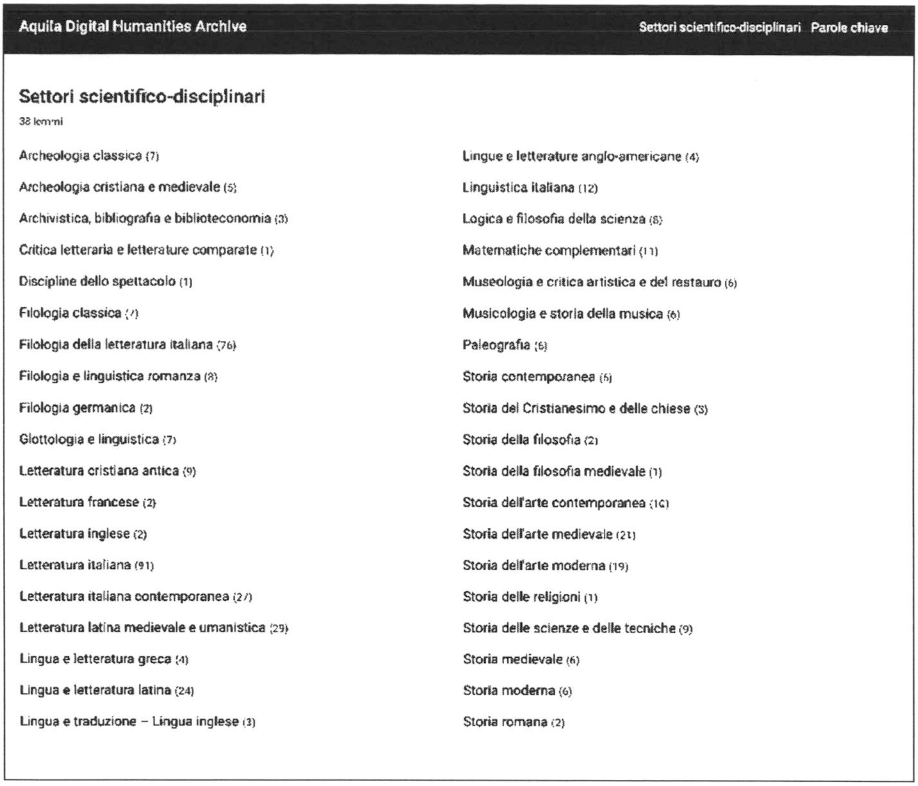

Fig. 3. AQDH – Ricerca per settori scientifico-disciplinari.

vi percorsi didattici che permettano un'alternativa attività di orientamento rispetto alle linee guida dei programmi scolastici e universitari.

Il sito AQDH ospita una breve descrizione del progetto, insieme ai loghi delle istituzioni proponenti, DSU (Dipartimento di Scienze Umane) e UNIVAQ (Università degli studi dell'Aquila), e patrocinanti, Museo Galilei, Istituto e Museo di storia della scienza di Firenze, Venice Center for Digital and Public Humanities dell'Università Ca' Foscari di Venezia, Società italiana per lo studio della Modernità Letteraria, Associazione degli Italianisti – Sezione didattica. Il comitato scientifico raduna studiosi di settori scientifico-disciplinari diversi (Andrea Bernardoni, Stefania Biscetti, Luisa Corona, Donatella Donati, Stefania Filosini, Andrew James Hopkins, Mirko Lino, Angela Longo, Laura Lulli, Silvia Maria Mantini, Maria Pilar Martinez Benedi, Lucia Maria Grazia Parente, Cristiana Pasqualetti, Luciano Pellegrini, Maria Barbara Savo, Marco Segala, Domenico Spinosa, Luca Zenobi), così come la redazione, costituita da Maria Di Maro, Alice Lemmo, Agnese Macchiarelli, Valeria Merola e Simone Sisani.

Il nostro portale AQDH vuole perciò tentare di fronteggiare operativamente quella situazione «di frammentazione, di dispersione e di isolamento, anche me-

Parole chiave

320 lemmi

Accademia degli Incogniti (1)	filologia d'autore (7)	miniatura (4)
Accademia del Cimento (1)	filologia dei testi a stampa (1)	mitologia (1)
Accademia della Crusca (4)	Filostrato (1)	Monarchia (2)
accademie (2)	Fiore (1)	monumenti (1)
acqua (1)	fisica (1)	mostre (1)
Agostino d'Ippona (1)	fondi manoscritti digitalizzati (2)	moto perpetuo (1)
Alcide de Gasperi (1)	fondo Lanciani (1)	multimedia (1)
Aldo Palazzeschi (1)	fonti (1)	musei (2)
Alessandro Manzoni (4)	fonti dantesche (1)	Niccolò Machiavelli (1)
Alto Medioevo (1)	fonti storico-artistiche (2)	Ninfale Fiesolano (1)
Amorosa visione (1)	formazione insegnanti (1)	Novecento (4)
Andrea Alciato (1)	fototeca (1)	ontologia (1)
Angelico Aprosio (1)	Francesco Guicciardini (2)	Opera del Vocabolario Italiano (1)
Angelo Di Costanzo (1)	Francesco Petrarca (5)	opera lirica (1)
Angelo Poliziano (1)	Fulvio Testi (1)	opere letterarie (4)
annotazione sintattica (2)	Gabriele d'Annunzio (1)	opere minori dantesche (1)
annotazione testuale (1)	Gabriello Chiabrera (1)	opuscoli (1)
antichità (1)	Galileo Galilei (3)	Ottocento (5)
Anton Francesco Doni (2)	Gender Studies (1)	Ovidio (1)
Antonio Gramsci (1)	Genealogia Deorum gentilium (1)	Padri della Chiesa (2)
Apostolo Zeno (1)	geometria (1)	Paolo Bufalini (1)
apparato critico (1)	Giacomo Leopardi (5)	Paradiso (1)

Fig. 4. AQDH – Ricerca per parole chiave.

todologico»[10] delle risorse digitali umanistiche, sottolineata da Paola Italia, che certo contraddice le condizioni di portabilità e interoperabilità, riconosciute peculiari del medium digitale, come afferma la stessa studiosa. Al tempo stesso ci siamo posti l'obiettivo, sempre più condiviso dalla comunità scientifica, di arginare «i problemi legati a tale proliferazione di dati, solo parzialmente controllata» che sembrano «ritrovarsi piuttosto nell'uso che di questo tesoro virtuale viene fatto, nella verificabilità dei materiali in esso contenuti, nella loro organizzazione e conservazione» come scrive Alessandro Vuozzo, licenziando un primo censimento delle iniziative in corso in formato di sitografia commentata[11].

---

[10] ITALIA 2020, p. 79.
[11] VUOZZO 2021, p. 213.

A livello europeo AQDH si rispecchia nelle linee guida della The Digital Research Infrastructure for the Arts and Humanities (DARIAH) istituita nel 2014 come European Research Infrastructure Consortium (ERIC), il quale «aims to enhance and support digitally-enabled research and teaching across the arts and humanities» e più in dettaglio

> Is a network of people, expertise, information, knowledge, content, methods, tools and technologies from its member countries. It develops, maintains and operates an infrastructure in support of ICT-based research practices and sustains researchers in using them to build, analyse and interpret digital resources. By working with communities of practice, DARIAH brings together individual state-of-the-art digital arts and humanities activities and scales their results to a European level. It preserves, provides access to and disseminates research that stems from these collaborations and ensures that best practices, methodological and technical standards are followed[12].

Precisamente DARIAH si propone di integrare

> Digital arts and humanities research and activities from across Europe, enabling transnational and transdisciplinary approaches. In particular, it provides value to its members and stakeholders through the validation and sharing of data, services and tools; by providing training and education opportunities; by enabling 'bottom-up' organisation around emerging research needs; and through the exercise of foresight and policy engagement. Through these activities, DARIAH promotes the further development of research methods in the arts and humanities, documenting the state-of-the-art, supporting the preservation and curation of research data with a focus on particular challenges including diversity, provenance, multimedia collections and granularity, and acting as a coordinator and integrator for a diverse community of practice.

Nel panorama italiano e nazionale, AQDH s'integra intenzionalmente nel progetto E-RIHS.it (già IPERION CH.it), che

> Rappresenta il nodo nazionale dell'infrastruttura di ricerca europea sull'Heritage Science E-RIHS (www.e-rihs.eu) e ha lo scopo di creare una infrastruttura di ricerca distribuita (RI) per l'Heritage Science in Italia[13].

E-RIHS.it grazie al finanziamento del MUR, Ministero dell'Università e della Ricerca, e al coordinamento del CNR (Consiglio Nazionale delle Ricerche) offre l'accesso a una vasta gamma di strumenti di alto livello scientifico, così come a metodologie, dati e strumenti per promuovere la conoscenza e l'innovazione nella conservazione dei Beni Culturali.

---

[12] https://www.dariah.eu/about/dariah-in-nutshell/.
[13] https://www.e-rihs.it/chi-siamo/.

Esistono pertanto dei validi presupposti perché AQDH possa proseguire autonomamente la sua attività anche dopo il finanziamento di Ateneo. In considerazione soprattutto del fatto che DARIAH opera attraverso un network europeo di Centri di Competenza Virtuale (VCCs), ciascuno dei quali si configura come gruppo di lavoro autonomo e presenta un modello strutturale molto simile a quello di AQDH, tanto per l'assetto interdisciplinare che per la caratteristica di essere costruito su di una specifica area di interesse scientifico, non è escluso che AQDH riesca a trovare una sua collocazione futura proprio all'interno di questa rete. Altra strada che vorremmo percorrere è quella di coinvolgere gli studenti nell'implementazione della piattaforma attraverso delle attività di tirocinio, che potrebbero assumere una connotazione interuniversitaria, grazie alla disponibilità e all'interesse di altre sedi accademiche sul territorio nazionale. Il varo avvenuto da poco di un Laboratorio Digitale presso la sede del DSU all'Aquila consente di valutare anche quest'ultima opportunità, che ci sarebbe, in qualità di insegnanti, particolarmente gradita.

Un segno della vitalità di queste tematiche e di questi argomenti, con buone prospettive anche per il nostro portale AQDH, è certamente la riflessione che si è sviluppata nelle due giornate dell'incontro aquilano del 26 e 27 ottobre 2022, *DH.22. Digital Humanities*, del quale adesso qui si pubblicano gli atti in forma di instant book. Il convegno, inteso a favorire il confronto tra i diversi saperi umanistici, ha anche tentato di fare il punto sui risultati acquisiti dall'informatica per le discipline letterarie, storiche, artistiche e filosofiche nell'arco dell'ultimo trentennio, a partire dalla nascita del World Wide Web. Molto, certo, è stato fatto, ma tanto resta ancora da fare: speriamo che la collaborazione tra atenei, centri di ricerca e scuola, docenti e discenti si sviluppi nel segno di una sinergia capace di assicurare soluzioni e risultati di rilievo negli anni a venire.

SITOGRAFIA e BIBLIOGRAFIA

BASE (Bielefeld Academic Search Engine)
www.base-search.net

DARIAH-EU. The pan-European infrastructure for arts & humanities scholars
https://www.dariah.eu

Digitalia. Rivista del digitale nei beni culturali (ICCU)
https://digitalia.cultura.gov.it/issue/current

E-RIHS.it European Research Infrastructure for Heritage Science
http://www.e-rihs.it

RefSeek
www.refseek.com

Umanistica digitale (AIUCD - Associazione per l'Informatica Umanistica e la Cultura Digitale)
https://umanisticadigitale.unibo.it

Caterino 2020 = A.F. Caterino, *L'emergenza COVID-19 vista con gli occhi delle* digital humanities: *somme e sottrazioni*, in Caterino-Favaro-Marini-Trevisan 2020, pp. 6-12.
Caterino-Favaro-Marini-Trevisan 2020 = Digital Humanities *nell'italianistica: prospettive per una rinascita*, a cura di A.F. Caterino, F. Favari, A. Marini, A. Trevisan, in *Kepos. Semestrale di letteratura italiana*, III, 1, 2020.
Fiormonte 2003 = D. Fiormonte, *Scrittura e filologia nell'era digitale*, Torino 2003.
Fiormonte 2018 = D. Fiormonte, *Per una critica del testo digitale. Letteratura, filologia e rete*, Roma 2018.
Italia 2020 = P. Italia, *Editing Duemila. Per una filologia dei testi digitali*, Roma 2020.
Italia 2021 = P. Italia, *Premessa*, in *Griseldaonline*, XX, 2, 2021, pp. IV-VI.
Mancinelli-Pierazzo 2020 = T. Mancinelli - E. Pierazzo, *Che cos'è un'edizione scientifica digitale*, Roma 2020.
Maselli 2021 = M. Maselli, *Per una rassegna degli strumenti della critica dantesca: dai repertori testuali ai dispositivi digitali*, in *Paratesto*, 18, 2021, pp. 299-337.
Moretti 2022 = F. Moretti, *Falso movimento. La svolta quantitativa nello studio della letteratura*, Milano 2022.
Riva 2017 = *Insegnare letteratura nell'era digitale*, a cura di F. Riva, Pisa 2017.
Roncaglia 2020 = G. Roncaglia, *L'età della frammentazione. Cultura del libro e scuola digitale*, Bari 2020.
Tomasi 2016 = F. Tomasi, *Edizioni o archivi digitali? Knowledge sites e apporti disciplinari*, in *Edizioni Critiche Digitali. Edizioni a confronto*, a cura di P. Italia, C. Bonsi, Roma 2016, pp. 129-136.
Tomasi 2021 = F. Tomasi, *AIUCD. Un portale concettuale per le* Digital Humanities *in Italia*, in *Griseldaonline*, XX, 2, 2021, pp. 206-212.
Vodola 2022 = M. Vodola, *Le* Digital Humanities *e la ricerca umanistica*, in *Testo*, 84, 2022, pp. 157-162.
Vuozzo 2021 = A. Vuozzo, *Per un repertorio degli strumenti dell'italianistica digitale*, in *Griseldaonline*, XX, 2, 2021, pp. 231-239.
Zaccarello 2019 = M. Zaccarello, *Teoria e forme del testo digitale*, Roma 2019.
Zaccarello 2020 = M. Zaccarello, *Leggere senza libri*, Firenze 2020.

Andrea Balbo

L'antichista nell'era digitale:
un quadro di riflessione teorico-pratica nel terzo millennio*

DOI 10.48255/9788891328373.02

1. *Che cosa è cambiato oggi nel lavoro dell'antichista?*

In un contesto dedicato a una riconsiderazione ad ampio spettro sulle forme con cui le *Digital Humanities* sono entrate nel mondo della ricerca umanistica, una riflessione sul ruolo dell'antichista nel XXI secolo risulta quanto mai necessaria[1]. Se l'antichista continua a essere colui che studia l'antichità e – nell'accezione occidentale – quella greco-romana[2], allora dal punto di vista dell'oggetto di indagine poco è cambiato. Gli antichisti si occupano sempre di mondo antico, con una discrasia tra gli archeologi e i filologi: i primi risalgono fino all'età micenea intorno al 1600 a.C., i secondi dai poemi omerici fino all'età tardoantica, ovvero almeno dall'VIII secolo a.C. al VII d.C., considerando il tardoantico secondo un'estensione molto ampia.

---

*Nel ringraziare ancora gli organizzatori del convegno per l'invito, riproduco qui il mio intervento cercando di conservarne la natura di intervento a una conferenza. Mi occuperò qui della filologia e della letteratura, lasciando da parte l'archeologia. Ringrazio Simone Mollea per gli utili suggerimenti.

[1] Rimando a Balbo 2020a e a Pagnotta 2013.

[2] La definizione dell'ambito di ricerca dell'antichistica e, conseguentemente, della fisionomia dello studioso di discipline collegate all'antichità è un tema antico, sviluppatosi in particolare nell'Ottocento tedesco, grazie alla filosofia idealistica e al Romanticismo e che ha trovato, come è noto, grandi rappresentanti nelle figure di Friedrich August Wolff, August Wilhelm Boeckh e Ulrich von Wilamowitz Moellendorff, dando vita a un concetto globale e unitario della *Altertumswissenschaft*. Le meditazioni sullo statuto dell'antichistica si sono prolungate per tutto in Novecento e ancora più nel XXI secolo, dove tale unitarietà è stata messa in crisi dalla progressiva perdita di centralità dell'Europa, un fenomeno che ha portato alla critica all'antichistica, percepita – nei contributi positivi – come plurale e non greco-o romanocentrica, aperta a discipline come l'antropologia e l'umanistica digitale, in quelli negativi come gerarchica e vagamente razzista (si pensi ai contemporanei movimenti di *cancel culture* e di richiesta di eguaglianza nel trattamento razziale degli antichisti). La bibliografia è immensa, ma accanto ai canonici Canfora 1989 e Gianotti 1997, segnalo il recente Borgna 2022.

Gli studiosi prendono in esame testi, manufatti, monumenti, opere d'arte, vasellame, prodotti di cultura materiale, manoscritti, pubblicano edizioni di testi, articoli, relazioni di scavi, atti di convegni recensioni… Tuttavia, dietro questa apparente similitudine, se confrontiamo il lavoro antichistico di oggi con quello di cinquanta anni fa, le cose sono molto diverse, perché la rivoluzione informatica o digitale – chiamiamola come vogliamo – ha influenzato decisamente lo studioso di antichità sotto i tre profili canonici dell'attività universitaria, ricerca, didattica e divulgazione (o terza missione), determinando un impatto rivoluzionario sulle discipline che studiano il passato e costringendole a fare i conti non solo con i processi e con gli strumenti nuovi, ma anche a ridisegnare gli approcci metodologici. Di fatto, la rivoluzione digitale offre ora all'antichista la possibilità di compiere operazioni molto raffinate di ricerca testuale, di comparazione tra risultati, di analisi linguistica, di indagine sui manoscritti, di esame delle interazioni tra testo e oggetto materiale nelle epigrafi, di integrazione di suono, immagine e loro animazione nella didattica. La dimensione digitale ha aperto veri e propri ripensamenti sui concetti e sui fondamenti dalla filologia, con la creazione di una filologia digitale[3] e la nascita di una didattica digitale dell'antico[4]. In generale, l'antichista divenuto digitale può ora rivedere la distribuzione del proprio tempo dedicando maggiori risorse alla riflessione e all'analisi dei dati, creare un'edizione digitale avvalendosi di alcuni strumenti online e offline, collaborare a riviste o a pubblicazioni attraverso l'attività svolta sui *cloud*, accedere a risorse bibliografiche a distanza tramite i *repositoria* evitando spese per l'acquisto o il prestito interbibliotecario dei volumi (e abbiamo visto quanto questo è stato utile per il Covid). Procediamo a una descrizione un poco più analitica.

1. 1. *Le attività obsolete*

1.1.1. *La preparazione manuale del testo*

Non si pratica più la trascrizione manuale a penna di un testo classico (anche manoscritto), salvo che per esigenze di forza maggiore come l'indisponibilità di strumenti elettronici o di pc; parimenti, la possibilità di reperire i testi latini e greci su banche dati digitali consente di esportarli nei propri editor di testi come Word o Writer evitando di perdere tempo nelle trascrizioni informatiche, in cui il pc è poco più di un succedaneo della macchina da scrivere.

---

[3] Sulla prima, alla quale dedicherò alcuni approfondimenti nelle pagine seguenti, rimando alle sintesi di MILANESE 2020, BERTI 2019.

[4] Su di essa mi limito a rinviare ai miei BALBO 2007 (di cui uscirà nel 2023 la seconda edizione) e BALBO 2020a, oltre che a MONELLA 2020.

1.1.2. *Le concordanze manuali*

Non si realizzano più come volume apposito le concordanze manuali o semiautomatiche, come quelle accolte nella nota e celebre collana di Olms-Weidmann, dato che esse sono integrate all'interno della maggioranza dei *repositoria* di testi online, come per esempio *Classical Latin Text* (https://latin.packhum.org/concordance), che consentono di realizzare indicizzazioni e liste di KWIC (Key Word in Context) con enorme velocità (un massimo di alcuni secondi per testi molto lunghi).

1.1.3. *La preparazione manuale di una pubblicazione*

L'uso del PC ha determinato la trasformazione totale anche dei prodotti della ricerca antichistica, che non solo sono composti secondo le regole della stampa digitale, ma permettono di alleggerire le attività editoriali spostando le operazioni di una redazione all'interno di strumenti condivisi online come Google Drive o Dropbox.

1.2. *Le attività modificate*

1.2.1. *La preparazione del testo*

La possibilità di avvalersi dei testi online su *repositoria* di latino e di greco[5] e l'opportunità di utilizzare programmi OCR[6] ha consentito di avere a disposizione in formato utilizzabile da un editor testi acquisiti elettronicamente con la digitalizzazione, risparmiando il tempo per la trascrizione. In generale, l'accesso a grandi moli di dati liberi rappresenta uno dei frutti più importanti della rivoluzione digitale nell'ambito antichistico e non solo. Strumenti come Transkribus (https://readcoop.eu/transkribus/) ed Escriptorium (https://www.escriptorium.uk/) consentono ora di procedere a digitalizzazioni dirette dei manoscritti, senza passare attraverso la trascrizione elettronica.

1.2.2. *Le ricerche linguistiche*

Gli studi che necessitano di un esame delle frequenze di un termine non si compiono più attraverso gli indici cartacei, se non in casi rari e residuali di opere minori non disponibili nelle banche dati e, parimenti, non si realizza più l'indicizzazio-

---

[5] Rimando ancora una volta a Balbo 2020a per una loro analisi. Ricordo semplicemente, tra i più importanti, *Classical Latin Texts* (https://latin.packhum.org/browse), *Corpus Corporum* (https://www.mlat.uzh.ch/), *Digiliblt* (https://digiliblt.uniupo.it/index.php), *Mqdq* (https://mizar.unive.it/mqdq/public/ricerca/avanzata).

[6] *Optical Character Recognition*. Il riconoscimento ottico dei caratteri si realizza sia con strumenti a pagamento sia con *tool* online gratuiti: la differenza risiede nella qualità del testo ottenuto, ovvero nel numero di errori di trascrizione e di riconoscimento commessi dal programma.

ne manuale; l'analisi linguistica può ora avvalersi di strumenti già caratterizzati da un certo grado di raffinatezza e facilmente utilizzabili online, come *Voyant Tools* (https://voyant-tools.org/), *ELA Tools* (http://ela.unisi.it/compare/) o *Tesserae* (https://tesserae.caset.buffalo.edu/). Le ricerche linguistiche si muovono all'interno del *Natural Language Processing*, la branca dell'informatica – e più precisamente quella dell'intelligenza artificiale – che si occupa di dare ai computer la capacità di comprendere i testi e le parole pronunciate in modo simile a quello degli esseri umani. Il corpus testuale utilizza l'insieme dei testi scritti in una qualsiasi lingua naturale per ricavare l'insieme delle regole astratte che governano quella lingua. Questi risultati possono essere utilizzati per esplorare le relazioni tra quella e altre lingue che sono state sottoposte a un'indagine simile. Gli strumenti di analisi computazionale consentono agli studiosi di leggere i testi in modo nuovo, utilizzando l'apprendimento automatico per individuare i modelli di frequenza delle parole nei testi. Il NLP è alla base di programmi informatici che traducono il testo da una lingua all'altra, rispondono a comandi vocali e riassumono grandi volumi di testo rapidamente, anche in tempo reale, e costituisce quindi una significativa base di ricerca per progetti a lunga scadenza come la traduzione automatica o l'analisi del "sentimento", che cerca di estrarre dal testo elementi soggettivi – atteggiamenti, emozioni come sarcasmo, confusione, sospetto – anche agendo sulla disambiguazione di entità come, per esempio, parole omografe.

1.2.3. *L'accesso ai manoscritti*

La digitalizzazione dei manoscritti, con la possibilità di poter consultare gratuitamente immagini in alta risoluzione, consente da un lato di evitare in molti casi[7] viaggi costosi e, in tempi post-Covid e problematici dal punto di vista bellico, non privi di pericoli, dall'altro di ridurre i costi di riproduzione avvalendosi delle risorse ad accesso libero[8]. La possibilità di ingrandire le immagini, di selezionare particolari, di contrastare il testo hanno dato l'opportunità al filologo di poter leggere a fondo il manoscritto anche senza strumenti come la lente e la lampada di Wood[9]

---

[7] La mia esperienza personale mi fa ritenere che le immagini digitalizzate di alta qualità siano ottimi strumenti di indagine sui manoscritti, sicuramente superiori alle fotografie, anche se una visione autoptica è sempre necessaria, soprattutto quando entrano in gioco questioni legate agli inchiostri usati e all'aspetto materiale del codice o del papiro.

[8] Risulta a questo proposito da elogiare la decisione di enti come le biblioteche svizzere, la Staatsbibliothek di Monaco di Baviera e la Biblioteca Apostolica Vaticana di digitalizzare progressivamente i loro manoscritti e di metterli a disposizione senza pagamento agli studiosi online, mentre risulta deprecabile e in controtendenza la scelta contraria della biblioteca di Leida, che ha riportato a pagamento la possibilità di utilizzare le riproduzioni online.

[9] Resta forse solo qualche eccezione per quanto riguarda le glosse marginali, in molti casi visibili in modo efficace solo con una ricognizione autoptica e un'illuminazione specifica. Non mi riferisco qui, naturalmente, ai casi particolari dei manoscritti che si trovano in condizioni problematiche

e, soprattutto, di confrontarli tra di loro semplicemente mettendo in parallelo le pagine digitali di diverse biblioteche.

1.2.4. *L'accesso ai contenuti*

Tutte le progettazioni in ambito digitale cercano di obbedire a uno standard FAIR (acronimo per *Findable, Accessible, Interoperable, Reusable*), che sottolinea non solo l'agevole reperibilità di quanto si sta cercando, ma soprattutto la riutilizzabilità del dato e la sua interoperabilità, vale a dire la possibilità di mettere in comunicazione progetti differenti attraverso formati elettronici di interscambio che siano compatibili gli uni con gli altri e che consentano di usare gli stessi materiali su piattaforme diverse: si tratta ancora di una prospettiva *in fieri*, ma già connotata da molte positive interazioni, come quelle di *Corpus corporum* e del progetto LILA, sui quali tornerò *infra*. Parallelamente, la presenza online di numerose banche dati bibliografiche consente un continuo aggiornamento scientifico delle novità disponibili, permettendo di realizzare una bibliografia organica e strutturata efficacemente: utilissimi in questo senso, al di là dell'*Année Philologique*, che è a pagamento, sono per esempio *Gnomon Bibliographische Datenbank* (https://www.gbd.digital/metaopac/start.do?View=gnomon), *Senecana* (www.senecana.it), *Tulliana* (www.tulliana.eu) e *Digiliblt* (https://digiliblt.uniupo.it/index.php).

1.2.5. *La pubblicazione dei risultati*

Lo spostamento in rete di numerose attività ha anche consentito lo sviluppo di forme di pubblicazioni esclusivamente online (penso alle riviste *Ciceroniana on line* (https://www.ojs.unito.it/index.php/COL) e *Historiká* (https://www.ojs.unito.it/index.php/historika) oppure ibride, ovvero diffuse online e stampate, come, per esempio, *Lingue antiche e moderne* (https://lingue-antiche-e-moderne.it/). Parimenti hanno trovato nuovo sviluppo anche collane nate già in forma mista con open access nativo (e quindi scaricamento immediato dei volumi) e acquisto di copie cartacee su richiesta, come *Roma Sinica* (https://www.degruyter.com/serial/ros-b/html).

1.2.6. *Lo sviluppo delle relazioni associative e seminariali online*

Il mondo post-Covid ha facilitato la trasformazione delle attività dei sodalizi di ricerca e delle attività seminariali, che hanno trovato nuovi spazi in rete e possono svolgere attività a distanza tramite webinar o riunioni a distanza o ibride: mi riferisco, per esempio, alla SIAC, *Société Internationale des Amis de Cicéron* (www.tulliana.eu), che svolge *online* gran parte delle sue attività.

---

o per il loro stato di conservazione o per la necessità di utilizzare strumenti specifici di maggiore raffinatezza, come nel caso dei papiri di Ercolano.

2. *Le attività innovative*

2.1. *Il testo aumentato*

Dato che abbiamo toccato il problema del testo, bisogna ricordare che l'antichista oggi ha a che fare con diversi livelli testuali che possono fornire informazioni differenti e apparire in modalità di rappresentazione non identiche. Se l'antichista non digitale si occupava del testo manoscritto e dattiloscritto, poi stampato e corredato dagli opportuni paratesti, ora egli ha a disposizione e produce testi progressivamente arricchiti o arricchibili. La prima forma è costituita da un testo leggibile a video e online con o senza formattazioni speciali, eventualmente esportabile in .txt o altri formati essenziali e modificabile attraverso gli editor di scrittura più comuni (dal *Word* al *Writer*); un secondo livello è costituito da un testo leggibile online ed esportabile in .pdf o altri formati stabili. Segue un testo annotato o marcato secondo i criteri stabiliti dallo standard TEI-XML, che permette di esportare l'opera descrivendola dal punto di vista strutturale (titolo, autore, libro, capitolo, paragrafo, cambio di locutore) e sotto il profilo contenutistico (genere letterario, epoca), fino a entrare ove possibile all'interno di un sistema più approfondito e scientifico, che può concernere, per esempio, i nomi propri, le indicazioni di luogo, di oggetto, le indicazioni cronologiche, le figure retoriche di posizione, gli elementi poetici e le tipologie di verso. La marcatura, che è effettuata per mezzo di programmi appositi come *oXygen* ma che comincia a essere gestita anche con sistemi più semplici[10], rappresenta un valore aggiunto notevole, perché più è raffinata e precisa, maggiori possibilità offre di interrogare con precisione e raffinatezza il testo, indagandone elementi concettuali e linguistici. Esiste poi un livello ulteriore di testo annotato pensato per le analisi legate al Natural Language Processing e alle attività di Intelligenza Artificiale, che consistono nella creazione di sistemi di ricerca aperti basati su apprendimento progressivo e sulla percezione da parte dello strumento digitale delle richieste della comunità scientifica. Accanto a questi tipi di codificazione del testo, che permettono arricchimenti e distribuzioni della conoscenza di alto livello, nonché aprono lo spazio ad attività di coprogettazione, va segnalato che l'antichista deve fare fronte a diverse modalità di rappresentazione del testo medesimo. Partendo dal testo manoscritto e dal libro a stampa si è passati ad avere a disposizione testi semplici senza livelli interni e ipertesti, che permettono di accedere a livelli differenti come le note o gli appunti o i commenti marginali o anche mappe e immagini, a cui si possono aggiungere visualizzazioni 3D di manufatti. Nell'immagine di seguito si possono vedere gli esempi dei livelli di rappresentazione del testo fornito da M. Cimino e F. Galatolo nel recente convegno Roma Sinica 3 (Pisa 6-7 settembre 2022):

---

[10] All'interno del progetto SERICA, da me codiretto con Chiara Tommasi, si è sviluppato un sistema di marcatura che consente l'uso dei fogli stile di *Word*.

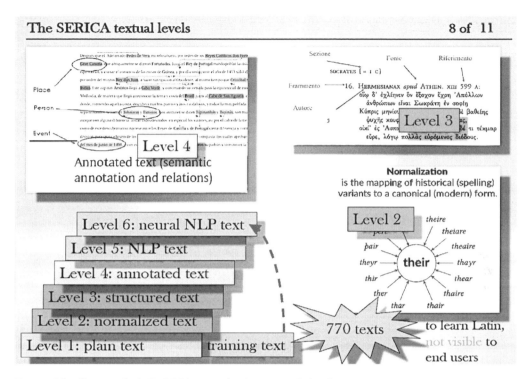

Fig. 1. I livelli testuali di SERICA secondo Cimino e Galatolo.

2.2. *La filologia digitale*

La disponibilità di moli di dati, di manoscritti digitalizzati, di testimoni acquisiti e conservati in *repositoria* ha consentito la nascita di una modalità digitale di attività filologica e di critica del testo. Ora risulta possibile costruire edizioni digitali online grazie a strumenti come quelli che sono elencati nella tabella seguente:

Strumenti per edizioni critiche, per la paleografia digitale e per la trascrizione di manoscritti	
Classical Text Editor: EVT	https://cte.oeaw.ac.at/ http://evt.labcd.unipi.it/
Strumenti per la comparazione di testimoni	
CollateX TUSTEP	https://collatex.net/ http://www.tustep.uni-tuebingen.de/tustep_eng.html
eComparatio	http://www.ecomparatio.net/
JUXTA	https://www.juxtasoftware.org/

Questi programmi, con modalità e limiti diversi, stati di aggiornamento non omogenei e conformità alle norme di sicurezza non sempre del tutto coerenti con gli standard europei, costituiscono però un sistema molto utile per l'integrazione di approcci qualitativi e quantitativi e l'analisi dei dati attraverso modelli di attività il più possibile collaborativi. Soprattutto nell'ambito della critica del testo si sono rivelati molto utili i programmi che consentono una comparazione automatica dei testimoni filologicamente rilevanti, in modo tale da consentire all'editore di avere a disposizione su tabelle sinottiche o con altre forme di visualizzazione le forme simili e diverse delle stesse lezioni in testimoni differenti. Tali tabelle possono essere generate ad hoc, consentendo, per esempio, l'apparentamento dei manoscritti sulla base di una selezione complessiva delle lezioni e non più di una sezione guida. Nella tabella seguente riproduco un esempio di tavola comparativa realizzata con Collatex da E. Nury nella sua tesi di dottorato[11] relativa ai manoscritti di Calpurnio Flacco:

<Visualizing Collation Results Obtained with CollateX>

Results

BMN vs C (both hands). This table shows the agreements of manuscripts B, M and N against C.
Agreement with the base text LH is marked in green. Variation from LH is marked in red.

B1	B2	C1	C2	LH	M1	M2	N1	N2	P15 94	I D
quedam	que dam				quae dam	quae dam	quae dam	quae dam		1 / 1‡
		ante	ante	ante						1 / 8‡
quidem	quid em	idem	idem	idem	quid em	quid em	quid em	quid em	quid em	2 / 6‡
tinxisti	tinxi sti	cinxisti	cinxisti	tinxisti	tinxi sti	tinxi sti	tinxi sti	tinxi sti	tinxi sti	8 / 0‡
accederent	acce dere nt	accederet	accederet	accederent	acce dere nt	acce dere nt	acce dere nt	acce dere nt	acce dere nt	1 / 4 / 6‡
ne	ne	nec	nec	ne	ne	ne	ne	ne	ne	1 / 5 / 2‡
denunciatum	den unci atu m	denunciatur	denuntiatur	denunciatum	den untia tum	den untia tum	den untia tum	den untia tum	den untia tum	1 / 6 / 4‡
minatur	mina tur	minatur	minitatur	minitatur	mina tur	mina tur	mina tur	mina tur	mina tur	1 / 8 / 5‡
elevarunt	elev arun t	elevaverunt	elevaverunt	elevaverunt	elev arun t	elev arun t	elev arun t	elev arun t	elev arun t	1 / 8 / 9‡
si	si	sic	sic	sic	si	si	si	si	sic	2 / 0

Fig. 2. Esempio di comparazione automatica di lezioni di manoscritti realizzate da CollateX.

---

[11] *Automated collation and digital editions. From Theory to Practice,* PhD King's College 2018. La tesi non è stata pubblicata in volume ma ha generato vari articoli: Nury 2019a, Nury 2019b e Nury 2020.

Collatex è basato su Python e fornisce buoni risultati, con una visualizzazione semplice, anche se altri esperimenti sono in corso utilizzando, per esempio, programmi come Excel. Sotto il profilo della produzione di edizioni digitali, i due strumenti che si segnalano qualitativamente sono Classical Text Editor ed EVT, che consentono una buona integrazione degli apparati e una gestione efficace del rapporto testo-immagine del testimone. La filologia digitale rimane tuttavia un campo su cui la discussione è molto aperta, perché le edizioni critiche tradizionali di tipo lachmanniano faticano a diventare digitali per ragioni di difficoltà di approccio ai programmi, di necessità di tempo per apprenderli, di investimenti economici, a volte anche di creazione di programmi effettivamente adatti a realizzare un testo adeguato e soprattutto perché la cladistica e i sistemi cladistici filogenetici[12] non sono soddisfacenti per garantire una comprensione della densità e delle trasformazioni del testo, ovvero sia della critica testuale sia della storia della tradizione: si veda la buona sintesi di MALASPINA 2019[13]. Il cammino da percorrere è ancora lungo, ma la strada è sicuramente tracciata e non si può auspicare nulla di meglio che un progressivo affinamento delle tecniche e degli strumenti, che sia però accompagnato da una riflessione metodologica approfondita, la quale eviti di trasformare le edizioni in una sorta di edizione di singoli manoscritti senza individuazione dei rapporti comuni o di ricerca di un *codex optimus* su cui applicare varianti[14].

---

[12] La cladistica, dal greco antico κλάδος ("ramo"), è un approccio alla classificazione biologica in cui gli organismi sono classificati in gruppi basati su ipotesi di ascendenza comune più recente. In filologia è una tecnica mutuata dalla biologia, dove fu originariamente chiamata sistematica filogenetica da W. Hennig. Nella sua applicazione alla critica testuale, il testo di un certo numero di manoscritti diversi viene inscritto in un computer, che registra tutte le differenze tra di essi. I manoscritti vengono poi raggruppati in base alle loro caratteristiche comuni. La differenza tra la cladistica e le forme più tradizionali di analisi statistica consiste nel fatto che, invece di disporre semplicemente i manoscritti in raggruppamenti approssimativi in base alla loro somiglianza complessiva, la cladistica presuppone che essi facciano parte di un albero genealogico ramificato e utilizza tale presupposto per ricavare le relazioni tra di essi. Ciò la rende più simile a un approccio automatizzato alla stemmatica. Tuttavia, in caso di differenze, il computer non tenta di decidere quale lettura sia più vicina al testo originale e quindi non indica quale ramo dell'albero sia la "radice", ovvero quale tradizione manoscritta sia più vicina all'originale. A tale scopo è necessario utilizzare altri tipi di prove. Il problema teorico principale dell'applicazione della cladistica alla critica testuale è che essa presuppone che, una volta che si è verificata una ramificazione nell'albero genealogico, i due rami non possono ricongiungersi; quindi tutte le somiglianze possono essere considerate come prova di un'ascendenza comune. Se questo assunto è applicabile all'evoluzione degli esseri viventi, non è sempre vero per le tradizioni manoscritte, poiché uno scriba può lavorare da due manoscritti diversi contemporaneamente, producendo una nuova copia con caratteristiche di entrambi.

[13] Si vedano anche BERTI 2019 e MILANESE 2020, pp. 210-217.

[14] Posso aggiungere che una delle innovazioni richieste da MALASPINA 2019 («Se vogliamo veramente che la rivoluzione digitale prenda piede tra gli editori di testi classici, è indispensabile, a mio avviso, offrire loro programmi che non richiedano competenze di molto superiori a quelle di Word», p. 50) è in corso di realizzazione con il progetto SERICA, dove la marcatura TEI viene spostata su un applicativo Word che usa i fogli stile: piccolo passo, ma non disprezzabile.

2.3. *La didattica multimediale*

Ho già discusso più volte le risorse online per il latino sotto il profilo didattico e rimando per questo al mio Balbo 2020a: vorrei soltanto sottolineare come gli strumenti di ricerca possano essere utilizzati comunemente anche nelle attività di insegnamento dando vita a OER (*Open Educational Resources*) che sono utilizzabili ampiamente nella didattica quotidiana, in cui l'elemento multimediale, anche e soprattutto in epoca post-Covid, deve integrare l'insegnamento tradizionale e arricchirlo. Lezioni che comprendono testo e immagini, riproduzioni di manufatti e di manoscritti confrontati con i passi di autori antichi, carte geografiche, trascrizioni e immagini di epigrafi, opere d'arte sono ora a disposizione del docente di discipline classiche anche in ottica laboratoriale sia in università sia nella scuola superiore[15].

2.4. *I linked data*

L'ultima frontiera su cui vorrei segnalare il progressivo procedere dell'antichistica digitale è l'aspetto dei *linked data*. Connettere i dati presenti nei diversi progetti per realizzare economie di scala e procedere in una prospettiva unitaria mettendo insieme grandi moli di testi e non solo è ancora un obiettivo in divenire o, per lo meno, realizzato a livello di metamotore di ricerca da *Corpus corporum*: il progetto LILA (https://lila-erc.eu/about/) sta pensando a questo a un livello più profondo a livello di dati e metadati allo scopo di realizzare sistemi di interrogazione e di analisi testuale (per esempio tramite *Parts of Speech taggers* e lemmatizzatori) che permettano un approccio omogeneo alle banche dati.

3. *Qualche bilancio*

Se vogliamo riassumere giocando un poco con le parole, mentre gli strumenti dell'antichista non digitale erano la penna, il taccuino, la lente di ingrandimento e la lampada, magari arricchite da una buona macchina fotografica, l'antichista digitale a questi ultimi ha aggiunto il PC o il tablet con fotocamera integrata, eventualmente uno scanner più o meno portatile (ma solo se le immagini non sono digitalizzate) e, magari, uno strumento per connessione di rete dove questa possa essere deficitaria. Il lavoro continua a svolgersi fra studio e biblioteca, ma permette anche molte attività sincrone a distanza, grazie anche agli strumenti di videoconferenza: infatti il Covid ha favorito lo sviluppo dei seminari di tipo ibrido, che

---

[15] Rimando anche al mio Balbo 2020b.

hanno avuto come esito la moltiplicazione delle iniziative e la riduzione di quanti si muovono in presenza. L'effetto è stato duplice: da un lato l'accesso di un pubblico più numeroso è stato facilitato, anche attraverso la riduzione dei costi di trasporto e di alloggio, dall'altro si è ridotto fortemente il ruolo delle relazioni umane proprio dei convegni.

Se proviamo ulteriormente a riassumere, l'antichistica ha subito una trasformazione epocale, per cui il lavoro dell'antichista è mutato molto, si è velocizzato per certi aspetti e questo potrebbe consentire di dedicare molto più tempo alle questioni di sostanza. Tutti i campi sono stati toccati e non avrebbe nessun senso né tornare indietro né negare il valore di tutto ciò. La sfida è quadruplice:

a. approfondire la riflessione metodologica, comprendere quali siano le opportunità, i limiti e le occasioni di sviluppo, capire che la nostra tradizione è strumento non solo di cui andare orgogliosi, ma anche che funziona ancora. Come giustamente ricorda F. Fischer, "Digital textual criticism is (or should be) just the same – the same, but better. It is (or should be) about making sense of textual transmission by applying a methodology that is to a certain degree computer assisted and therefore more transparent, more consistent and better documented" (F. Fischer, *Digital Classical Philology and the Critical Apparatus*, in BERTI 2019, p. 215). Un aiuto potrà venire dai numerosi centri di ricerca DH che già esistono in Europa e in Italia e che stanno nascendo in molte università: cito per appartenenza il DISH di Torino (https://www.dish.unito.it/it/il-centro);

b. formare adeguatamente le nuove generazioni di antichisti, costruendo un paradigma didattico che possa introdurre gli studenti ai temi di ricerca avanzata che coinvolgono discipline classiche e *Digital Humanities*, come per esempio attraverso insegnamenti dedicati come *Digital Latin*, che è inserito all'interno del nuovo corso di laurea in *Language Technologies and Digital Humanities* che è stato aperto presso l'Università di Torino: https://www.digitalhumanities.unito.it/do/home.pl#submenu e che ha fornito contemporaneamente nel 2022-23 un impianto teorico su filologia, retorica e didattica digitale e facendo esercitare gli studenti su attività legate alla produzione di lessici specifici. In questo corso di laurea, l'antichistica ha risposto alla sfida con corsi di latino, di storia e con l'attenzione continua da parte degli informatici agli esperimenti testuali;

c. sviluppare la ricerca tecnologica per la produzione di strumenti sempre più precisi, raffinati, potenziare la collaborazione con gli studiosi dei linguaggi naturali, procedure nel lavoro relativo alle attività di intelligenza artificiale;

d. disseminare i risultati rendendoli comprensibili alla società civile, al tessuto produttivo, all'editoria e alle istituzioni, per porre la parola fine al dibattito sull'utilità delle discipline umanistiche.

BIBLIOGRAFIA

BALBO 2020a = A. BALBO, *Materiali e metodi per una didattica multimediale del latino*. Seconda edizione, Bologna 2020.

BALBO 2020b = A. BALBO, *Scritture esposte digitali: per un uso didattico dell'epigrafia latina digitale nella letteratura latina,* in *Historiká* V, 10, 2020, pp. 305-324, https://www.ojs.unito.it/index.php/historika/article/view/5219/5491.

BERTI 2019 = M. BERTI, *Digital Classical Philology. Ancient Greek and Latin in the Digital Revolution*, Berlin-Boston 2019.

BORGNA 2022 = A. BORGNA, *Tutte storie di maschi bianchi morti*, Bari 2022.

CANFORA 1989 = L. CANFORA, *Le vie del classicismo*, Roma-Bari 1989.

GIANOTTI 1997 = G. F. GIANOTTI, *Radici del presente. Voci antiche nella cultura moderna*, Torino 1997.

MALASPINA 2019 = E. MALASPINA, *Il futuro dell'edizione critica (cioè lachmanniana), più o meno digitale. riflessioni (in)attuali*, in *Storie e Linguaggi*, 5, 2019, pp. 35-60.

MILANESE 2020 = G. MILANESE, *Filologia, letteratura, computer. Idee e strumenti per l'informatica umanistica*, Milano 2020.

MONELLA 2020 = P. MONELLA, *Metodi digitali per l'insegnamento classico e umanistico*, Milano 2020.

NURY 2019a = E. NURY, *Visualizing Collation: how to Explore Collated Manuscripts*, in *Variants [Online]*, 14, 2019, http://journals.openedition.org/variants/950 ; DOI: 10.4000/variants.950.

NURY 2019b = E. NURY, *Towards a Model of (Variant) Readings* in: *Versioning Cultural Objects: Digital Approaches*, pp. 3-23. http://kups.ub.uni-koeln.de/id/eprint/10646.

NURY 2020 = E. NURY – E. SPADINI, *'From Giant Despair to a New Heaven: The Early Years of Automatic Collation'* in *It - Information Technology*, 62 (2). https://doi.org/10.1515/itit-2019-0047.

PAGNOTTA 2013 = F. PAGNOTTA, *L'età di internet. Umanità, cultura, educazione*, Milano 2013.

Ciro Perna

Il progetto IDP - Illuminated Dante Project.
Un archivio e database interoperabile per l'iconografia dantesca

DOI 10.48255/9788891328373.03

1. *Il progetto IDP: un excursus su fase 1 (2015-2018) e fase 2 (2019-2022) e gli scenari del D.A.N.T.E.*

> La pratica del tradurre in immagini visive la *Commedia* è di lunga, lunghissima durata [...]. Di questa tradizione, documentata in vario modo [...], non esiste un censimento sistematico: dato deprecabile, perché il censimento di questi materiali potrebbe concorrere a ricostruire la storia della ricezione della *Commedia*, visto che essi testimoniano non solo il successo dell'opera nel tempo e nello spazio, ma anche le pressoché infinite modalità di lettura e di utilizzazione che di essa si sono date nel corso dei secoli e nelle varie culture [...][1].

È dalla piena consapevolezza di questa "deprecabile" mancanza, già denunciata alla comunità di studiosi e appassionati della *Commedia* da Lucia Battaglia Ricci oramai più di un decennio fa, che nel 2015, presso il Dipartimento di Studi Umanistici dell'Università di Napoli "Federico II", è nato, con un importante finanziamento erogato dalla Compagnia di San Paolo (Programma STAR-linea 1 2014), IDP-Illuminated Dante Project, con l'obiettivo di allestire un archivio online, con relativo database open access codicologico e iconografico, di tutti i testimoni della *Commedia* corredati da un apparato illustrativo che intrattenga relazioni con il testo del poema[2]. Il lavoro dell'équipe IDP nella fase 1 del progetto (2015-2018) è stato articolato su 4 fronti: 1) censimento e descrizione degli *items*; 2) avvio della campagna di digitalizzazione; 3) relazioni con Enti terzi; 4) strutturazione e creazione del database.

Dal 2019 è stata avviata la fase 2, a seguito di un altro importante finanziamento, ottenuto presso il Dipartimento di Lettere e Beni Culturali dell'Università de-

---

[1] BATTAGLIA RICCI 2009, pp. 39-40.
[2] Si tratta di quei manoscritti che presentano un livello iconografico "medio" ed "elevato", secondo le categorie stabilite da BOSCHI ROTIROTI 2004, p. 24.

gli Studi della Campania "Luigi Vanvitelli" (Progetto V:ALERE 2019-2022), che, oltre all'implementazione e al pieno raggiungimento dei desiderata di fase 1, è stata focalizzata sullo sviluppo web del "prodotto" IDP, volto innanzitutto al pieno raggiungimento dell'interoperabilità delle immagini.

Il progetto ha costituito un corpus di 283 manoscritti datati o databili tra XIV e XV secolo e conservati in Biblioteche, Musei, Archivi o Enti nazionali e internazionali, pubblici e privati, di cui ad oggi più della metà sono stati oggetto di visione autoptica da parte di membri del team e di analitica descrizione codicologica, paleografica, storico-artistica. La fase 1 del progetto ha visto altresì concludersi una prima considerevole campagna di digitalizzazione e relativa metadatazione, condotta dalla Space SpA, che ha riguardato circa 120 manoscritti, resa possibile grazie ad un'importante convenzione tra IDP e la Direzione Generale Biblioteche e Istituti Culturali del Ministero dei Beni e delle Attività Culturali e del Turismo (2016), recentemente rinnovata per il prossimo triennio, che concede il permesso di digitalizzare e riprodurre online in alta definizione e in conformità con i protocolli dell'International Image Interoperability Framework (IIIF)[3], in cui IDP è coinvolto, tutti i codici conservati nelle Biblioteche Statali italiane (circa la metà del corpus). Ulteriori concessioni e accordi di partenariato scientifico con i maggiori enti conservatori internazionali legati al progetto (Bibliothèque nationale de France; Oxford Bodleian Library; British Library, Morgan Library and Museum; Isabella Stewart Gardner Museum ecc.) e con altre istituzioni nazionali non statali (Archivio storico civico e Biblioteca Trivulziana; Biblioteca dell'Accademia dei Lincei e Corsiniana) contribuiscono a fare di IDP non solo il più grande archivio digitale di codici miniati della *Commedia*, ma – allo stato attuale – il più grande archivio in assoluto di codici danteschi, da offrire in libero accesso a specialisti e lettori appassionati.

La Convenzione con la Direzione Generale del MiBACT ha aperto la strada a uno scambio privilegiato con l'Istituto centrale per il catalogo unico delle biblioteche italiane e per le informazioni bibliografiche (ICCU) e con i suoi laboratori: la digitalizzazione e metadatazione dei manoscritti è infatti gestita in collaborazione con Internet Culturale (IC), mentre le descrizioni codicologiche confluiscono nella piattaforma di Manus onLine (MOL), all'interno della quale sono ricercabili attraverso una sezione speciale dedicata al progetto[4]. Le schede di descrizione IDP vengono di séguito esportate – via XML TEI-P5 – da MOL sul portale www.dante.unina.it e integrate in un database in grado di elaborare tutti i metadati concernenti lo stile e l'attribuzione delle miniature, la complessa iconografia delle illustrazioni e il rapporto tra le immagini e il testo sulle carte del codice: database che sarà qui di seguito presentato nelle sue articolazioni. Il portale IDP accoglierà, dunque, le immagini in alta definizione di tutti i manoscritti del corpus di

---

[3] Per informazioni si veda: <https://iiif.io/community/consortium/>.
[4] Al link: https://manus.iccu.sbn.it/web/manus/illuminated-dante-project2.

cui verrà concesso il copyright, rendendole interoperabili nella comunità web IIIF con uno specifico *web app manifest* e attraverso l'utilizzo del *viewer* Mirador.

Sulla scorta di queste importanti acquisizioni è stato proposto in diversi bandi nazionali e internazionali e tutt'ora in fase di valutazione una evoluzione dei contenuti del database, nonché della interoperabilità e del "riuso" degli stessi: si tratta del progetto D.A.N.T.E. (Digital Archive and New Technologies for E-content), che prevede un passaggio all'*illustrated Dante*, ovvero a tutto il patrimonio artistico legato alla *Commedia* (edizioni illustrate, disegni sciolti, incisioni, tele, affreschi, sculture ecc.) prodotto sino ad una data simbolica come l'Unità d'Italia, non solo interoperabile attraverso il protocollo IIIF, ma pure manipolabile con diversi sistemi di realtà aumentata.

2. *Articolazioni del database IDP: presentazione del back-end*

L'inserimento di una nuova unità codicologica sul portale IDP deve, a rigore, seguire quello della stessa in MOL, alla luce dell'esportazione dei dati sopra evidenziata, che permetterebbe così allo schedatore di procedere alla compilazione delle griglie iniziali in campi prestabiliti o liberi (categoria "Generale", Figg. 1-2), integrazione, cioè, di dati sostanzialmente codicologici alla scheda MOL (segnalazione dei corrispettivi *items* nei repertori di riferimento[5], area di produzione, tipologia grafica, numerazione carte incipitarie, intitolazioni, identificazione e descrizione eventuale stemma).

Compilate le griglie integrative alla descrizione del manoscritto offerta in MOL ed esportata in IDP, si configura, a partire dalla seconda sezione, la parte propriamente iconografica del database, che dalla superficie del piano illustrativo arriva in profondità, sino all'esame delle singole immagini. Ancora una volta, tra griglie prestabilite e campi liberi, si offre allo schedatore la possibilità di descrivere il "Progetto Decorativo" inteso nella sua globalità (fig. 3).

Di nuovo in relazione alla totalità del programma iconografico sono strutturate le sezioni della "Bibliografia", esportabile da MOL, in cui si segnaleranno tutti gli studi relativi al manufatto in oggetto, del "Facsimile/Link", ove sarà possibile fornire un collegamento ipertestuale ad un eventuale facsimile del codice, e delle "Impostazioni Globali" (fig. 4), i cui dati vengono poi automaticamente attribuiti a tutte le singole schede di descrizione delle immagini, ovvero, nel caso non infrequente di progetti complessi in diacronia e sincronia (diverse mani, interventi grafici seriori)[6], modificabili di volta in volta nelle singole schede stesse. Si tratta di informazioni fondamentali che vanno dall'attribuzione alle diverse modalità possibili di tecnica esecutiva.

---

[5] Si tratta di RODDEWIG 1984; BOSCHI ROTIROTI 2004; *Censimento* 2011; BERTELLI 2011.

[6] Si può ricordare, solo a titolo esemplificativo e in ragione della sua autorità codicologica, iconografica e testuale, il manoscritto Biblioteca Nazionale Centrale di Firenze, Palatino 313, cosiddetto "Dante Poggiali", corredato da un ricco e variegato corredo illustrativo, per cui si veda almeno SPAGNESI 2005, pp. 30-55.

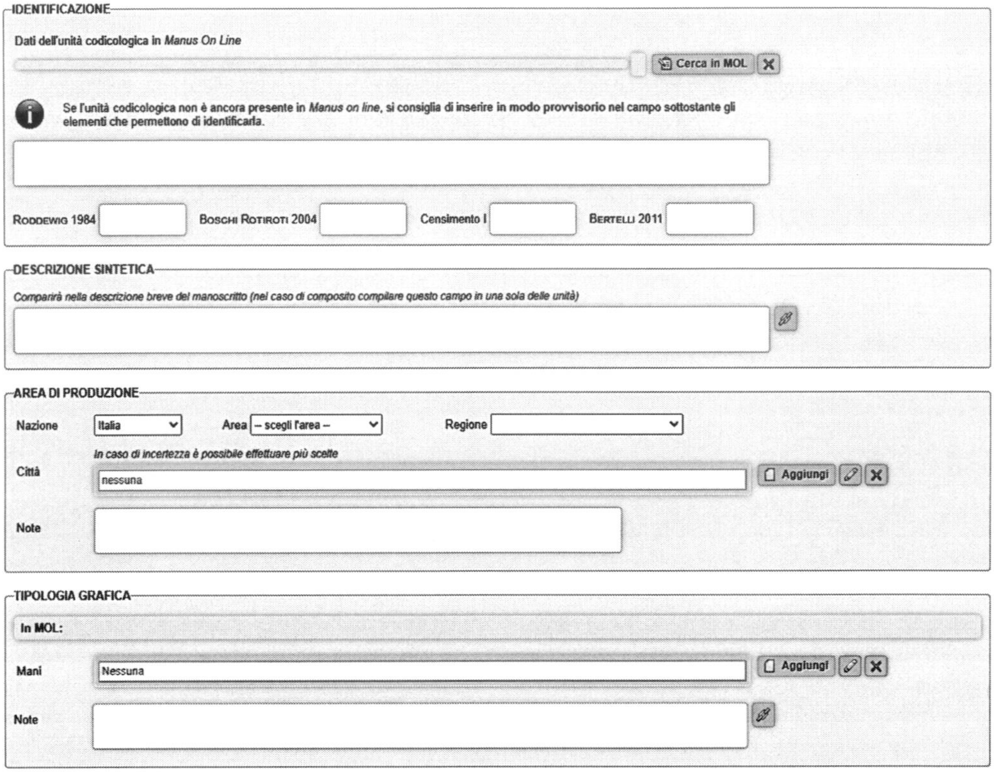

IDENTIFICAZIONE

Dati dell'unità codicologica in *Manus On Line*

Cerca in MOL

Se l'unità codicologica non è ancora presente in *Manus on line*, si consiglia di inserire in modo provvisorio nel campo sottostante gli elementi che permettono di identificarla.

| RODDEWIG 1984 | | BOSCHI ROTIROTI 2004 | | Censimento I | | BERTELLI 2011 | |

DESCRIZIONE SINTETICA

Comparirà nella descrizione breve del manoscritto (nel caso di composito compilare questo campo in una sola delle unità)

AREA DI PRODUZIONE

Nazione | Italia | Area | – scegli l'area – | Regione

in caso di incertezza è possibile effettuare più scelte

Città | nessuna | Aggiungi

Note

TIPOLOGIA GRAFICA

In MOL:

Mani | Nessuna | Aggiungi

Note

Fig. 1.

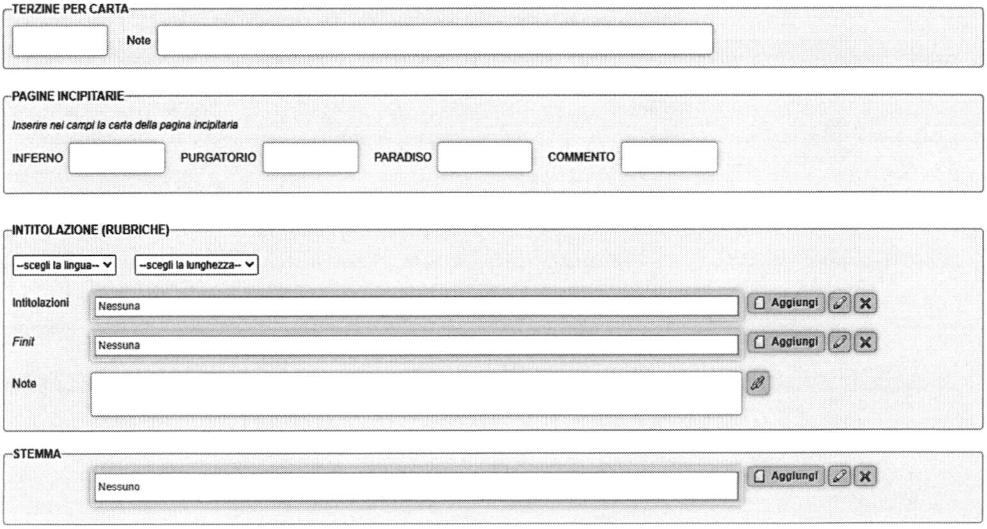

TERZINE PER CARTA

Note

PAGINE INCIPITARIE

Inserire nei campi la carta della pagina incipitaria

INFERNO | | PURGATORIO | | PARADISO | | COMMENTO |

INTITOLAZIONE (RUBRICHE)

--scegli la lingua-- | --scegli la lunghezza--

Intitolazioni | Nessuna | Aggiungi

Finit | Nessuna | Aggiungi

Note

STEMMA

Nessuno | Aggiungi

Fig. 2.

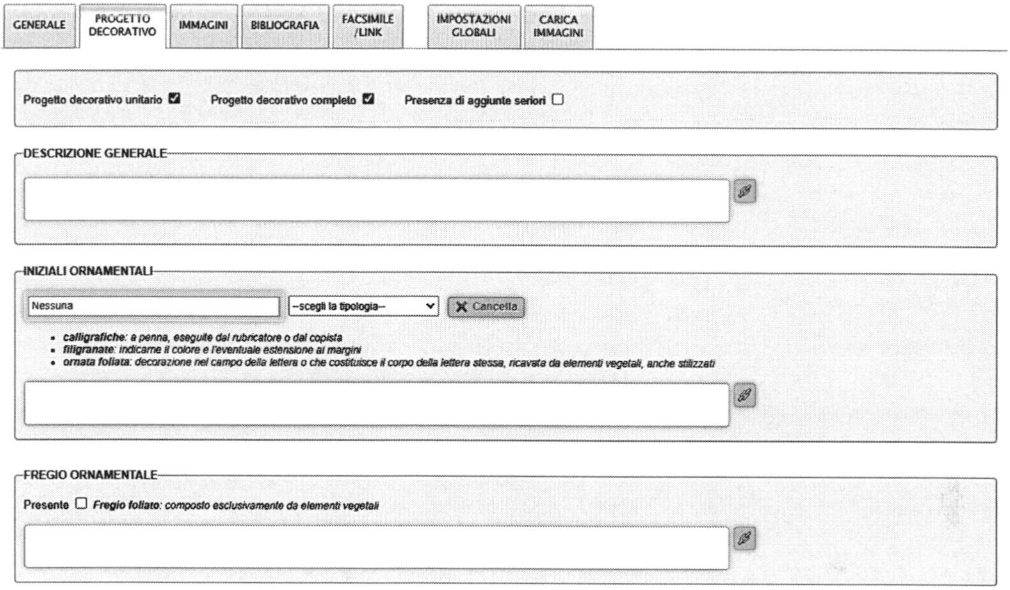

GENERALE | PROGETTO DECORATIVO | IMMAGINI | BIBLIOGRAFIA | FACSIMILE /LINK | IMPOSTAZIONI GLOBALI | CARICA IMMAGINI

Progetto decorativo unitario ☑   Progetto decorativo completo ☑   Presenza di aggiunte seriori ☐

DESCRIZIONE GENERALE

INIZIALI ORNAMENTALI

Nessuna | --scegli la tipologia-- ▾ | ✕ Cancella

- *calligrafiche*: a penna, eseguite dal rubricatore o dal copista
- *filigranate*: indicarne il colore e l'eventuale estensione ai margini
- *ornata foliata*: decorazione nel campo della lettera o che costituisce il corpo della lettera stessa, ricavata da elementi vegetali, anche stilizzati

FREGIO ORNAMENTALE

Presente ☐ *Fregio foliato: composto esclusivamente da elementi vegetali*

Fig. 3.

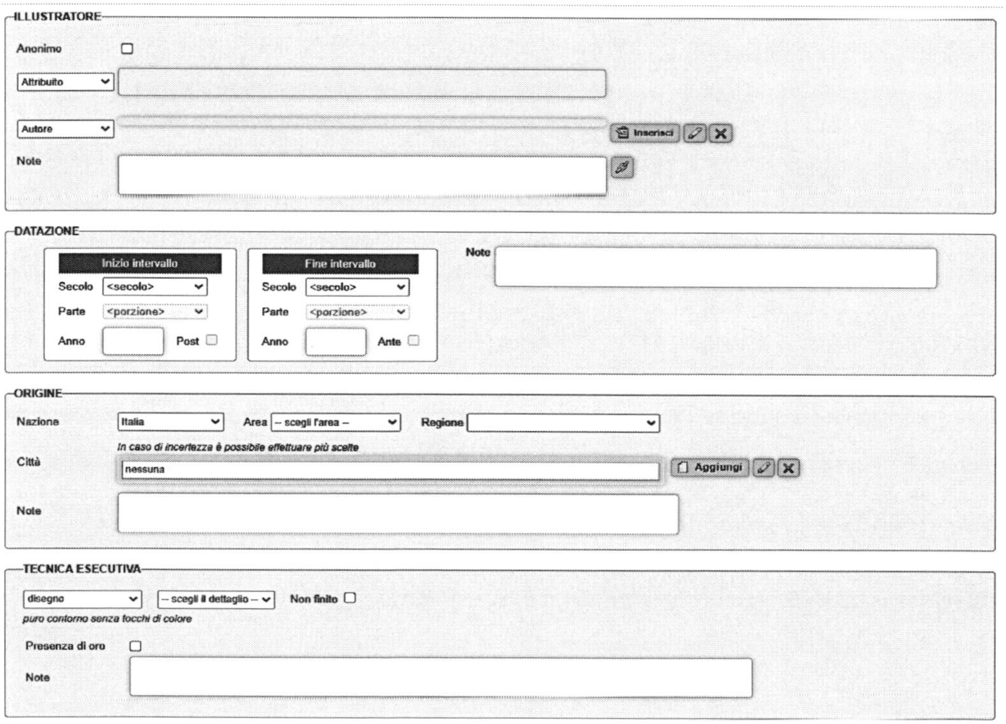

ILLUSTRATORE

Anonimo ☐

Attribuito ▾

Autore ▾ | 🖫 Inserisci ✎ ✕

Note

DATAZIONE

Inizio intervallo		Fine intervallo		Note
Secolo <secolo> ▾		Secolo <secolo> ▾		
Parte <porzione> ▾		Parte <porzione> ▾		
Anno ___ Post ☐		Anno ___ Ante ☐		

ORIGINE

Nazione Italia ▾   Area -- scegli l'area -- ▾   Regione ▾

In caso di incertezza è possibile effettuare più scelte

Città nessuna | ⬚ Aggiungi ✎ ✕

Note

TECNICA ESECUTIVA

disegno ▾ | -- scegli il dettaglio -- ▾ | Non finito ☐

puro contorno senza tocchi di colore

Presenza di oro ☐

Note

Fig. 4.

Completata la descrizione del progetto iconografico nella sua globalità, lo schedatore potrà, come accennato, procedere in profondità a scandagliare le singole immagini che arricchiscono il codice, con l'obiettivo di fornire in front-end un'analitica e uniforme descrizione delle stesse. Si parta innanzitutto dalla collocazione nelle carte del manoscritto e dall'inserimento del *canvas uri* per rendere il file/immagine interoperabile in ambiente IIIF[7].

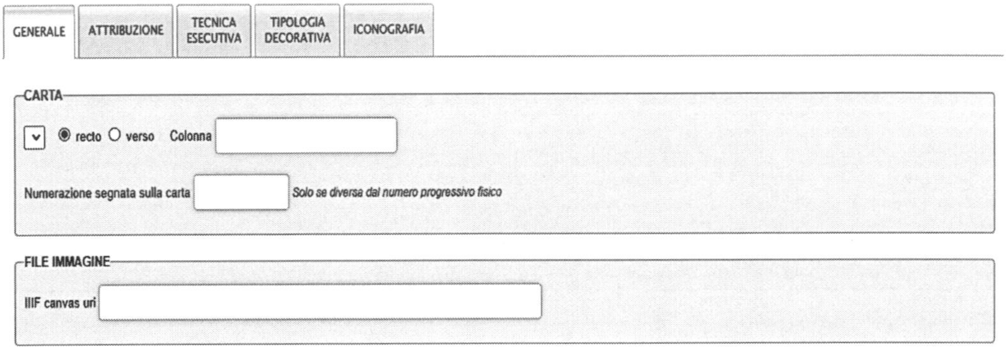

Fig. 5.

Le due sezioni successive, "Attribuzione" e "Tecnica Esecutiva", rappresentano la sede, già anticipata, ove eventualmente modificare le informazioni generali acquisite in automatico dalla sezione delle "Impostazioni Globali", relative a illustratore, datazione, ambiente di produzione e tecnica di esecuzione. La parte dedicata alla "Tipologia Decorativa" (fig. 6), invece, è volta a identificare le caratteristiche propriamente "formali" della singola immagine, a partire dalla tipologia (iniziale, miniatura, disegno, fregio, diagramma, immagine estemporanea, richiamo figurato), a cui corrispondono sottosezioni in griglie prestabilite – pure corredate da possibili note in campo libero –, che attengono alle caratteristiche "fisiche" o al suo posizionamento. Per l'iniziale si potrà ad esempio spuntare tra una tipologia istoriata o animata (a seconda che intrattenga rapporti specifici o meno con il testo della *Commedia*); per la miniatura, tra modalità a piena pagina, incorniciata o non incorniciata (con possibilità a latere di selezionare il tipo "Antiporta"); per il disegno sarà possibile selezionare una delle opzioni di impaginazione a scelta tra intercolumnio e margini; per il fregio, tra tipo istoriato o animato, con specificazione della dislocazione spaziale sulla carta; per il diagramma, per cui si è scelto di intendere tutto ciò che illustra la *Commedia* o l'eventuale commento in forma schematica (ovvero rappresentazione dei tre regni ultraterreni con relative ripartizioni, dei pia-

---

[7] Percorso in back-end: "Immagini" > "Nuova" > "Generale" (fig. 5).

neti e dei cieli, visione dei personaggi in maniera puntiforme, o ruote cronologiche), tra schema *Inferno*, schema *Purgatorio*, schema *Paradiso* o altro; per le ultime due tipologie (immagine figurata e richiamo estemporaneo) si offre, infine, la possibilità di libere descrizioni nel campo "Note".

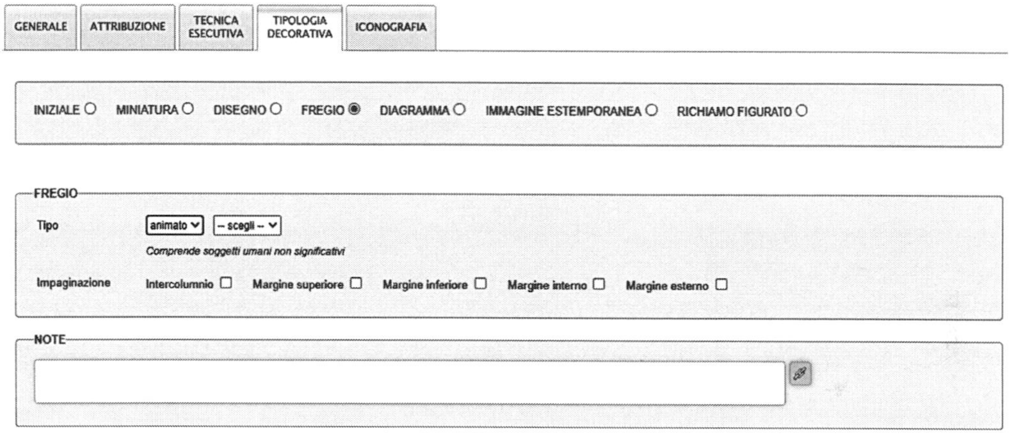

Fig. 6.

L'ultima sezione di descrizione dell'immagine, "Iconografia" (fig. 7), si concentra sulle relazioni tra apparato illustrativo e testo della *Commedia* (o anche dell'eventuale commento a margine), tra versi, miniatura e possibile esegesi: è il luogo, questo, in cui si indaga e si prova a interpretare quel dialogo fittissimo tra testo primario e interpretazione visuale e verbale, tra Autore e lettori.

Appare piuttosto evidente, in questo caso, lo sforzo di offrire ai fruitori del database una decrittazione il più possibile analitica dei rapporti testo/immagine, dalla imprescindibile informazione che lega quest'ultima ad uno specifico luogo della *Commedia* (per cui sarà possibile, inoltre, distinguere tra i due livelli diegetici fondamentali, "storie prime" *vs* "storie seconde", nonché spuntare un'ulteriore specificazione del contesto interno, dalla "Selva" all'"Empireo - Candida Rosa"), a relazioni possibili con testi di corredo, paratesti come rubriche, glosse e istruzioni al miniatore (che saranno integralmente trascritte negli appositi campi). Non può mancare, per altro, una categorizzazione dei macrosoggetti (in fig. 8 alcuni esempi), dei soggetti (dall'"Albero genealogico degli dei" a "Virgilio, in compagnia di Dante, ordina al minotauro di andarsene", da "Cerbero scuoia un dannato" a "Virgilio mostra a Dante le anime del Limbo", ma la lunga lista già disponibile potrebbe essere facilmente implementata dalla visione di *hapax* iconografici non ancora considerati), nonché delle parole chiave (come "spiriti magni", "Antenora" e tanti altri esempi legati naturalmente all'iconografia oggetto di descrizione). Tutto ciò per permettere, a chi si approccerà al sistema, una ricerca per soggetto il più possibile esaustiva.

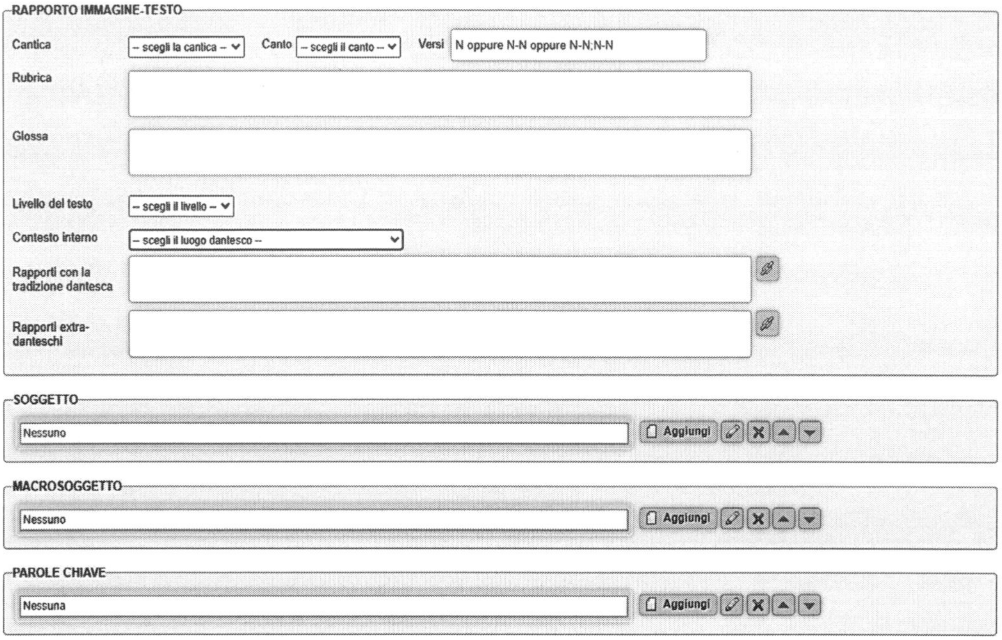
RAPPORTO IMMAGINE-TESTO
Cantica
-- scegli la cantica --
Canto
-- scegli il canto --
Versi
N oppure N-N oppure N-N;N-N
Rubrica
Glossa
Livello del testo
-- scegli il livello --
Contesto interno
-- scegli il luogo dantesco --
Rapporti con la tradizione dantesca
Rapporti extra-danteschi
SOGGETTO
Nessuno
Aggiungi
MACROSOGGETTO
Nessuno
Aggiungi
PAROLE CHIAVE
Nessuna
Aggiungi

Fig. 7.

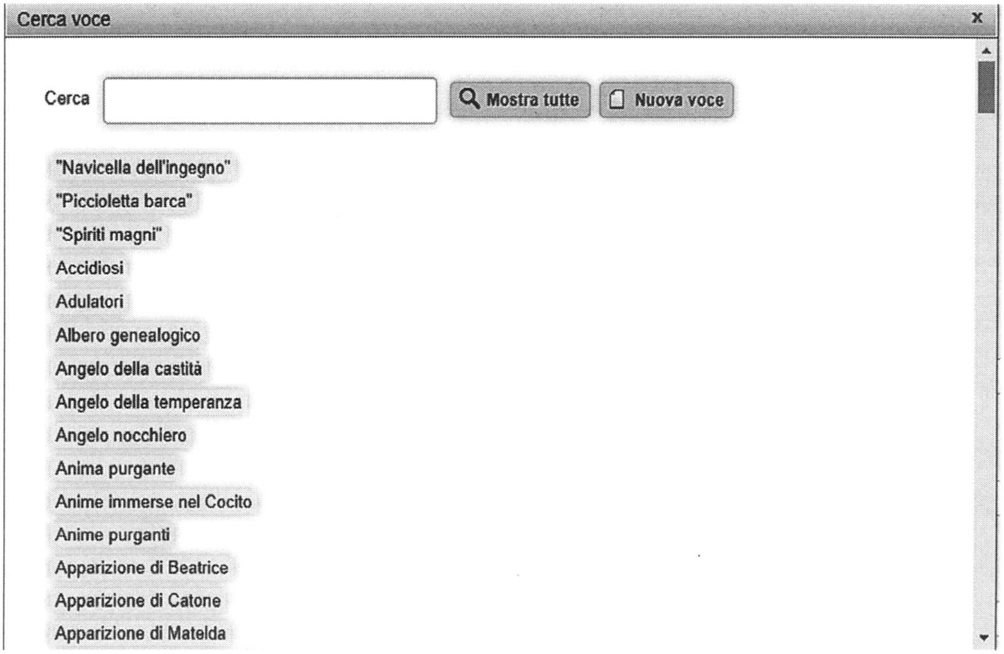
Cerca voce
Cerca
Mostra tutte
Nuova voce
"Navicella dell'ingegno"
"Piccioletta barca"
"Spiriti magni"
Accidiosi
Adulatori
Albero genealogico
Angelo della castità
Angelo della temperanza
Angelo nocchiero
Anima purgante
Anime immerse nel Cocito
Anime purganti
Apparizione di Beatrice
Apparizione di Catone
Apparizione di Matelda

Fig. 8.

Entro la conclusione del 2023, dunque, sarà auspicabilmente disponibile per la comunità di studiosi e appassionati del testo dantesco, in un'ottica in cui la multidisciplinarietà degli approcci è persino scontata, il database IDP completo in tutte le sue funzioni[8], che potrà costituire, così come negli intenti di chi porta avanti questa sfida, un utile strumento per comprendere le complesse dinamiche di distribuzione delle "singolarità in un campo di relazioni e differenziazioni"[9], tanto variegato come l'iconografia della *Commedia*.

BIBLIOGRAFIA

Baschet 2014 = J. Baschet, *L'iconografia medievale*, Milano 2014.

Battaglia Ricci 2009 = L. Battaglia Ricci, *Ai margini del testo: considerazioni sulla tradizione del Dante illustrato*, in *Italianistica*, 38, 2009, 2, pp. 39-58.

Bertelli 2011 = S. Bertelli, *La tradizione della Commedia. Dai manoscritti al testo. I codici trecenteschi entro l'antica vulgata conservati a Firenze*, Firenze 2011.

Boschi Rotiroti 2004 = M. Boschi Rotiroti, *Codicologia trecentesca della Commedia. Entro e oltre l'antica vulgata*, Roma 2004.

Censimento 2011 = *Censimento dei Commenti Danteschi. 1. I commenti di tradizione manoscritta (fino al 1480)*, a cura di E. Malato e A. Mazzucchi, Roma 2011.

Roddewig 1984 = M. Roddewig, *Dante Alighieri*, Die göttliche Komödie: *vergleichende Bestandsaufnahme der Commedia-Handschriften*, Stuttgart 1984.

Spagnesi 2005 = A. Spagnesi, *Le miniature del «Dante Poggiali»*, in *Chiose Palatine*, a cura di R. Abardo, Roma 2005.

---

[8] Di seguito il link ai manoscritti già disponibili: <http://www.dante.unina.it/public/pagine/manoscritti>.

[9] Baschet 2014, p. 162.

ANGELO PIACENTINI

«…et facere inventarium de dictis libris». Per la costruzione di un catalogo online dei libri della biblioteca di Giovanni Boccaccio*

DOI 10.48255/9788891328373.04

È noto come nel suo testamento Giovanni Boccaccio sia stato piuttosto meticoloso nelle disposizioni relative ai suoi libri:

> Item reliquit venerabili fratri Martino de Signa, magistro in sacra theologia conventus Sancti Spiritus ordinis Heremitarum sancti Augustini, omnes suos libros excepto breviario dicti testatoris, cum ista condicione: quod dictus magister Martinus possit uti dictis libris et de eis exhibere copiam cui voluerit donec vixerit, ad hoc ut ipse teneatur rogare Deum pro anima dicti testatoris et tempore sue mortis debeat consignare dictos libros conventui fratrum Sancti Spiritus, sine aliqua diminutione, et debeant micti in quodam armario dicti loci et ibidem debeant perpetuo remanere ad hoc ut quilibet de dicto conventu possit legere et studere super dictis libris, et ibi scribi facere modum et formam presentis testamenti et facere inventarium de dictis libris[1].

Ad eccezione del breviario li lasciò tutti a Martino da Signa, teologo del convento fiorentino di Santo Spirito dell'ordine degli Eremitani di Sant'Agostino. Stabilì la *condicio* del lascito: che il *magister* Martino, finché in vita, potesse farne uso e darne copia a chiunque volesse. Il significato dell'espressione *exhibere copiam*, alla lettera "mostrare la copia", si chiarisce con la resa nella versione volgare:

---

* Presento in questo contributo delle considerazioni filologiche preliminari alla schedatura digitale con database relazionale dei codici della biblioteca di Giovanni Boccaccio, oggetto del progetto in corso presso l'Università degli Studi dell'Aquila intitolato "Scaffale aperto". La biblioteca virtuale di Giovanni Boccaccio, coordinato dalla Dott.ssa Teresa Nocita nell'ambito di un assegno di ricerca di Filologia italiana.

[1] REGNICOLI 2014, p. 73.

«far copia ad qualunque persona li volesse di quegli libri»[2]. È chiara pertanto l'intenzione di mettere a disposizione, vale a dire prestare i libri per consentire che ne fosse tratta copia.

Alla morte di Martino i libri dovevano essere consegnati al convento di Santo Spirito, l'istituzione a cui il frate apparteneva, senza riduzione di numero, *sine aliqua diminutione*, ed essere messi in un armadio del detto convento. L'aggettivo indefinito *quodam* lascia intendere la genericità della sede, e l'uso del singolare *armarium* lascia pensare che questo patrimonio librario fosse piuttosto esiguo[3]. Il convento di Santo Spirito doveva essere la sede definitiva dei libri posseduti da Boccaccio: *ibidem debeant perpetuo remanere*. È indicato lo scopo di questa disposizione: affinché potessero essere consultati da ciascuno (anche qui l'indefinito *quilibet*) di quel convento. È significativo come Boccaccio avesse piuttosto chiara l'idea dell'utenza dei libri della sua biblioteca personale: i frati di un convento. Chiedeva infine di fare trascrivere *modum et formam*, vale a dire il tenore del testamento, e infine che fosse fatto l'inventario dei libri del suo lascito. Queste ultime disposizioni mostrano attenzione all'integrità del suo patrimonio librario: una copia del testamento doveva essere conservata nell'archivio istituzionale di Santo Spirito, in modo che vi fosse traccia delle disposizioni del testatore. L'inventariazione serve a fornire la composizione di questa parte di quello che, con il lessico di oggi, costituisce l'asse ereditario, distinguendo i singoli elementi, che vengono classificati in modo omogeneo ed eventualmente valutati. Serve quindi come strumento di verifica della presenza o meno del singolo *item*: tale dispositivo risulta utile per beni, quali i libri, destinati ad essere prestati e non soltanto consultati *in loco*.

Si nota che Boccaccio è attento alla divulgazione delle proprie opere, ma anche di quelle trasmesse dai suoi manoscritti. Ha un'idea chiara dell'utenza, perlomeno la più diretta, di suoi codici, i frati di Santo Spirito. Ha la percezione del rischio di una dispersione dei libri del suo lascito, per cui le indicazioni affinché ne fosse salvaguardata l'integrità.

I suoi timori non erano infondati: è noto infatti il contenzioso tra Martino da Signa e gli eredi a proposito delle carte delle *Esposizioni*, «i ventiquattro quaderni e quattordici quadernucci tutti in carta bambagia, non legati insieme ma l'uno dall'altro diviso»[4].

Non risulta che sia stata tratta copia del testamento per Santo Spirito, e nemmeno che sia stato redatto l'inventario dei libri boccacciani ivi giunti alla morte di Martino da Signa nel 1387. Un inventario dei libri di Santo Spirito, comprendente anche il lascito di Boccaccio, è stato compilato molti anni dopo, tra il 1450 e il 1451,

---

[2] REGNICOLI 2014, p. 72 (con alla p. 52 la riflessione sul passo citato).

[3] REGNICOLI 2014, p. 59.

[4] Cfr. PADOAN 1997, p. 209.

a settantacinque anni dalla morte del testatore, e lo si legge nel ms. Firenze, BML, Ashb. 1897, codice che contiene l'inventario patrimoniale del convento. A metà Quattrocento era stata distinta una *libraria maior* o *magna*, e una *minor* o *parva*: la prima doveva comprendere i volumi di consultazione più frequente per i frati del convento, e contava 470 volumi distribuiti in 24 banchi[5]; la *minor* invece accoglieva alcuni doppioni della precedente, e in generale i libri di più rara consultazione, e contava 107 codici distribuiti in 8 banchi[6]. Il metodo di catalogazione prevedeva l'indicazione della collocazione con il banco, distinto con le lettere dell'alfabeto latino per la *magna*, in numeri romani per la *parva*, il titolo dell'opera e solitamente l'autore, una rapida descrizione indicante il colore della copertura (*copertus corio…*), le parole incipitarie e, particolare utile a distinguere i singoli volumi, le parole finali del *verso* della penultima carta[7].

Fin dalla presentazione di questi inventari da parte di Arthur Goldmann, fu compresa l'importanza di questo strumento per identificare gli autografi o gli esemplari della biblioteca di Boccaccio[8]. I primi a mettersi sulle tracce dei libri del Certaldese furono Francesco Novati e Oskar Hecker, che riuscirono subito a riconoscere alcuni esemplari grazie agli *item* degli inventari di Santo Spirito[9].

L'eventuale riconoscimento dell'esemplare di Santo Spirito, e il confronto con gli autografi sicuri del Certaldese, sono state le chiavi per le successive scoperte dei libri della sua biblioteca. Ad oggi sono stati riconosciuti 35 codici autografi o con note autografe di Boccaccio, talora esemplari effettivamente da lui posseduti, talora soltanto da lui consultati e annotati. Questo l'elenco aggiornato dei codici autografi boccacciani, con in grassetto quelli registrati a Santo Spirito:

1. **Berlin, Staatsbibliothek, Hamilton 90** – *Decameron.*
2. Città del Vaticano, Bibl. Apostolica Vaticana, Chig. L V 176 – *Trattatello in laude di Dante* (II redazione), Dante, *Vita nova*; Cavalcanti, *Donna me prega* (con glossa di Dino del Garbo); carme *Ytalie iam certus honos*; Dante, *Canzoni* distese; Petrarca, *Rerum vulgarium fragmenta* (forma Chigi).
3. Città del Vaticano, Bibl. Apostolica Vaticana, Chig. L VI 213 – Dante, *Commedia* (con gli argomenti in terza rima di Boccaccio); carme *Finis adest longi Dantis cum laude laboris.*
4. Firenze, Bibl. Medicea Laurenziana, Acquisti e doni 325 – *Teseida.*

---

[5] GUTIÉRREZ 1962.

[6] MAZZA 1966, p. 6.

[7] Cfr. CURSI 2021, p. 273.

[8] GOLDMANN 1887.

[9] NOVATI 1887; HECKER 1902 (dello stesso Hecker si possono vedere i biglietti autografi apposti sulle guardie dei codici riconosciuti di Santo Spirito e di mano di Boccaccio, come nel caso del *Buccolicum carmen* autografo, il Ricc. 1232).

5. Firenze, Bibl. Medicea Laurenziana, Ashb. App. 1856 – Giuseppe di Exeter, *Ylias Frigii Daretis* versificata.

6. **Firenze, Bibl. Medicea Laurenziana, Plut. 29.8 – Zibaldone Laurenziano (in origine costituiva una sola unità codicologica con il Laur. Plut. 33.31); possibile collocazione nella *parva libraria*: IV.2.**

7. **Firenze, Bibl. Medicea Laurenziana, Plut. 33.31 – Miscellanea Laurenziana (in origine costituiva una sola unità codicologica con il Laur. Plut. 29.8).**

8. **Firenze, Bibl. Medicea Laurenziana, Plut. 38.6 (postillato con quattro carte interamente autografe, ff. 43, 100, 111, 169) – Stazio, *Thebais* con il commento di Lattanzio Placido; collocazione nella *parva libraria*: VIII.9.**

9. **Firenze, Bibl. Medicea Laurenziana, Plut. 38.17 – Terenzio, *Commedie*; collocazione nella *parva libraria*: II.2.**

10. **Firenze, Bibl. Medicea Laurenziana, Plut. 52.9 – *Genealogie deorum gentilium*; collocazione nella *parva libraria*: III.1.**

11. **Firenze, Bibl. Medicea Laurenziana, Plut. 54.32 – Opere di Apuleio; collocazione nella *parva libraria*: VI.2.**

12. Firenze, Bibl. Medicea Laurenziana, Plut. 90 sup. 98.1 – *De mulieribus claris*.

13. Firenze, Bibl. Nazionale Centrale, Banco Rari 50 – Zibaldone Magliabechiano.

14. **Firenze, Bibl. Riccardiana, 627 (in parte postillato e in parte autografo; di mano del Boccaccio i ff. 29r-102v) – Orosio e Paolo Diacono; collocazione nella *parva libraria*: II.7; costituiva una sola unità codicologica con i mss. Ricc. 2795[VI] e Harley 5383.**

15. Firenze, Bibl. Riccardiana, 1035 – Dante, *Commedia* (con gli argomenti in terza rima di Boccaccio) e *Canzoni* distese di Dante.

16. **Firenze, Bibl. Riccardiana, 1232 – *Buccolicum carmen*; collocazione nella *parva libraria*: V.12.**

17. **Firenze, Bibl. Riccardiana, 2795[VI] – Paolo Diacono, Pasquale Romano; costituiva una sola unità codicologica con i mss. Ricc. 627 e Harley 5383.**

18. Krakow, Bibl. Czartoryskich, 2566 – Petrarca, *Fam.*, XVIII 15; costituiva la f. 115 dello Zibaldone Magliabechiano.

19. **London, British Libr., Harley 5383 – Paolo Diacono; costituiva una sola unità codicologica con i mss. Ricc. 627 e 2795[VI].**

20. **Milano, Bibl. Ambrosiana, A 204 inf. (in parte postillato e in parte autografo) – Aristotele, *Ethica Nicomachea* nella trad. lat. di Roberto Grossatesta, con il commento sui margini di Tommaso d'Aquino (solo quest'ultimo autografo di Boccaccio); collocazione nella *magna libraria*: U.9.**

21. **Milano, Bibl. Ambrosiana, C 67 sup. – Marziale, *Epigrammi*; collocazione nella *parva libraria*: VI.7.**

22. Perugia, Archivio di Stato, Carte Del Chiaro, senza segnatura – Lettera a Leonardo del Chiaro, con sottoscrizione autografa, inviata il 20 maggio 1366.

23. Toledo, Archivo y Bibl. Capitulares, 104.6 – *Trattatello in laude di Dante* (I redazione), Dante, *Vita nuova*, *Commedia* (con gli argomenti in terza rima di Boccaccio) e *Canzoni* distese di Dante[10].

A questo elenco si aggiungono i postillati, vale a dire i volumi recanti note di Boccaccio:

24. Firenze, Bibl. Medicea Laurenziana, Plut. 29.2. Sec. XIII (prima metà); Apuleio narrativo.
25. **Firenze, Bibl. Medicea Laurenziana, Plut. 34.39. Sec. XII; Giovenale. Collocazione nella *parva libraria*: II.6.**
26. **Firenze, Bibl. Medicea Laurenziana, Plut. 35.23. Sec. XII e XIV; Lucano. Collocazione nella *parva libraria*: II.12.**
27. Firenze, Bibl. Medicea Laurenziana, Plut. 51.10. Sec. XI; Varrone, *De lingua latina*; Cicerone, *Pro Cluentio*; ps.-Cic., *Rhetorica ad Herennium*.
28. Firenze, Bibl. Medicea Laurenziana, Plut. 66.1. Sec. XI; Giuseppe Flavio, *Antiquitates Iudaicae* (trad. lat. attribuita a Rufino di Aquileia); *De bello iudaico* (trad. lat. dello ps.-Egesippo).
29. **Firenze, Bibl. Riccardiana, 489. Databile attorno al 1300; Ovidio 'minore', ps.-Ovidio, Faltonia Proba, *Cento vergilianus*. Collocazione nella *parva libraria*: VIII.5.**
30. **Firenze, Bibl. Riccardiana, 1230. Secc. XIII/XIV. Giovanni Gallico, *Compendiloquium*. Collocazione nella *parva libraria*: IV.15.**
31. Paris, Bibl. nationale de France, Lat. 4939. Sec. XIV (anni '30). Paolino Veneto, *Chronologia magna*.
32. Paris, Bibl. nationale de France, Lat. 5150. Sec. XIV. *Gesta Innocentii III* e opere storiche. Ms. appartenuto a Petrarca.
33. Paris, Bibl. nationale de France, Lat. 6802. Sec. XIII *ex*. Plinio appartenuto a Petrarca, con postilla e disegno di Boccaccio.
34. Paris, Bibl. nationale de France, Lat. 8082. Secc. XII/XIII. Claudiano, opere varie. Appartenuto a Petrarca; testina e *manicula* di Boccaccio.
35. Venezia, Bibl. Nazionale Marciana, Gr. XI 29 [= 1007]. Sec. XIV (anni '60). Omero, *Odissea* (con traduzione interlineare latina di Leonzio Pilato). Annotazioni sia di Petrarca che di Boccaccio[11].

---

[10] Si riprende l'elenco fornito in Cursi 2013, pp. 129-134 (a cui si è aggiunta per comodità la carta con la lettera a Leonardo del Chiaro conservata a Perugia).

[11] Si prende l'elenco di Cursi 2021, pp. 285-290. Si rimanda anche, sia per una datazione dei singoli codici e l'evoluzione cronologica della scrittura di Boccaccio, sia per una cronologia delle scoperte dei singoli autografi a De Robertis 2015.

Si nota che 12 di questi codici corrispondono agli *item* di Santo Spirito: 11 sono finiti nella *parva libraria*, ma ve ne è anche uno pervenuto tra i banchi della *magna*. Si tratta del ms. Milano, Bibl. Ambrosiana, A 204 inf., con l'*Etica Nicomachea* di Aristotele nella traduzione latina di Roberto Grossatesta, sui margini del quale Boccaccio ha trascritto *manu propria* il commento di san Tommaso d'Aquino e ha apposto la sottoscrizione in lettere capitali «Iohannes de Certaldo scripsit feliciter», seguito dal *colophon* costituito dal pentametro leonino «Hoc opus explevi tempore credo brevi». Della *parva libraria* sono stati identificati altri manoscritti, che tuttavia non presentano note di Boccaccio, arrivando a un totale di 19 codici[12].

È chiaro che parecchi manoscritti autografi boccacciani sono fuoriusciti da Santo Spirito prima che fosse compilato l'inventario attorno al 1450. Vi è poi un certo numero di codici che non giunsero a Martino da Signa e al convento, semplicemente perché non furono posseduti dal Certaldese, ma soltanto consultati, per periodi di tempo più o meno lunghi[13]. È il caso dei codici petrarcheschi, sui quali si trovano sporadiche note di Boccaccio; oppure degli esemplari in beneventana, che studiò, annotò talora abbondantemente e trascrisse, ma che non fecero parte della sua biblioteca personale[14]. Va quindi distinta una biblioteca di libri posseduti dal novero dei libri che furono soltanto consultati ed eventualmente annotati dal Certaldese. C'è poi l'enigmatico destino dei libri in volgare, tra i quali lo stesso *Decameron* o gli esemplari della *Commedia* copiati dal Certaldese, che risultano assenti dall'inventario quattrocentesco: forse non entrarono mai nel convento, perché trattenuti dagli eredi universali, vale a dire i figli del fratello Iacopo, o forse vi rimasero solo per breve tempo[15].

L'inventario di Santo Spirito rimane comunque uno strumento fondamentale di confronto e verifica per la ricostruzione della biblioteca di Boccaccio. Va anche detto che di alcuni codici registrati nell'inventario, che appartennero al nostro autore, si possono rintracciare i discendenti, e diventano così testimoni fondamentali nella tradizione del testo perché apografi dell'esemplare autografo di Boccaccio. Questo è il caso per esempio di un'opera boccacciana registrata a Santo Spirito, ma non pervenutaci in autografo, il *De casibus*, del quale è possibile rintracciare gli apografi dell'esemplare conservato nel convento fiorentino alla luce dalla sottoscrizione al ms. Budapest, OSZK, Cod. Lat. 425, f. 95ra:

> Ioanni Boccacci de Certaldo *De casibus virorum illustrium* liber nonus et ultimus explicit feliciter. Scriptus ad petitionem nobilis civis Iohannis de

---

[12] MACHERA 2021.

[13] DE ROBERTIS 2015, p. 163: «la mia impressione è che Boccaccio non abbia posseduto molti libri».

[14] DE ROBERTIS 2015, p. 163.

[15] Cfr. le ipotesi di PADOAN 1997, pp. 208-209.

Fleschoballis de Florentia anno Domini 1422°, conpletus die 12ª septembris in die sabbati hora 21ª *manu fratris Baptiste* de civitate Narnie *ordinis fratrum Heremitarum sancti Augustini*, tunc temporis studentis *Florentie*. Deo gratias amen amen amen.

Su commissione di Giovanni Frescobaldi il copista Battista di Narni, degli Eremitani di Sant'Agostino, aveva copiato nel 1422 l'esemplare che nell'inventario del 1451 costituiva il libro 9° del banco V:

Item in eodem banco V liber nonus Iohannes Bocacius *De casibus virorum inlustrium*, conpletus, copertus corio rubeo, cuius principium est «Exquirenti michi etc., finis vero in penultima carta «Ugonii comiti» etc.[16]

Non è l'unico caso in cui una sottoscrizione mette sulle tracce dell'esemplare boccacciano conservato a Santo Spirito. Così si legge nel ms. London, British Library, Harley 2578, f. 49r, in una sottoscrizione apposta in calce a un esemplare contenente le egloghe di Nemesiano:

Collatus accuratissime hic codex cum illo vetustissimo, quem Thadeus Ugoletus Pannoniae regis bibliothecae praefectus e Germania secum attulit, *et cum illo quem Iohannes Boccaccius propria manu scripsisse traditur bibliothecae Sancti Spiritus florentini dicatum*, et cum plaerisque aliis, ubi titulum et operis divisionem, multa etiam carmina reperimus.

La sottoscrizione segnala che è stato effettuato un lavoro di collazione su più codici, tra i quali l'esemplare boccacciano conservato a Santo Spirito[17].

Dal giugno 2022 è stato avviato, presso il Dipartimento di Scienze Umane dell'Università degli Studi dell'Aquila, un progetto coordinato da Teresa Nocita sulla "biblioteca virtuale" di Boccaccio da rendere idealmente disponibile "a scaffale aperto", intitolato appunto BOccaccio BOokshelves: si tratta di un lavoro ancora in fase di ideazione, di cui si vogliono qui dare alcune indicazioni delle linee che si intende percorrere.

Si articola in due parti, la prima delle quali vuole offrire una ricognizione complessiva della biblioteca del Certaldese, rispettando idealmente la volontà dell'autore, *sine aliqua diminutione*: si propone di considerare i codici pervenuti fino a noi, la "biblioteca reale", ma cercando altresì di segnalare le opere della biblioteca irreperta, che include gli intertesti ricavabili dalle sue opere (il *Novellino* per esempio, la *Cronica* di Giovanni Villani, lo *Specchio di vera penitenza* di Iacopo Passavanti etc.).

[16] Mazza 1966, pp. 62-63. Esempi di apografi da esemplari presenti a Santo Spirito sono frequenti: per il *Buccolicum carmen* cfr. Piacentini 2021, pp. 40-43; per il *De montibus*, cfr. De Robertis-Rovere 2018.

[17] Cfr. Castagna 1976, p. 25; Reeve 1978, pp. 231-233; Petoletti 2015, p. 117.

In questa prospettiva si prevede uno studio aggiornato sull'inventario della *parva libraria* di Santo Spirito che, compatibilmente con le possibilità, dovrebbe allargarsi anche alla *magna*, dove dovrebbero essere arrivati i codici patristici del Certaldese. Antonia Mazza aveva già con grande intelligenza analizzato i singoli *item*, riuscendo a rintracciare le parole dell'*incipit* e, soprattutto, quelle del *verso* della fine della penultima carta, svelando così le opere contenute nei singoli codici inventariati. È stato un lavoro lodevolissimo e meritorio, condotto sfogliando con pazienza le edizioni allora disponibili, sovente ricorrendo agli esemplari a stampa del Cinquecento e, qualora i testi fossero inediti, ad altri testimoni manoscritti delle opere. A oltre cinquant'anni di distanza però, con una mole ben più consistente di testi editi, con maggiore facilità nell'accedere alle edizioni, e soprattutto grazie a sempre più raffinati database contenenti opere latine classiche e medievali, con incipitari arricchiti e aggiornati, si può riuscire senza troppe difficoltà a riconoscere le opere di alcuni *item* in cui la studiosa aveva fallito l'identificazione.

Mi limito a un paio di esempi. Riguardo al codice VIII del banco VI, Mazza ha identificato l'opera con la versione dall'arabo dell'aristotelico *De animalibus* di Michele Scoto. Non è riuscita però a rintracciare, cercando su un testimone dell'opera alla biblioteca Ambrosiana, l'*explicit*: «finis vero penultime carte *propter suam gracilitatem*»[18]. Ora, disponendo dell'edizione, si rileva che il segmento indicato nell'inventario si trova nel libro XIX, verso la fine[19].

Lo stesso dicasi per il Valerio Massimo, che costituisce il IV volume del banco VIII, del quale va rettificata l'identificazione dell'*explicit*: «finis vero penultime carte *Alentibus nascuntur*». Mazza ha ipotizzato che probabilmente è il *gignentibus similia nascuntur* di IX 14, 25[20]. In realtà le parole corrispondono perfettamente un passo del *De praenominibus* di Giulio Paride: «a gaudio parentum, Auli, quod dis *alentibus nascuntur*»[21]. Si tratta di un'opera che circola con i *Factorum et dictorum memorabilium libri*, tanto che in molti manoscritti costituisce il libro X dell'opera di Valerio.

L'identificazione delle opere nei singoli codici inventariati potrà – si auspica – favorire il riconoscimento di altri esemplari di Santo Spirito inventariati e, eventualmente, della presenza della mano di Boccaccio.

La seconda parte del progetto prevede la costruzione della sezione del portale sulla "biblioteca reale", che renda disponibile online le riproduzioni dei codici autografi o con note autografe di Boccaccio. Punto di partenza è il portale degli *Autografi dei Letterati Italiani*, in cui è consultabile la pagina dedicata a Boccaccio[22].

---

[18] MAZZA 1966, p. 49.

[19] *De Animalibus* 1992, p. 243.

[20] MAZZA 1966, p. 56.

[21] *Iuli Paridis De praenominibus* 1998, p. 797 (la lezione *alentibus* è segnalata in apparato).

[22] La sezione dedicata a Boccaccio nel portale *ALI* è liberamente consultabile al seguente link: http://www.autografi.net/dl/search?rows=10&start=0&fq=primary_author_ss:%22Giovanni%20

Si è però progettata una griglia *ad hoc* per il Certaldese, comprendente, oltre a voci indispensabili come Segnatura, Datazione, Provenienza etc., una voce specifica che indichi la presenza o meno negli inventari di Santo Spirito (con relativa segnatura), e il tipo, o i tipi di scrittura. È naturalmente fornito un link tramite il quale consultare le immagini. Dal punto di vista operativo, si segnala che, riguardo alla sezione Bibliografia, si opta per una selezione delle voci, limitata a quelle successive all'anno 2000, con l'eccezione del contributo in cui è annunciato il riconoscimento dell'autografia di Boccaccio, e di eventuali lavori "monografici" sul codice, giudicati di particolare rilevanza. Da ultima, è prevista la sezione Note, che vuole fornire la chiave di lettura del lavoro di Boccaccio svolto sul codice, segnalarne le peculiarità, metterlo in relazione con altri autografi boccacciani, oppure mostrare, dove possibile, le riprese del Certaldese nelle proprie opere. Per gli zibaldoni, che per ricchezza di testi e complessità non possono essere descritti in una griglia troppo sintetica, si sta studiando una sezione specifica, ancora in via di definizione[23]. Riguardo in particolare ad alcuni postillati, con un numero esiguo di note riferibili alla mano di Boccaccio, ci si propone di fornire le immagini dei passi annotati; nella sezione Note i passi saranno contestualizzati, sarà spiegata la ragione degli interventi del Certaldese, saranno segnalati eventuali parallelismi con altri codici boccacciani, ed eventuali citazioni o riusi di Boccaccio nella propria opera.

Esemplare il caso del ms. Firenze, BML, Plut. 51.10, codice confezionato a Montecassino nel sec. XI in beneventana, celeberrimo nella storia della filologia classica e della paleografia, perché è l'archetipo conservato del *De lingua latina* di Varrone e testimone fondamentale della *Pro Cluentio* di Cicerone[24]. Boccaccio consultò a lungo le vetuste pergamene del manoscritto: ne trasse certamente una copia, che inviò a Petrarca, che lo ringraziò nella *Fam.* XVIII 4 del 1355. Su questo codice sono state riconosciute solo due note del Certaldese: di qui la necessità di fornire immagini del segmento testuale preciso, per evitare che siano confuse con le numerose note presenti sui margini, tra le quali quelle di mani coeve a Boccaccio, oppure quelle seriori di Niccolò Niccoli. Entrambe le note di Boccaccio sono poste a margine del *De lingua latina* di Varrone: «De diis hic plura vide» (f. 4r); «Ego aliter: "latro" enim grece, "clam" latine; et ideo latro quod clam furetur» (f. 14r). Quest'ultima postilla, con la riflessione etimologica e il curioso accostamento tra *latro* e l'avverbio *clam*, è stata ben illustrata, ed è stato segnalato un passo delle

---

Boccaccio%22&q=*:* I dati ivi contenuti, che riprendono la scheda dedicata al Certaldese nella corrispettiva pubblicazione cartacea, Cursi-Fiorilla 2013, sono altresì rispetto a quella aggiornati e integrati con le acquisizioni della ricerca successive all'uscita del volume.

[23] Riguardo a questi codici, appare da ultimo eccessivamente semplificata, con parecchie imprecisioni, la trattazione di Cazalé Bérard 2022.

[24] Si veda, da ultimo, la ricca scheda Regnicoli-Berté 2013.

Genealogie elaborato con il medesimo abbinamento di termini[25]. Posso aggiungere un ulteriore luogo della stessa opera, relativo a Mercurio, il dio dei ladri: «Mercurius, id est fraus, quia *furum* deus, qui *clam* et fraude furantur» (*Gen. deor. gent.* X 47, 4). Questa annotazione va posta in relazione a simili postille di natura lemmatica, dove è fatto il confronto tra le diverse lingue: è una tipologia di annotazioni tipicamente scolastica, riscontrabile già in Isidoro di Siviglia e assai comune nei lessicografi del tempo, quali Uguccione da Pisa e *Papias*, ed è frequente anche nella tradizione glossografica dei classici. Note boccacciane di questo tipo si rintracciano nel ms. Firenze, BML, Plut. 66.1 con Giuseppe Flavio nelle traduzioni latine: «"sabbatum" ebraice, "requiem" latine» (f. 3ra); «"cinthares" ebraice, "talentum" grece» (f. 41va). La stessa tipologia di postille di tipo lemmatico si trova anche in un "autografo autoriale", il ms. Firenze, Biblioteca Riccardiana, 1232, nel quale Boccaccio copiò il proprio *Buccolicum carmen*. Venendo incontro ai suoi lettori, il Certaldese fornisce infatti materiale autoesegetico, nello specifico alcune note esplicative circa il significato del nome greccizante di alcuni personaggi: «"Elpis" grece, "spes" latine» (f. 64v); «"Camalos" grece, "hebes" latine» (f. 69r). Va comunque notato che questo modo di glossare i lemmi si ritrova di frequente nelle opere dello stesso Certaldese, dal *De montibus* (cfr. *De mont.* II 32: «Nam "parthenias" grece, "virgo" latine sonat»), alle *Genealogie* (cfr. *Gen. deor. gent.* XII 45, 1: «Nam "myrmex" grece, latine "formica" est»), alle *Esposizioni* (cfr. *Esp.* IX, *esp. litt.* 54: «per ciò che "angelo" si dice da "aggelos", grece, che in latino viene a dire "messaggiere"»), all'epistola *explanatoria* a Martino da Signa in cui ha illustrato i titoli e i *nomina collocutorum* delle sedici egloghe del *Buccolicum carmen*. È stato ipotizzato, pur in forma dubitativa, che a Boccaccio possa essere assegnata una *manicula* al f. 37v, in relazione al passo di Cicerone: «Praesto est mulier audax, pecuniosa, crudelis, instituit accusatores, instruit testes, squalore huius et sordibus laetatur...» (*Pro Cluentio*, 18). Si tratta della presentazione di Sassia, la madre di Cluenzio, che fece istruire il processo contro di lui, donna di costumi osceni, ossessionata dal denaro, disposta a ogni crimine per arricchirsi. Il passo ciceroniano è certamente compatibile con gli interessi di Boccaccio, in particolare sulle figure di donne ricche: oltre alle numerose tirate misogine riscontrabili nelle sue opere, in particolare nel *Corbaccio*, sono molte le annotazioni ai classici focalizzate su questo tema. Tuttavia il disegno particolare della *manicula*, con la singolare posizione dell'indice, non consente di attribuirla con certezza al Certaldese[26].

Un altro caso che necessita un trattamento mirato è costituito dal ms. Paris, BnF, Latin 4939, contenente il *Compendium sive Chronologia magna* del frate francescano Paolino da Venezia, vescovo di Pozzuoli[27]. Il codice, confezionato proba-

---

[25] REGNICOLI-BERTÉ 2013, p. 356.
[26] FINAZZI 2014, pp. 99-102.
[27] CECCHERINI-MONTI 2013.

bilmente nello *scriptorium* di Roberto d'Angiò, non appartenne al Certaldese, ma lo ebbe certamente a disposizione per lungo tempo, probabilmente durante i soggiorni a Napoli, poiché vi trasse i numerosi *excerpta* di Paolino riversati nello Zibaldone Magliabechiano[28]. Si legge una sola nota, al f. 116ra, ricondotta alla mano di Boccaccio da Giuseppe Billanovich[29]; è collocata in calce al medaglione biografico dedicato al papa Giovanni XXII. Non si tratta di un'annotazione ad uso personale, alla stregua di molti *notabilia* o *marginalia* figurati di altri autografi boccacciani. Diversa è la sua funzione e la destinazione, in quanto Boccaccio vuol conferirvi una sorta di "visibilità pubblica", apponendo un commento destinato ai futuri fruitori del codice:

> Iste Venetus adulator nicil dicit de tyrampnide gesta per papam istum, de trucidatione christianorum facta suo iussu, de partialitate animosa eiusdem et de quampluribus aliis dyabolicis gestis eiusdem. Expectabat quidem bergolus iste pilleum rubrum, veritatem tacendo et exprimendo mendacia. Vir quidem sanguinum fuit Iohannes iste, nec Ecclesie Dei satis dignus.

Boccaccio mette in guardia il lettore sulla scarsa attendibilità della biografia di Giovanni XXII fornita da Paolino: costui non è altro che un adulatore, e avrebbe omesso le numerose malefatte del pontefice per ambizione, al fine di conseguire il rosso berretto cardinalizio.

Il commento rivela un non trascurabile impegno letterario, riconoscibile nelle scelte lessicali, nello specifico del volgarismo *bergolus*, vale a dire "chiacchierone sempliciotto", "ciarlone", che trova significativi parallelismi nel *Decameron* dove l'epiteto "bergolo" è utilizzato in relazione a personaggi veneziani, la «giovane bamba e sciocca» Lisetta da ca' Quirino e il cuoco Chichibio: «sì come colei che viniziana era, e essi son tutti *bergoli*» (*Dec.* IV 2, 12); «Chichibio, il quale come nuovo *bergolo* era» (*Dec.* VI 4, 6)[30]. Assai meditata la scelta di un'espressione biblica a definire il papa, detto *vir sanguinum*, letteralmente "uomo di gesta sanguinarie": è curiosamente la definizione che Dante affibbiò al bestiale Vanni Fucci, autore di gesti sacrileghi: «ch'io 'l vidi *omo di sangue* e di crucci» (*Inf.* 24, 129). Tale locuzione è frequente soprattutto nel libro dei Salmi: *Ps.* 5, 7: «*Virum sanguinum* et dolosum abominabitur Dominus»; *Ps.* 25, 9: «Ne perdas cum impiis, Deus, animam meam, et cum *viris sanguinum* vitam meam»; *Ps.* 58, 3: «Eripe me de operantibus iniquitatem, et de *viris sanguinum* salva me». Ma credo che Boccaccio rievochi principalmente un passo dal libro dei Re, dove si narra del benianimita Semei che maledice il re Davide per le sue gesta crudeli definendolo uomo sanguinario e uomo di

---

[28] PETOLETTI 2013b.
[29] BILLANOVICH 1996.
[30] Cfr. BRANCA 1941.

Belial, il diavolo: «Egredere, egredere, *vir sanguinum* et vir Belial […] et ecce premunt te mala tua, quoniam *vir sanguinum* es» (II *Reg.* 16, 7-8). Significativo che la medesima espressione scritturale, con riferimento a Davide, sia stata impiegata nel *De casibus virorum illustrium*, in un capitolo sulla degenerazione dei successori di Pietro dedicato a un papa peraltro omonimo, il sanguinario Giovanni XII, vissuto in età ottoniana:

> Pontifex autem egregius immemor forsan David regem inclitum passum, eo quod *vir sanguinum* esset, ab edificatione templi repulsam, cum Othonis novisset adventum et quorum fuisset literis accersitus, non obstante flammei pilei reverentia nec sacrorum que exercebat officiorum, fecit nasum diacono et subdiacono truncari manum (*De cas.* IX 7, 12)[31].

Immemore del proprio ruolo e dei propri uffici, il pontefice fece mozzare il naso al diacono e al suddiacono che avevano informato l'imperatore Ottone dell'incresciosa condizione della curia, che decise di scendere in Italia[32].

Con una minima *variatio* Boccaccio ha impiegato *vir sanguinum*, sostituendo *vir* biblico con il dantesco *homo*, anche nel capitolo *De Orpheo Apollinis filio VIIII°* delle *Genealogie*, dove è illustrata la finzione dei poeti relativa ad Orfeo, capace di ammansire le fiere, da intendere come "gli uomini di sangue e rapaci": «Feras mites facit, id est *homines sanguinum* rapacesque, quos sepissime eloquentia sapientis revocat in mansuetudinem et humanitatem» (*Gen. deor. gent.* V 12, 6).

Notevole anche la tessitura retorica del commento, in cui spicca l'*enumeratio*, enfatizzata dall'insistente anafora, delle gesta diaboliche del papa: *de tyrampnide, de trucidatione, de partialitate, de quampluribus aliis dyabolicis gestis.* Decisamente elegante anche l'articolazione chiastica dei segmenti *veritatem tacendo* ed *exprimendo mendacia*, alla cui efficacia contribuisce l'attenzione del Certaldese per il ritmo prosastico, perché il primo, polisillabo piano seguito da un trisillabo ugualmente piano, costituisce un *cursus planus* nella forma canonica (*veritátem tacéndo*),

---

[31] *Martini Oppaviensis Chronicon*, p. 431: «Hic erat venator et totus lubricus, adeo quod etiam publice feminas tenebat. Propter quod quidam cardinalium et Romanorum scripserunt occulte Ottoni principi Saxonum, ut scandalo Ecclesie compaciens sine mora Romam properaret. Hoc papa percipiens Iohanni diacono cardinali tamquam huius facti consiliario nasum et alteri Iohanni subdiacono, qui litteras scripserat, manum amputari fecit». A rettifica di quanto scritto nel commento al *De casibus* va detto che il f. 75v [95v] dello Zibaldone Magliabechiano, dove si trova il brano sopracitato non è stato copiato da Boccaccio, ma è di mano quattrocentesca.

[32] Credo che nell'elaborare questo passo il Certaldese abbia preso da luoghi danteschi memorabili di accusa contro i papi, e precisamente dalle parole di Guido da Montefeltro relative a Bonifacio VIII, il pontefice che in spregio del proprio ufficio gli diede il "consiglio frodolente": «né sommo *officio* né ordini *sacri* / guardò in sé, né in me quel capestro / che solea fare i cinti più macri» (*Inf.* 27, 91-93). A questo si aggiungono le parole rivolte da Dante al papa simoniaco Niccolò III: «…la *reverenza* de le somme chiavi / che ti tenesti ne la vita lieta» (*Inf.* 19, 101-102).

mentre il secondo, polisillabo piano seguito da un tetrasillabo sdrucciolo, un perfetto *cursus tardus* (*expriméndo mendácia*). Il commento di Boccaccio conquistò davvero la 'visibilità' che si proponeva: lo storico ed erudito francese Étienne Baluze non mancò di segnalare questa salace nota aggiunta alla biografia di Giovanni XXII nelle *Vitae paparum Avenionensium* pubblicate nel 1693[33]. Pur in sintesi la sezione Note relativa a questo postillato vuole fare emergere il peculiare statuto dell'unica annotazione apposta da Boccaccio.

Un caso completamente diverso è costituito da un "autografo editoriale", il ms. Firenze, Bibl. Riccardiana, 1035 (Ri), uno dei tre esemplari autografi della *Commedia* di Dante, datato agli inizi degli anni '60 del Trecento; gli altri due mss. sono Toledo, Archivo y Bibl. Capitulares, 104.6 (To), degli anni '50, e Città del Vaticano, BAV, Chig. L VI 213 (Chig), degli anni '60, posteriore a Ri. Sul Riccardiano è presente una sola *manicula* boccacciana, al f. 70r, relativa ai versi «Rade volte risurge per li rami / l'umana probitate; e questo vole / quei che la dà, perché da lui si chiami» (*Purg.* 7, 121-123)[34]. La quasi totalità delle note boccacciane riporta delle varianti, introdotte talora da *al.* o da *c'* (una *c* sormontata da una sorta di apostrofo)[35]. Sulla base di queste annotazioni, risulta chiaro che Boccaccio affrontasse la lettura della *Commedia* con una attitudine diversa rispetto a quella con cui affrontava altre opere e riscontrabile in altri codici: non sembrava cercare tanto le *sententiae*, ma rifletteva sul testo. La quasi totalità dei *marginalia* sono quindi catalogabili come interventi "filologici". Questo tipo di attività boccacciana ha avuto una ricaduta significativa nella valutazione dei suoi esemplari autografi nella tradizione della *Commedia*. Rilevando il «carattere compromissorio e composto dell'*editio* boccaccesca», Petrocchi maturò la convinzione che «l'opera del Boccaccio tagliasse in due la tradizione della *Commedia*», considerazione che lo ha portato ad elaborare il concetto di "antica vulgata" e a basare la ricostruzione del testo sulla tradizione anteriore agli esemplari del Certaldese[36]. In realtà questi interventi non sono stati ancora valutati nella

---

[33] *Vitae paparum* 1916, p. 170.

[34] Cfr. Finazzi 2014, p. 341.

[35] Questo l'elenco dei *loci* annotati da Boccaccio in Ri: f. 27v: «c' dinne» (*Inf.* 16, 67); f. 61v: «c' consolare» (*Purg.* 2, 109); f. 69r: «c' biacca» (*Purg.* 7, 73); f. 90r: «c' s'appuntano» (*Purg.* 15, 49); f. 95r: «al. vera» (*Purg.* 18, 38); f. 100r: «c' e di voler» (*Purg.* 21, 63); f. 112r: «c' che sotto» (*Purg.* 28, 97); f. 113r: «al. vi chiami» (*Purg.* 29, 39); f. 115v: «c' compatire ad me come se decto» (*Purg.* 30, 95); f. 139v: «c' te» (*Par.* 10, 102); f. 142r: «al. consurse» (*Par.* 12, 15); f. 147r: «c' bis erit celi et cetera» (*Par.* 15, 30); f. 147r: «c' gloria» (*Par.* 15, 36); f. 151r: «al. rossa» (*Par.* 17, 66); f. 151r: «c' s'infutura» (*Par.* 17, 98); f. 166v: «c' .i.» (*Par.* 26, 134); f. 170v: «c' si ricorda» (*Par.* 29, 72); f. 172v: «c' si sveste» (*Par.* 30, 92); f. 177r: «al. gli effecti» (*Par.* 33, 36). Due interventi riguardano le *Canzoni*: f. 180r: «al. che mosse» (*Rime 3, Amor che nella mente mi ragiona*, 72); f. 181r: «ne egli ne altressì c'» (*Rime 4, Le dolci rime d'amor ch'io solea*, 73).

[36] Petrocchi 1994², vol. I, p. 20. Va detto che la valutazione petrocchiana dei testimoni boccacciani è messa in discussione, almeno in parte, da Mecca 2014 (con rimandi ad altri suoi lavori precedenti).

loro specificità: in uno studio importante sulle tre copie della *Commedia* di Boccaccio Carlo Pulsoni non ha distinto le varianti introdotte da *al.* da quelle precedute da *c'*, sciogliendo entrambe queste formule con *vel*[37].

Si dà un'esemplificazione di queste annotazioni filologiche alla luce di due passi del Canto XVII del *Paradiso* con la profezia di Cacciaguida. Una variante marginale introdotta da *al.* si trova in relazione alla terzina che in Ri, al f. 151r, si legge così:

> …che tutta ingrata, tutta matta et empia
> si farà contro ad te, ma poco appresso
> ella, non tu, n'avrà *rotta* la tempia (*Par.* 17, 64-66).

È posto un segno di richiamo sopra *rotta*, che rimanda al margine destro, dove Boccaccio ha annotato «al. rossa». La lezione *rossa* è ampiamente attestata, e promossa a testo da Petrocchi, mentre *rotta* è segnalata in apparato, attestata in Ham. Le è tuttavia riservata l'ulteriore considerazione nelle note a piè di pagina: «*rotta la tempia*, anche in London Add. 22780, riapparirà nella Nidobeatina, e nelle edizioni dipendenti, ma è priva di sufficiente documentazione (al Vandelli utile supplementarmente per interpretare rossa "di sangue", non "di vergogna")»[38]. Va detto che *rotta* è la lezione degli altri due esemplari boccacciani della *Commedia*, To (f. 224r) e Chig (p. 300). Con ogni probabilità il Certaldese ha annotato a margine *rossa*, introdotta da *al.*, recuperandola da un altro esemplare del poema che ha avuto modo di consultare: si tratta quindi di un'alternativa testuale dedotta per collazione.

Diverso è il caso circa la terzina, che cito secondo la lezione di Ri, dove la variante è introdotta da *c'*:

> Non vo' però ch'a' tuoi vicini invidie
> poscia che *sinfuturo* la tua vita
> vie più là che 'l punir di lor perfidie (*Par.* 17, 97-99)[39].

Boccaccio ha apposto un segno di richiamo sopra *sinfuturo* annotando sul margine destro: «c' sinfutura». Petrocchi ha così commentato la lezione delle tre *Commedie* autografe: «*sinfuturo* (forse *si' 'n futuro*?) in Ri Chig – ma non in To – e così *sia* o *fia futura* ecc. sono trascorsi di facile formazione dinanzi al verbo di pretto conio dantesco»[40]. Si nota che con la banalizzazione *sinfuturo*, comunque lo si interpreti, viene a mancare il verbo reggente alla proposizione temporale introdotta

---

[37] PULSONI 1993.

[38] PETROCCHI 1994[2], vol. IV, p. 284.

[39] Rispetto al testo ricostruito da Petrocchi i codici boccacciani presentano al v. 99 la lezione largamente attestata *vie* in luogo di *via*, promossa a testo dall'editore.

[40] PETROCCHI 1994[2], vol. IV, p. 288.

da *poscia che*, rendendo il passo incomprensibile. Petrocchi non ha segnalato la variante marginale di Ri, in cui è dato il verbo parasintetico *s'infutura*, con la quale è restaurato l'ordine logico e sintattico della frase. È possibile che Boccaccio abbia effettuato una proposta *ope ingenii* considerando il problema di senso e sintassi, ma va detto che l'aveva a portata di mano, in quanto è la lezione d'impianto di To.

Silvia Rizzo ha segnalato che *c'*, e anche *c°* e *cᵉ*, erano usate da Angelo Poliziano e fossero da interpretare non come *conicio* o *conieci*, termini ignoti al suo lessico filologico, ma come *corrigo* e *corrige*, terminologia utilizzata sia in presenza di congetture che di restituzione di lezioni manoscritte. La studiosa ha segnalato la presenza di queste *c'* nei codici di umanisti quali Coluccio Salutati e Poggio Bracciolini[41].

Giancarlo Breschi, che ha studiato a lungo gli esemplari boccacciani della *Commedia*, soffermandosi anche sugli interventi marginali, ha sciolto le *c'* con *corrige*[42]. La soluzione tuttavia non appare come dato acquisito, e merita uno studio specifico, considerato che queste *c'* sono molto frequenti negli autografi e nei postillati di Boccaccio.

Si prova ora ad esaminare qualche occorrenza di questa *c'* in altri autografi del Certaldese, partendo da alcuni interventi nel ms. Firenze, Biblioteca Riccardiana, 627, esemplare delle *Historiae adversus paganos* di Paolo Orosio, in gran parte trascritte dallo stesso Boccaccio[43]. Un'annotazione con la *c'* riguarda il passo seguente: «…barbaros autem crebris *fluminum* ictibus perterritos, presertim cum *plurimorum* occiderentur, in fugam coegerit» (*Hist.* VII 15, 9)[44]. Boccaccio individua nella frase una doppia criticità, relativa ai genitivi *fluminum* e *plurimorum*. Per il primo appone un segno di richiamo che rimanda alla nota sul margine destro del f. 74vb: «c' fulminum». Il Certaldese si rende conto che la lezione *fluminum* non dà senso ("i frequenti colpi *dei fiumi*"), e propone la rettifica in *fulminum*, pienamente coerente con il contesto. Si tratta di un intervento da manuale, che emenda un errore molto comune nelle tradizioni manoscritte[45]. Per il secondo la rettifica è posta nell'interlinea, dove si leggono le lettere *ie*, in corrispondenza della sillaba *-mo-* di *plurimorum*: è chiaro che Boccaccio voleva che si intendesse *plurimi eorum*, intervento che restaura l'assetto sintattico del testo, restituendo il soggetto alla subordinata col *cum* narrativo. Si tratta di interventi di restauro testuale piuttosto elementari, ma che rivelano un lettore attento al senso e alla tenuta grammaticale di quanto stava leggendo.

---

[41] Rizzo 1973, pp. 272-274.

[42] Breschi 2013, 2014 e 2019 (in questo contributo un esempio a p. 112).

[43] De Robertis 2001.

[44] *Orosii Historiae* 1882, p. 472.

[45] Si possono citare quali esempi gli esametri del *De rerum natura* di Lucrezio, in particolare: «*fulmina* postremo nix imbres nubila venti» (V 675), in cui *fulmina* è segnalata quale congettura di Michele Marullo rispetto a *flumina* di Ω (*Lucreti De rerum natura* 1969, p. 199).

Per certi aspetti non dissimile un altro intervento sul testo di Orosio, riguardante un passo di grande rilevanza ideologica, in cui è spiegato come la fede cristiana abbia sostituito, nonostante le lunghe e sanguinarie persecuzioni, i culti pagani: «Hoc eatenus factum est, donec fecunda *crudelitas* eo usque inter tormenta et per tormenta proficeret, quamdiu ipsum regium culmen, per quod solum prohiberi potuerat, occuparet» (*Hist.* VI 1, 22). Nel Ricc. 627, al f. 52ra, è posto un segno di richiamo su *crudelitas*, con rimando sul margine sinistro «c' credulitas». Largamente attestata, *crudelitas* è la lezione promossa a testo dagli editori[46]. Mi sembra verosimile che Boccaccio fosse perplesso per l'espressione di *fecunda crudelitas*, invero piuttosto ingegnosa, una sorta di ossimoro e al contempo personificazione del concetto di crudeltà. Si tratta della "feconda crudeltà" delle persecuzioni, che si è fatta strada per tutto il tempo in cui occupò il soglio regale, l'unico che avrebbe potuto evitarle. Il Certaldese ha probabilmente ritenuto che *crudelitas* fosse una possibile corruttela per *credulitas*, che si fosse prodotto, usando il lessico tecnico di oggi, un errore fonologico di metatesi qualitativa. Per quanto riguarda il senso riteneva che fosse preferibile intendere che il culto degli antichi dei, la religione pagana (*credulitas*) si fosse industriata, finché al potere, nel tentativo di soffocare nel sangue il nome e il culto di Cristo. Di fatto *credulitas* gli appariva probabilmente banalizzazione indotta dal contesto in cui è contrapposto il paganesimo alla *Christiana fides*.

Un esempio simile, con una *c'* a introdurre una variante in presenza di un termine di cui non era colto il significato, si ha nella cosiddetta Miscellanea Laurenziana, il ms. Firenze, BML, Plut. 33.31, f. 24r, e riguarda i versi del *Culex* pseudo-virgiliano:

> …chrysantusque hedereque nitor pallente corymbo
> et bocchus Libie regis memor, hic amarantus
> bumastusque virens et semper florida pinus [tinus ed.]
> (Ps. VERG., *Culex*, 405-407).

Si tratta degli esametri conclusivi del poema, dove è rappresentato il pastore che adorna di fiori e piante il tumulo innalzato alla zanzara. In relazione a *bocchus* Boccaccio ha apposto un segno di richiamo costituito da due puntini, e sul margine sinistro ha annotato: «c'. bacchus»[47]. In realtà il passo non è corrotto, e la lezione *bocchus* è qualla univocamente promossa a testo nelle moderne edizioni critiche.

---

[46] *Orosii Historiae* 1882, p. 352: in apparato è segnalato che *credulitas* è presente nella tradizione, attestata in un testimone antico, il *Rehdigeranus* (R), del IX secolo.

[47] Duole segnalare che, per quanto apprezzabile negli intenti e nel quadro introduttivo, difetta di conoscenza specifica su Boccaccio il lavoro FLORAMO-CERVANI 2015. A titolo di esempio le *c'* vengono sciolte sistematicamente come *est*, e in relazione a questi versi (p. 35) è attribuita a Boccaccio la nota «Al. mirtus», vergata in inchiostro sensibilmente diverso e chiaramente di mano seriore.

Il sostantivo però costituisce un *hapax* nella letteratura latina, e non è perfettamente chiarito nemmeno oggi: è il nome di un fiore o di una pianta che deriva da quello di un re di Libia (*Libyae regis memor*) non bene identificato. È forse quel Bocco, re di Mauretania, che tradì Giugurta consegnandolo ai Romani, oppure un sovrano successivo con lo stesso nome[48]. Il Certaldese, che non aveva a disposizione glosse utili a discernere il passo, ha probabilmente ritenuto che la lezione fosse erronea, proponendo la correzione *bacchus*: riteneva che il nome della divinità pagana, o qualcosa ad esso affine, si adattasse meglio al contesto vegetale dei versi[49].

Va riconosciuto che Boccaccio è talora capace di emendazioni abili. È il caso dell'intervento in un verso della tragicomica storiella del maiale, del giovane e del serpente: il ragazzo ferisce il porco ma, senz'accorgersene, calpesta il rettile, che lo morde; finisce che muoiono tutti e tre. Boccaccio ha copiato il tetrastico al f. 27v del Plut. 33.31, preceduto da un'*inscriptio* in cui i versi sono attribuiti a Virgilio:

> Versus Virgilii, quorum materia est: iuvenis aprum vulneravit; ex inproviso
> serpentem calcavit et ipse a serpente mordetur, et simul tres omnes intereunt.

> Sus iuvenis serpens casum venere sub unum:
> sus iacet extinctus, pede serpens, ille veneno.
> Anguis aper iuvenis pereunt vi vulnere morsu:
> hic fremit, ille gemit, sibilat hic moriens.

Si tratta di un'*amplificatio* medievale (o meglio una fusione tra più componimenti)[50], circolante in codici con opere di Virgilio[51] di un carme dell'*Anthologia latina* di un solo distico trasmesso nel *codex Salmasianus* (Riese 160; Shackleton Bailey 149), rispettivamente i vv. 1 e 4, costruiti secondo la logica della *rapportatio*, in cui il pentametro è costituito dai tre verbi con i suoni emessi morendo dai tre protagonisti: *fremit* per il maiale, *gemit* per il ragazzo, *sibilat* per il rettile[52]. I due

---

[48] Questo il commento di Frederich Leo al lemma: «v. 406 *bocchum* florem fruticemve cognoscimus a Mauro rege nominatum, quem sive Iugurthinum illum, sive, quod multo probabilius est, iuniorem regem Caesare ensem intelligimus, haec verba *Libyae regis memor* plane ostendunt carmen scriptum esse post a.u. 721, quo alter Bocchus mortuus est. Quo argumento uteremur contra carminis originem Vergilianam, si externis argumentis opus esset» (*Culex* 1891, pp. 108-109). Incertezze anche nella recente edizione *Appendix vergiliana* 2000, pp. 434-435: «This unknown plant was named from Bocchus, a king of Mauretania, probably the father-in-law of Jugurtha, but possibly a later king of the same name».

[49] Il nome di Bacco è messo in relazione alla *bacca*, che si può intendere anche come pianta, nelle *Derivationes* di Uguccione da Pisa (B 3, 11): «Invenitur etiam *bacca* per duo -*c*- pro fructu olive et lauri, et ponitur quodcunque pro quolibet fructu et precipue arborum silvestrium».

[50] ZURLI 2005, pp. 21-22.

[51] *Anthologia latina* 1982, pp. 112-113.

[52] *Anthologia latina* 1894, p. 148.

versi mediani aggiunti, che in altri codici sono invertiti nell'ordine, sono conce-
piti secondo la medesima articolazione retorica *singula singulis*: i tre ablativi che
chiudono il v. 3 (*vi, vulnere, morsu*) costituiscono le cause di morte dei tre soggetti iniziali (*anguis, aper, iuvenis*). Gli ablativi al v. 2 sono invece gli strumenti
che hanno portato alla morte i tre soggetti: *veneno* per il giovane, *pede* per il serpe.
E per il maiale? Per quanto accettabile dal punto di vista metrico-prosodico, con la
lezione d'impianto *iacet* non è indicato lo strumento che ha ucciso il porco, per
cui è vanificata la *ratio* compositiva dell'epigramma. Proprio in corrispondenza di
iacet Boccaccio ha annotato sul margine sinistro «c' iaculo». Con l'ablativo *iaculo*,
"il dardo", è ristabilita la logica dei versi correlati, perché è indicato lo strumento
che uccide il maiale, e la parola, dalla forma prosodica di anapesto e terminante in
vocale, si integra perfettamente nel verso perché si elide con il successivo *extinctus*.
Il grande filologo tedesco Emil Baehrens aveva ravvisato in *iacet* una lezione cor-
rotta, e correggeva, senza conoscere il testimone laurenziano, proprio in *iaculo*[53]
Tale *emendatio* è sostenuta dal filologo elvetico Hermann Hagen che ne ha dato la
seguente spiegazione:

> Minime igitur vox *iacet* suis propria est, contra, ut serpens pede, vir veneno
> extinctus esse dicitur, ita in sue quoque necis modus erat depingendus.
> Quod et v. 6 aperte demonstrat, ubi habes: *Dente perit iuvenis, fera telo,*
> *porcus ab ictu.* Atque idem in illo versu, quem […] in adnotatione Riseus
> attulit, conspicitur: *Anguis pressa perit, fera telo virque veneno* […] Scribendum
> igitur: *sus iaculo extinctus*[54].

Quella del Certaldese è quindi una validissima proposta, e credo vi sia arrivato
non per collazione, ma *ope ingenii*, riflettendo sul testo e ragionando sulla struttura retorica del componimento.

Boccaccio è quindi lettore capace talvolta di congetture ingegnose e acute. Non
è però da commettere l'errore opposto, quello di sovradimensionarne l'attitudine
filologica, di attribuirgli metodi di *restitutio textus* e obiettivi anacronistici, da erudito del XVI-XVII secolo e oltre. Credo che Boccaccio si sforzasse di capire, ragio-
nasse sui testi volendo coglierne il senso, cercando, in presenza di lezioni erronee
o presunte tali, di restaurare una lezione accettabile per grammatica e coerenza del
senso. A questo proposito giova considerare un intervento sul testo delle *Dirae*
pseudo-virgiliane, copiate nella stessa Miscellanea Laurenziana:

> Invideo vobis, agri: di setis [discetis *ed.*] amare.
> O fortunati nimium multumque beati… [ps.-Verg., *Dirae* (*Lydia*), 111-112]

---

[53] Baehrens 1881, p. 158.
[54] Hagen 1885, p. xiii.

È l'innamorato che rivolge ai campi il suo lamento per l'amore non ricambiato di Lidia. Boccaccio ha copiato *di* e *setis* separati, e ha apposto tre puntini disposti a triangolo sulla parola *setis*, rimandando nel margine sinistro: «c' fletis vel flet is». Non capiva il senso di *setis*, che valutava come lezione erronea e proponeva due possibili correzioni: in prima battuta *fletis*, indicativo presente alla 2ª persona plurale, valutando chiaramente *di* come vocativo, ed *amare* come avverbio e non voce verbale. Intendeva di fatto il verso così: «Vi invidio, campi: o dei, voi piangete amaramente». La seconda proposta scompone la parola *fletis* in *flet* e *is*, per cui *di* è sempre vocativo, ma il verbo reggente diventa *flet*, che ha quale soggetto il pronome *is*, e si completa con l'avverbio *amare*, intendendo quindi l'esametro in questo modo: «Vi invidio, campi: o dei, egli piange amaramente». In realtà la lezione corretta è il verbo *discetis*, che impone di considerare *amare* un verbo all'infinito. Va detto che *discetis* si trova annotata nel manoscritto laurenziano, ma la mano è chiaramente quattrocentesca. La lezione *di setis* è vicina a *disetis*, attestata in tre testimoni nell'edizione di riferimento[55]. Le proposte di Boccaccio sono congetture fuori bersaglio, ma è fuorviante valutarne le abilità di filologo. Quel che conta maggiormente è la sua determinazione nell'affrontare i versi tutt'altro che agevoli delle *Dirae*, la sua strenua volontà di capire, entrare nel testo e, qualora emergessero corruttele, di proporre correzioni, talora un po' alla buona e per tentativi, ma che cercassero di rendere il testo plausibile[56]. Studiando la tradizione manoscritta dell'*Appendix vergiliana* Michael D. Reeve ha affermato: «A study of Boccaccio's annotations and corrections in *Culex* et *Dirae* might yield interesting conclusions about his manner of working»[57].

Esempi particolarmente significativi di questi interventi si hanno nel ms. Firenze, BML, Plut. 66.1, con le *Antichità giudaiche* di Giuseppe Flavio nella traduzione latina dello pseudo Rufino. Si tratta di un monumentale postillato, sul quale Boccaccio ha apposto poco più di mille annotazioni, perlopiù *notabilia*. L'aspetto interessante è dovuto al fatto che il Certaldese ha affrontato la sfida di decifrare la scrittura beneventana. Al f. 22vb, dove è narrato di Giuseppe che fa portare a Beniamino la sua coppa d'argento preferita, Boccaccio si è soffermato su un termine di cui non riconosceva il significato: «In onere vero Beniamin etiam poculum *arteum*, quo bibere congaudebat, immitteret» (*Ant. Iud.* II 124). Il testimone reca la lezione *arteum*, palese *vox nullius*, in relazione alla quale Boccaccio ha posto nell'interlinea l'annotazione «c' aureum». Il testo critico di Franz Blatt reca *argenteum*, e non sono segnalate varianti in apparato[58]. Verosimilmente l'amanuen-

---

[55] *Appendix vergiliana* 1966, p. 10.

[56] Esempi analoghi di tentativi di correzione non sono rari negli autografi e postillati di Boccaccio. Si segnalano, tra i vari, alcuni casi nel postillato ovidiano (Firenze, Bibl. Riccardiana, 489) studiati di recente da FINAZZI 2021, p. 368 (a commento della postilla n. 108).

[57] REEVE 1976, p. 244.

[58] BLATT 1958, p. 185.

se ha commesso un errore di aplografia omettendo la sillaba mediana -gen- ed originando una parola priva di significato. Il Certaldese ha proposto di sanare il testo con *aureum*, aggettivo che graficamente è affine ad *arteum*, e che costituisce l'attributo del sostantivo successivo *poculum*, soluzione che restituisce senz'altro un testo accettabile; dal contesto il lettore Boccaccio ha chiaramente dedotto che si trattava di qualcosa di prezioso. L'immagine della coppa d'oro, peraltro, può essere stata indotta da una memoria biblica, quella della meretrice dell'Apocalisse: «Et mulier erat circumdata purpura, et coccino, et inaurata auro, et lapide pretioso, et margaritis, habens *poculum aureum* in manu sua plenum abominatione et immunditia fornicationis eius» (*Apc.* 17, 4).

Un intervento con *c'* dovuto a difficoltà di lettura si ha al f. 29ra, relativamente alla frase: «… Aethiopibus scilicet exultantibus in his que contra eos gesserant, eum *tunc* periculis inherere conspiciens, in amorem eius est lapsa crudeliter» (*Ant. Iud.* II 252)[59]. Il passo riguarda Tharbi, figlia del re degli Etiopi, che vede Mosè guidare valorosamente gli Egizi contro il suo popolo; disinteressandosi allora ai pericoli che recava agli Etiopi, si innamorò perdutamente di lui. In interlinea, in corrispondenza di *tunc*, Boccaccio annota «*c'* cunctis». Va detto però che dell'avverbio *tunc* si leggono distintamente solo le lettere -*nc*, mentre l'inchiostro caduto rende di difficile decifrazione le prime due, tanto che, a una prima occhiata, sembrano due parole separate. Boccaccio ha pensato di sistemare il testo con un aggettivo, *cunctis*, ritenendo che fosse l'attributo del successivo sostantivo *periculis* ("… vedendo che lui era incalzato *da tutti i pericoli*…"), scegliendo quindi una parola in cui vi fossero le lettere -*nc*- che si amalgamasse per senso e grammatica alla frase: la soluzione, pur fallace ai nostri occhi di lettori col testo critico a disposizione, restituisce comunque un senso grossomodo accettabile.

Il Pluteo 66.1 presenta anche un paio di casi in cui la *c'* non precede una variante, ma dà comunque indicazioni su criticità testuali. La si trova in relazione a un passo sulle guerre tra Etiopi ed Egizi al f. 28rb, che trascrivo dal codice segnalando le divergenze rispetto all'edizione Blatt:

> Ethiopes cum sint proxime [proximi *ed.*] Egiptiis negotiationem suam [negotia sua *ed.*] in eorum regione [regionem *ed.*] portabant et referebant Egiptiorum. Illi vero irati castrametati sunt vindicaturi contemptum prelioque commisso devicti alii quidem devicti ceciderunt [devicti alii quidem ceciderunt *ed.*], alii vero turpiter domi revertentes evadere potuerunt (*Ant. Iud.* II 239).

Sul margine destro Boccaccio ha scritto «*c'* deficiat hic». Non è facile capire la ragione di questa nota: al di là di alcune varianti, che comunque non sembrano compromettere il testo e il senso complessivo, e dell'eventuale difficoltà costituita

---

[59] Blatt 1958, p. 203.

dal participio *castrametati* (verbo che in ogni caso Boccaccio recepisce e adopera nelle sue opere), il problema più evidente si ravvisa nell'errore di ripetizione *devicti*, che forse ha impedito al Certaldese di segmentare correttamente la frase e di comprenderne l'articolazione sintattica. Sul codice, dopo il primo *devicti*, c'è un segno interpuntivo che equivale a una pausa forte, corrispondente grossomodo al nostro punto fermo, e la parola successiva *alii* è scritta con la maiuscola. Credo che Boccaccio abbia ipotizzato una lacuna dopo il segmento *prelioque commisso devicti*, che ha segnalato con *deficere*, verbo usuale per indicare luoghi lacunosi[60].

Un secondo esempio è al f. 10vb, dove è raccontata la punizione inflitta da Dio agli abitanti di Sodoma. Preavvertito dell'imminente rovina della città, Lot si allontanò con la moglie e le due figlie. Mentre la donna, avendo trasgredito il divieto di non voltarsi, è stata trasformata in una statua di sale, il padre e le vergini riescono a trovare rifugio in un'oasi. Qui, ritenendo che tutta l'umanità fosse stata sterminata, le due vergini vollero unirsi al genitore, credendo di poterlo fare di nascosto, e da tale unione incestuosa nacquero due figli, Moab dalla più anziana, e Amman dalla più giovane:

> Virgines autem omne genus humanum exterminatum existimantes quicunque [cuicumque *ed.*] misceri voluerunt se latere credentes. Hoc vero faciebant ne deficeret genus humanum. Fuerunt autem [autem filii *ed.*] de seniore quidem Moab, ac si quis dicat 'ex patre', iunior autem Amman [genuit Amman *ed.*], quod nomen significat 'filius generis' (*Ant. Iud.* I 205)[61].

Sul margine destro, in corrispondenza del periodo *Virgines...credentes*, Boccaccio ha annotato «c' hic deficiat»; poco oltre, in corrispondenza di *fuerunt autem* ha apposto una crocetta, un segno che ha funzione grossomodo analoga alle *cruces* dei filologi moderni, che indicano i *loci corrupti*[62]. In effetti il primo periodo, con la lezione *quicumque* in luogo del dativo *cuicumque*, è problematico per la tenuta grammaticale, giacché il dativo è necessario alla costruzione di *misceri*: probabilmente il Certaldese ha ritenuto che *quicumque* fosse soggetto di *voluerunt*, per cui la frase rimaneva sospesa. La crocetta invece si comprende per il fatto che è stato omesso *filii*, soggetto del verbo *fuerunt* ed elemento fondamentale per il senso della frase, così come poco dopo è omesso il verbo reggente *genuit*, per cui Boccaccio ha trovato il testo della frase pressoché incomprensibile. Segnalazioni di lacune con *deficit* (e simili) si trovano anche tra le annotazioni nel Marziale autografo dell'Ambrosiana[63]. Va detto che le due postille con *deficiat* mettono in discussione l'ipotesi di sciogliere

---

[60] Cfr. Rizzo 1973, p. 236.

[61] Blatt 1958, p. 250.

[62] Cfr. Petoletti 2015, p. 121.

[63] Petoletti 2006, pp. 126, 132, 134, 173, 183; Id. 2022b, p. 90. Non sono invece ascrivibili alla mano di Boccaccio alcune postille con *deficit* nel Dante Toledano (cfr. Fiorilla - Rafti 2001, p. 207).

c' con il perentorio imperativo *corrige*: appare versomile che corrisponda a un formula più attenuata e propositiva di *credimus* o *credo*, una delle ipotesi segnalate da Silvia Rizzo per le *c'* usate dagli umanisti[64]. Oltretutto il costrutto *credo deficiat* costituisce un esempio di congiuntivo paratattico o giustapposto, vale a dire senza *ut*, molto frequente nel latino di Boccaccio.

La chiave per risolvere definitivamente il problema di scioglimento della *c'*me l'ha data Marco Petoletti, che mi ha segnalato un'occorrenza nello Zibaldone Magliabechiano (Firenze, BNC, Banco Rari 50), la miscellanea cartacea di opere perlopiù storiche vergata da Boccaccio in scrittura corsiva[65]. L'intervento si trova al f. 225v [267v], in relazione a un passo del *Flos historiarum terrae Orientis* di Aitone Armeno, copiato e 'riscritto' da Boccaccio[66], affollato di nomi di città e regioni dell'Asia minore:

> In Ysauria antiqua Seleucia, in *Britquia* Lichia Grecie est, in ea que Quesium dicitur Ephesos excellit, in Pytanea civitas *Niquie*, in Paflagonia Germanopolis… (Haytonus I 13).

Riguardo *Britquia* Boccaccio annota sul margine sinistro «c' Bicthinia», mentre sul margine destro la nota tocca lo stesso luogo geografico, aggiungendone un secondo: «Hanc potius credo Bithiniam et ubi Niquie c' Nicee». Questa seconda nota presenta due rettifiche relative a luoghi che Boccaccio aveva trascritto, e quindi leggeva, con grafie che trovava erronee. La nota marginale è oltremodo significativa perché, questa volta, è stato scritto per esteso *credo*: è il verbo col quale la *c'* boccacciana deve essere sciolta[67].

Tornando agli interventi filologici, che caratterizzano gli esemplari danteschi autografi Ri e Chig, si può affermare che *Al.* introduce una variante recuperata per collazione da un altro codice. Tale formula, da sciogliere con *Aliter*, o *alias*, o *alii* è usata in presenza non di un passo giudicato erroneo nella lezione, ma dove il confronto con altri testimoni facesse emergere lezioni alternative. Le *c'*, da sciogliere come *credo*, si trovano invece in presenza di *loci* ritenuti corrotti, dove Boccaccio non capiva il senso della parola, o ravvisava problemi di ordine grammaticale e sintattico, e configurano delle correzioni non in modo tassativo, ma in forma di proposte emendatorie. Sono interventi condotti perlopiù *ope ingenii*, ragionando sul significato del passo e vagliandone la tenuta grammaticale e sintattica, ma non si esclude talora il soccorso di testimoni manoscritti[68].

---

[64] Rizzo 1973, p. 274.

[65] De Robertis 2015, p. 157.

[66] Il rifacimento boccacciano di quest'opera è analizzato in Petoletti 2022a.

[67] Petoletti 2022b, p. 99.

[68] Cfr. Breschi 2019, p. 117: «L'impressione più immediata è che Boccaccio ricorra più spesso alla congettura, ma si deve ammettere che per la *Commedia* attuò un diligente controllo su altre testimonianze, appartenenti al ramo pisano della famiglia toscana».

Al di là degli interventi "filologici", si vorrebbe far emergere un aspetto non ancora chiarito. Boccaccio non fu solo infaticabile copista, ma lettore curioso e onnivoro, che non temeva di affrontare testi di vario genere e spesso impervi, e anzi si impegnava a fondo, con incrollabile determinazione, a comprenderne e assorbirne il significato e i sensi profondi, a trarre giovamento dalle *sententiae*, a ricostruire la verità delle *istorie*, a godere il diletto della poesia. Sebbene Boccaccio sia stato dipinto come un «simpatico pasticcione, più unico che raro»[69] e si consigli di superare una visione ingenuamente positivistica della ricerca intertestuale[70], si è fermi nella convinzione che una comprensione più corretta e veritiera dell'opera del Certaldese non possa che partire dalla sua biblioteca, dalle sue letture, dai suoi libri.

BIBLIOGRAFIA

Anthologia latina 1894 = *Anthologia latina sive Poesis latinae supplementum* edd. F. Buecheler et A. Riese, Pars prior: *Carmina in codicibus scripta* recensuit A. Riese. *Fasc.* I: *Libri salmasiani aliorumque carmina*, Lipsiae MDCCCLXXXXIIII.

Anthologia latina 1982 = *Anthologia latina*. I. *Carmina in codicibus scripta*, recensuit D.R. Shackleton Bailey. *Fasc.* I: *Libri Salmasiani aliorumque carmina*, Stutgardiae MCMLXXXII.

Appendix vergiliana 1966 = *Appendix vergiliana*, recognoverunt et adnotatione critica instruxerunt W.V. Clausen, F.R.D. Goodyear, E.J. Kenney, J.A. Richmond, Oxonii MCMLXVI.

BAERHENS 1881 = *Poetae latini minores*, recensuit et emendavit AEMILIUS BAEHRENS, vol. III, Lipsiae MDCCCXXXI.

BILLANOVICH 1996 = G. BILLANOVICH, *Nuovi autografi del Boccaccio*. I. *Parigino lat. 4939* [1952], in ID., *Petrarca e il primo umanesimo*, Roma-Padova 1996, pp. 144-149.

Boccaccio 2013 = *Boccaccio autore e copista*, catalogo della mostra Firenze, Biblioteca Medicea Laurenziana, 11 ottobre 2013 – 11 gennaio 2014, a cura di T. De Robertis, C.M. Monti, M. Petoletti, G. Tanturli, S. Zamponi, Firenze 2013.

Boccaccio 2021 = *Boccaccio*, a cura di M. Fiorilla e I. Iocca, Roma 2021.

BRAGANTINI 2018 = R. BRAGANTINI, *Ancora su fonti e intertesti del* Decameron: *conferme e nuovi sondaggi, in Boccaccio: gli antichi e i moderni*, a cura di A.M. Cabrini e A. D'Agostino, Milano 2018, pp. 115-138.

BRANCA 1941 = V. BRANCA, *Boccaccio e i veneziani bergoli*, in *Lingua Nostra*, 3/3, 1941, pp. 49-52.

BRESCHI 2014 = G. BRESCHI, *Il ms. Vaticano latino 3199 tra Boccaccio e Petrarca*, in *Studi di Filologia Italiana*, 72, 2014, pp. 95-117.

[69] QUONDAM 2013, p. 57.
[70] QUONDAM 2013, p. 53. Si vedano però almeno, tra le altre, le prese di posizione di DELCORNO 2014 e BRAGANTINI 2018.

Breschi 2019 = G. Breschi, *Copista "per amore": Boccaccio editore di Dante*, in *La critica del testo. Problemi di metodo ed esperienze di lavoro. Trent'anni dopo, in vista del Settecentenario della morte di Dante*, Atti del Convegno internazionale di Roma, 23-26 ottobre 2017, a cura di E. Malato e A. Mazzucchi, Roma 2019, pp. 93-118.

Castagna 1976 = L. Castagna, *I bucolici latini minori. Una ricerca di critica testuale*, Firenze 1976.

Cazalé Bérard 2022 = C. Cazalé Bérard, *Gli Zibaldoni di Boccaccio. Un terreno privilegiato della critica testuale, filologica e genetica*, in *Gli "scartafacci" degli scrittori. I sentieri della creazione letteraria in Italia (secc. XIV-XIX)*, a cura di C. Del Vento e P. Musitelli, Roma 2022, pp. 123-132.

Ceccherini-Monti 2013 = I. Ceccherini-C.M. Monti, *Boccaccio lettore del* Compendium sive Chronologia magna *di Paolino da Venezia. Paris, Bibliothèque nationale de France, lat. 4939*, in *Boccaccio* 2013, pp. 374-76.

Culex 1891 = *Culex*, carmen Vergilio ascriptum recensuit et enarravit F. Leo, accedit et *Copa* elegia, Berolini MDCCCXCI.

Cursi 2013 = M. Cursi, *La scrittura e i libri di Giovanni Boccaccio*, Roma 2013.

Cursi 2021 = M. Cursi, *Gli autografi*, in *Boccaccio* 2021, pp. 271-291.

Cursi-Fiorilla 2013 = M. Cursi-M. Fiorilla, *Giovanni Boccaccio*, in *Autografi dei letterati italiani. I. Le Origini e il Trecento*, a cura di G. Brunetti, M. Fiorilla e M. Petoletti, Roma 2013, vol. I, pp. 43-103.

De Animalibus 1992 = *De Animalibus. Michael Scot's Arabic-Latin Translation*. Part III. Books XV-XIX: *Generation of Animals*, ed. by A.M.I. van Oppenraaij, with a Greek Index to *De Generatione Animalium* by H.J. Drossaart Lulofs, Leiden-New York-Köln 1992.

De Robertis 2001 = T. De Robertis, *Restauro di un autografo di Boccaccio (con una nota su Pasquale Romano)*, in *Studi sul Boccaccio*, 29, 2001, pp. 215-227.

De Robertis-Rovere 2018 = T. De Robertis-V. Rovere, *Il "De montibus" di Boccaccio nella biblioteca di Santo Spirito*, in *Italia medioevale e umanistica*, 59, 2018, pp. 277-303.

Delcorno 2014 = C. Delcorno, *Postilla a* Quondam 2013, in *Studi sul Boccaccio*, 42, 2014, pp. 356-358.

Finazzi 2014 = S. Finazzi, *Presenze di Dante nel Boccaccio volgare*, in *Boccaccio editore*, pp. 329-348.

Finazzi 2021 = S. Finazzi, *Le postille di Boccaccio a Ovidio e al Centone di Proba nel ms. Riccardiano 489*, in *Studi sul Boccaccio*, 49, 2021, pp. 327-380.

Fiorilla-Rafti 2001 = M. Fiorilla-P. Rafti, Marginalia *figurati e postille di incerta attribuzione in due autografi del Boccaccio (Firenze, Biblioteca Medicea Laurenziana, Plut. 54.32; Toledo, Biblioteca Capitular, ms. 104.6)*, in *Studi sul Boccaccio*, 29, 2001, pp. 200-213.

Floramo-Cervani 2015 = A. Floramo-R. Cervani, *Il* Culex *trascritto e annotato da Giovanni Boccaccio cod. Laur. Plut. 33, 31, ff. 17r-24r*, Trieste 2015.

Iuli Paridis De praenominibus 1998 = Iuli Paridis *Fragmentum de praenominibus*, in Valeri Maximi *Facta et dicta memorabilia*. II. *Libri VII-IX*. Iuli Paridis *Epitoma, Fragmentum de praenominibus*. Ianuari Nepotiani *epitoma*, ed. J. Briscoe, Stutgardiae et Lipsiae 1998, pp. 794-799.

Lucreti De rerum natura 1969 = T. Lucreti Cari *De rerum natura libri sex*, recensuit J. Martin, Lipsiae 1969.

MACHERA 2021 = V. MACHERA, *Un nuovo codice della* parva libraria *di Santo Spirito in Firenze*, in *Studi sul Boccaccio*, 49, 2021, pp. 315-325.

Martini Oppaviensis Chronicon = Martini Oppaviensis Chronicon pontificum et imperatorum, ed. L. WEILAND, in *MGH, Scriptorum* tom. XXII, 1872, pp. 377-475.

MECCA 2014 = A.E. MECCA, *L'influenza di Boccaccio nella tradizione recenziore della* Commedia*: postilla critica*, in *Boccaccio editore*, pp. 223-253.

Orosii Historiae 1882 = PAULI OROSII *Historiarum adversum paganos libri VII. Accedit eiusdem liber apologeticus*, recensuit et commentario critico instruxit C. Zangenmeister, Vindobonae MDCCCCLXXXII.

PADOAN 1997 = G. PADOAN, *"Habent sua fata libelli". Dal Claricio al Mannelli al Boccaccio*, in *Studi sul Boccaccio*, 25, 1997, pp. 143-212.

PETOLETTI 2006 = M. PETOLETTI, *Le postille di Giovanni Boccaccio a Marziale*, in *Studi sul Boccaccio*, 34, 2006, pp. 103-34.

PETOLETTI 2013a = M. PETOLETTI, *Gli zibaldoni di Giovanni Boccaccio*, in *Boccaccio* 2013, pp. 291-99.

PETOLETTI 2013b = M. PETOLETTI, *Tavola di ZM*, in *Boccaccio* 2013, pp. 316-326.

PETOLETTI 2015 = M. PETOLETTI, *Il Boccaccio e la tradizione dei testi latini*, in *Boccaccio letterato. Atti del convegno internazionale, Firenze-Certaldo, 10-12 ottobre 2013*, a cura di M. Marchiaro e S. Zamponi, Firenze 2015, pp. 105-121.

PETOLETTI 2022a = M. PETOLETTI, «*Decentius scribere*». *Boccaccio e il* Flos historiarum terre orientis *di Aitone Armeno*, in *Ragionando dilettevoli cose. Studi di filologia e letteratura per Ginetta Auzzas*, a cura di D. Cappi, R. Modonutti, E. Torchio, Roma 2022, pp. 87-103.

PETOLETTI 2022b = M. PETOLETTI, *La réception de Martial au XIVᵉ siècle entre Pétrarque et Boccace*, in *Influence et réception du poète Martial, de sa mort à nos jours*, textes réunis et édités par É. Wolff, Bordeaux 2022, pp. 95-106.

PETROCCHI 1994² = DANTE ALIGHIERI, *La Commedia secondo l'antica vulgata*, voll. I-IV, Firenze 1994².

PIACENTINI 2022 = A. PIACENTINI, *Una redazione sconosciuta del* Buccolicum carmen *di Giovanni Boccaccio*, in *Studi sul Boccaccio*, 49, 2021, pp. 39-100.

PULSONI 1993 = C. PULSONI, *Il Dante di Francesco Petrarca: Vaticano Latino 3199*, in *Studi petrarcheschi*, n.s. X, 1993, pp. 155-208.

QUONDAM 2013 = G. BOCCACCIO, *Decameron*, Introduzione, note e repertorio di Cose (e parole) del mondo di A. Quondam, Testo critico e Nota al testo a cura di M. Fiorilla, Schede introduttive e notizia biografica di G. Alfano, Milano, BUR-Rizzoli, 2017² (1a ed. 2013).

REGNICOLI 2014 = L. REGNICOLI, *La «cura sepulcri» di Giovanni Boccaccio*, in *Studi sul Boccaccio*, 42, 2014, pp. 25-79.

REGNICOLI-BERTÉ 2013 = L. REGNICOLI-M. BERTÉ, *Il codice cassinese archetipo di Varrone con la Pro Cluentio di Cicerone. Firenze, Biblioteca Medicea Laurenziana, Pluteo 51.10*, in *Boccaccio* 2013, pp. 353-357.

REEVE 1976 = M.D. REEVE, *The textual tradition of* Appendix vergiliana, in *Maia*, 28, 1976, pp. 233-251.

REEVE 1978 = M.D. REEVE, *The textual tradition of Calpurnius and Nemesianus*, in *The Classical Quaterly*, n.s. 28, 1978, pp. 223-238.

RIZZO 1973 = S. RIZZO, *Il lessico filologico degli umanisti*, Roma 1973.

ZURLI 2005 = L. ZURLI, *Unius poetae sylloge. Verso un'edizione di* Anthologia latina, *cc. 90-197 Riese[1] = 78-188 Shackleton Bailey*, Hildesheim-Zürich-New York 2005.

Nicoletta Marcelli

PoetRi: *un database integrato al servizio della filologia italiana**

DOI 10.48255/9788891328373.05

1. *Ragioni e finalità del progetto*

Il progetto *PoetRi-Digitalizzazione di manoscritti della Biblioteca Riccardiana di Firenze. Selezione di testi poetici della letteratura italiana (secoli XIV-XVI)*[1] è nato dalla partecipazione al bando competitivo MUR FISR-Covid 2020, che aveva come finalità la «gestione della riorganizzazione delle attività e dei processi, sviluppando soluzioni relative alla fase di superamento della pandemia in condizioni di sicurezza», ma anche la «prevenzione del rischio, sviluppando soluzioni volte a contrastare e contenere gli effetti di eventuali future pandemie»[2]. Sebbene siano passati solo due anni da quel tragico periodo, l'emergenza sanitaria ci appare oggi una realtà molto lontana e definitivamente tramontata – fortunatamente –, ma sono ben vive nella memoria della comunità degli studiosi le gravi conseguenze che essa ha avuto in tutti i settori della ricerca scientifica, ivi compresa l'area delle scienze umanistiche. In particolare, la chiusura delle biblioteche e degli archivi ha

---

* Desidero ringraziare: Francesca Gallori, direttrice della Biblioteca Riccardiana di Firenze, per aver sposato subito e con entusiasmo la proposta progettuale, facilitando in ogni modo il lavoro di tutto il gruppo di ricerca; la direttrice dell'ICCU, Simonetta Buttò, per aver accolto *PoetRi* all'interno dei progetti speciali di *MOL*, Lucia Negrini, responsabile del progetto *MOL*, e Valentina Atturo, senza il cui generoso aiuto non sarebbe stato possibile immettere tutti i risultati della ricerca nel database entro i tempi fissati dal Ministero. Un particolare e sentito ringraziamento, infine, va al personale tecnico-amministrativo dell'Università di Urbino, senza il cui contributo, costante ed efficiente, questo progetto non si sarebbe mai potuto nonché concludere entro i tempi previsti, ma neppure realizzare in piccola parte: la Segreteria del Distum – Dipartimento di Studi Umanistici, nelle persone della responsabile di plesso, Mary Cruz Braga, e di Silvia Ferri, Monica Pazzaglia, Roberta Pierini, e al personale della Biblioteca Universitaria di San Girolamo, in particolare alla responsabile, Marcella Peruzzi, e ai suoi collaboratori Enrica Veterani ed Ermindo Lanfrancotti.

[1] I risultati della ricerca sono consultabili nella pagina speciale dedicata al progetto nel portale *ManusOnline* https://manus.iccu.sbn.it/poetri.

[2] Articolo 2 commi b) e c) del Decreto direttoriale MUR n. 562 del 05.05.2020.

impedito la consultazione diretta dei manoscritti e delle fonti archivistiche, fulcro essenziale della ricerca di ambito sia storiografico sia letterario, soprattutto per i campi d'indagine rivolti ai secoli del Medioevo e del Rinascimento: come i ricercatori di discipline scientifiche necessitano di laboratori per sviluppare i loro progetti, così per gli studiosi della letteratura, e delle discipline umanistiche in genere, è di vitale importanza l'accesso al materiale manoscritto delle biblioteche e la consultazione diretta delle fonti.

Allo scopo di far fronte agli effetti delle limitazioni di fruizione a tale materiale imposte alle biblioteche e agli archivi per ragioni di sicurezza, il progetto *PoetRi* – coerentemente con l'arco temporale di sei mesi fissato dal Ministero e rispondendo dunque a parametri di reale fattibilità – è stato concepito per mettere a disposizione della comunità accademica le risorse digitali di 36 manoscritti della Biblioteca Riccardiana di Firenze, ponendosi in continuità con la campagna di digitalizzazione già intrapresa dalla stessa Riccardiana e nell'intento rafforzare gli strumenti di ricerca a disposizione di studiosi nazionali ed internazionali.

Quanto ai criteri di selezione dei codici oggetto di studio, la preferenza è stata accordata a quei testimoni della poesia italiana dei secoli XIV-XVI che gettassero luce su tematiche di carattere politico e morale, e che risultassero ancora poco presenti negli studi di letteratura e filologia italiana. Le segnature dei manoscritti di *PoetRi* sono le seguenti: 931, 1052, 1055, 1056, 1059, 1070, 1093, 1098, 1103, 1114, 1126, 1132, 1133, 1142, 1154, 1161, 1163, 1185.2, 1312, 1429, 1592, 1609, 1721, 1939, 2256, 2259, 2729, 2732, 2733, 2735, 2815, 2816, 2869.1, 2962, 3048, 3927.

Nella consapevolezza che l'operazione di digitalizzazione non fosse che il punto di partenza del progetto, l'idea è stata quella di creare una base dati di tipo interdisciplinare[3] (tra paleografia, codicologia, filologia e più in generale letteratura dei primi secoli) che potesse supplire alle informazioni utili alla ricerca in una situazione di inagibilità o chiusura delle biblioteche. Oltre al più naturale e ovvio sco-

---

[3] Esperienze analoghe hanno fornito in questo senso utili spunti di ispirazione. Solo per fare qualche esempio molto noto e relativo ai principali autori della nostra letteratura, rinvio a: *Dartmouth Dante Project* diretto da Robert Hollander (Princeton University), Stephen Campbell (Dartmouth College) e Simone Marchesi (Princeton University) https://dante.dartmouth.edu/ ; *Decameron Web* a cura dell'Italian Studies Department's Virtual Humanities Lab presso la Brown University https://www.brown.edu/Departments/Italian_Studies/dweb/ ; *Viaggi nel testo. Classici della letteratura italiana*, a cura di Amedeo Quondam nel sito *Internet culturale* https://www.internetculturale.it/directories/ViaggiNelTesto/index.html. Più specificamente centrato sul Rinascimento in prospettiva di *digital humanities* il progetto pilota *Transcription Challenge Framework* diretto da Laura K. Morreale e Benjamin Albritton https://tcf.lauramorreale.com/ che, tra i vari filoni di indagine, ne presenta uno monotematico sulla *Sfera* di Gregorio Dati, per cui cfr. INGALLINELLA 2022, ma più in generale tutto il fascicolo della rivista contiene la presentazione di altri database integrati e tematici. Per considerazioni più generali e metodologiche sempre inerenti all'umanistica digitale declinata in ambito medievale e umanistico, rinvio a NOCITA 2022.

po di fornire dati per nuove ricerche di prima mano o per revisioni di edizioni critiche esistenti ma divenute obsolete, l'obiettivo è stato anche quello di mettere a disposizione materiali funzionali alla didattica universitaria curriculare e non, e all'assegnazione di tesi di laurea.

Il gruppo di ricerca è stato composto da due unità, quella centrale dell'Università degli Studi di Urbino, che si è occupata degli aspetti più strettamente filologico-letterari, il cui gruppo di ricerca, oltre a chi scrive in qualità di P.I., ha visto la partecipazione di Antonio Corsaro, Rebecca Bardi, Irene Falini, Silvia Litterio e Alessandra Santoni; la seconda unità, facente capo all'Università degli Studi di Firenze è stata guidata da Irene Ceccherini con la collaborazione di Michaelangiola Marchiaro e si è occupata della parte relativa alla descrizione paleografica e codicologica dei manoscritti.

Sull'opportunità dal punto di vista scientifico e informatico di utilizzare il portale *Manus Online* (*MOL*) dell'ICCU come piattaforma in cui convogliare i risultati della ricerca, oltre ad oggettive ragioni di merito, quali ad esempio la garanzia dell'aderenza di *MOL* alle norme catalografiche fissate dall'impresa *Indici e cataloghi* per ciò che concerne gli aspetti codicologici e paleografici, se ne aggiungono altre di natura etica, per cui avendo ricevuto fondi pubblici per la ricerca, fin dall'inizio ci è parso non solo opportuno, ma direi quasi naturale, presentarne gli esiti in un portale consultabile integralmente ad accesso libero.

Il progetto *PoetRi* è stato concepito con struttura marcatamente interdisciplinare e si è articolato in tre fasi: digitalizzazione dei manoscritti (all'interno di ogni scheda *MOL* si trova il link alla teca digitale della Biblioteca Riccardiana e, viceversa, l'utente che consulta nella teca Riccardiana i manoscritti facenti parte del progetto *PoetRi* trova il link che rinvia alla relativa scheda *MOL*), metadatazione e descrizione codicologica, analisi filologico-testuale. La combinazione di questi aspetti ha inteso produrre un modello di teca digitale con database integrato, in cui siano fruibili metadati inerenti alle discipline che sono alla base dell'esegesi dei testi della letteratura italiana, ovvero la filologia e la storia della letteratura, la paleografia, la codicologia e la storia nella sua accezione più generale. Ogni scheda, nel dettaglio, oltre a contenere la digitalizzazione integrale del singolo manoscritto, è composta di una descrizione esterna e da una descrizione interna, con l'identificazione dei testi e degli autori presenti nei singoli codici secondo i criteri previsti da *MOL*, nonché un'analisi filologica relativa ad una selezione di autori (o testi anonimi).

2. *Gli aspetti filologico-letterari*

Il lavoro di schedatura e identificazione degli autori e dei testi contenuti nei codici oggetto di studio ha prodotto la non del tutto irrilevante cifra di circa 1600 descrizioni interne, consultabili sia in *MOL* generale (https://manus.iccu.sbn.it/), sia attraverso la stringa di ricerca presente nella pagina speciale dedicata a *PoetRi* e appositamente creata in *MOL* (https://manus.iccu.sbn.it/poetri). Nel campo "Osservazioni" relativo al singolo record testuale della scheda *MOL*, si è dato conto anche della più recente bibliografia per i casi di più problematica o discussa identificazione. Ecco qualche esempio[4]:

- Riccardiano 931, c. 15v sull'attribuzione del sonetto *S'io avessi la moneta mia quassù*[5];
- Riccardiano 1093, c. 48r sull'attribuzione del sonetto *S'io fossi della mente tutto libero*[6];
- Riccardiano 1126, c. 188r sulla dubbia attribuzione a Matteo Frescobaldi della canzone *Donna gentil nel tuo vago cospetto* e a c. 189v stessa situazione per la canzone *O seconda Dïana al nostro mondo* di Sinibaldo da Perugia[7];
- Riccardiano 1312, c. 139ra: corona di sonetti sui vizi capitali attribuiti nel codice a Fazio degli Uberti[8];
- Riccardiano 2735, c. 34va sulla sottrazione al corpus burchiellesco del sonetto *Dice Bernardo a Cristo: -E' c'è arrivato*[9].

L'aspetto di *PoetRi* che forse più degli altri presenta caratteri di innovatività – almeno rispetto al panorama delle risorse digitali per la filologia attualmente disponibili online – è la presenza della scheda filologica. Una volta circoscritto l'ambito di ricerca alla poesia dei secoli XIV-XVI, ho ritenuto utile affiancare alla canonica descrizione codicologica interna, un scheda filologica concepita come un punto di partenza per allestire nuove edizioni critiche, aggiornare quelle esistenti

[4] Dettaglio della responsabilità delle schede *MOL-PoetRi* relative alla descrizione interna e alla bibliografia collegata: Ricc. 931 S. Litterio, revisione di N. Marcelli; Ricc. 1093 S. Litterio; Ricc. 1126 S. Litterio, revisione di N. Marcelli; Ricc. 1312 S. Litterio; Ricc. 2735 R. Bardi e N. Marcelli.

[5] https://manus.iccu.sbn.it/risultati-ricerca-manoscritti/-/manus-search/detail/918047?b_monocampo=2&monocampo=Ricc.931&progetto=PoetRi+-+Digitalizzazione+di+manoscritti+Riccardiani.+Testi+poetici+dei+secoli+XIV-XVI&.

[6] https://manus.iccu.sbn.it/risultati-ricerca-manoscritti/-/manus-search/detail/918137?b_monocampo=2&monocampo=Ricc.1093&progetto=PoetRi+-+Digitalizzazione+di+manoscritti+Riccardiani.+Testi+poetici+dei+secoli+XIV-XVI&.

[7] https://manus.iccu.sbn.it/risultati-ricerca-manoscritti/-/manus-search/detail/918198?b_monocampo=2&monocampo=Ricc.1126&progetto=PoetRi+-+Digitalizzazione+di+manoscritti+Riccardiani.+Testi+poetici+dei+secoli+XIV-XVI&.

[8] https://manus.iccu.sbn.it/risultati-ricerca-manoscritti/-/manus-search/detail/922232?b_monocampo=2&monocampo=Ricc.1312&progetto=PoetRi+-+Digitalizzazione+di+manoscritti+Riccardiani.+Testi+poetici+dei+secoli+XIV-XVI&.

[9] https://manus.iccu.sbn.it/risultati-ricerca-manoscritti/-/manus-search/detail/922069?b_monocampo=2&monocampo=Ricc.2735&progetto=PoetRi+-+Digitalizzazione+di+manoscritti+Riccardiani.+Testi+poetici+dei+secoli+XIV-XVI&.

se particolarmente obsolete o favorire studi approfonditi sulla tradizione di singoli testi, ad esempio, relativamente alle questioni di filologia attributiva.

Gli autori e le opere a cui sono dedicate le schede filologiche di questa fase prototipale del progetto sono stati selezionati focalizzando lo sguardo sui cosiddetti "minori", privilegiando cioè quelli che in passato avessero ricevuto scarsa attenzione tanto da parte della critica letteraria quanto, soprattutto, dall'indagine ecdotica, e per i quali manchi a tutt'oggi un'edizione critica scientificamente condotta; o, in subordine, quegli autori le cui edizioni critiche risultino ormai datate. Nel far questo, ho cercato, per quanto possibile, di evitare sovrapposizioni con progetti già conclusi o ancora in essere, quali – solo per citarne alcuni senza presunzione di esaustività – *Mirabile* http://www.mirabileweb.it/index.aspx nelle sue sottosezioni *LIO-Lirica Italiana delle Origini* e *TRALIRO- Repertorio ipertestuale della tradizione lirica romanza delle Origini* della Fondazione Ezio Franceschini di Firenze; *Le rime disperse di Petrarca: l'altra faccia del Canzoniere (RdP)* dell'Università di Ginevra con la collaborazione dell'*OVI – Opera del Vocabolario Italiano* http://rdp.ovi.cnr.it/; l'*Atlante dei canzonieri in volgare del Quattrocento* facente parte della più ampia collana *Edizione nazionale i canzonieri della lirica italiana delle origini*, curata da Lino Leonardi[10]. Anzi, sia le schede filologiche, sia la schedatura generale degli autori e dei testi di *PoetRi* ha potuto beneficiare dei risultati di queste imprese, che difatti sono state citate ogni qual volta vi si sia fatto riferimento.

Di seguito elenco gli autori e i testi anonimi oggetto di schedatura filologica (con relativa indicazione di responsabilità) e i manoscritti ad essi collegati:

1.	Francesco Accolti	A. Santoni	Ricc. 1132, 1142, 1154, 1939, 2732, 2815
2.	Antonio degli Agli	I. Falini	Ricc. 1142, 1939, 2732
3.	Antonio di Guido	I. Falini	Ricc. 1103, 1114, 2729
4.	Antonio di Matteo di Meglio	I. Falini	Ricc. 1103, 1114, 1132, 1154, 2732, 2815
5.	Feo Belcari, *Rappresentazione di Abram e Isac*	R. Bardi	Ricc. 1429, 1721
6.	*Cantare di Piramo e Tisbe*	A. Corsaro	Ricc. 2733
7.	Goro Dati (?), *La Sfera*	A. Santoni	Ricc. 1163, 1185.2, 2256, 2259, 3927

---

[10] COMBONI-ZANATO 2017 ed.

8.	Domenico Finiguerri, detto il Za, *Studio d'Atene*	I. Falini	Ricc. 3048
9.	Michele di Nofri del Giogante	I. Falini	Ricc. 1114, 1132, 1154, 2729, 2732, 2735
10.	Niccolò Cieco	N. Marcelli	Ricc. 1052, 1114, 1126, 1154, 1429, 1939, 2732, 2815
11.	Niccolò da Uzzano	I. Falini	Ricc. 2815
12.	Matteo Palmieri, *Città di vita*	S. Litterio	Ricc. 1161
13.	Bonaccorso Pitti	I. Falini	Ricc. 1114
14.	Rosello Roselli	A. Corsaro	Ricc. 1098, 1114

La scheda filologica è stata concepita con una suddivisione in due parti: la prima variabile in base alle caratteristiche del singolo testimone latore di poesie dell'autore selezionato (o del testo anonimo); la seconda parte – campi contrassegnati qui da asterisco – fissa e riprodotta invariabilmente per ogni testimone analizzato[11].

AUTORE: nome uniformato, completo degli estremi cronologici ricavati dai principali e più aggiornati repertori.

TITOLO DELL'OPERA: il campo è presente solo qualora esista un titolo identificato mediante il ricorso alla bibliografia.

TESTI TRÀDITI DAL CODICE E LORO FORME METRICHE: si riporta l'incipit uniformato e, tra parentesi, l'indicazione di come il testo si presenta nel codice in cui è contenuta la scheda filologica: ad esempio, se il testo è adespoto e/o anepigrafo o attribuito ad autori diversi da quello oggetto della scheda. Segue l'indicazione della forma metrica del componimento.

TESTI DATABILI: vengono indicati quei testi che presentino al loro interno o nelle intitolazioni un'indicazione cronologica anche desumibile (ad esempio per testi in morte o per occasioni speciali quali battaglie, conferimento di incarichi politici o militari, ecc.). Se la datazione non è desumibile dalla rubrica presente nel manoscritto, il riferimento implicito è ai dati ricavabili dal resto della tradizione o dalla bibliografia presente nella scheda.

NUMERO DI COMPONIMENTI: consistenza numerica all'interno del manoscritto oggetto di schedatura.

EDIZIONE CRITICA*: il campo si riferisce a quelle edizioni che abbiano tenuto conto di tutta la tradizione manoscritta e a stampa, anche se parziali rispetto alla consistenza dell'intero corpus poetico.

---

[11] I criteri per la compilazione dei campi della scheda filologica sono descritti nella *homepage* di *PoetRi*.

ALTRE EDIZIONI*: vengono indicate le edizioni, integrali o parziali, a partire dal secolo XVIII che non possano essere definite critiche o criticamente condotte.

TRADIZIONE*: il campo intende fornire un'indicazione completa, per quanto possibile, circa la consistenza dei testimoni manoscritti e a stampa (entro il secolo XVII) del corpus poetico, o dell'opera, senza indicare il dettaglio del contenuto di ciascun testimone. In questa sezione sono ospitate anche osservazioni sulle caratteristiche della tradizione testuale, su questioni di filologia attributiva e su tutto quanto possa essere, caso per caso, rilevante ai fini dell'analisi filologica.

BIBLIOGRAFIA*: si indicano i più recenti o i più significativi contributi sull'autore e sui testi poetici, per quel che riguarda sia l'aspetto più specificamente filologico, sia quello storico-letterario in genere. La lista è selettiva, valendo il criterio della bibliografia implicita.

SITOGRAFIA*: rinvio ai principali database di carattere filologico e storico-letterario.

Qualche parola in più converrà spendere a proposito del campo "Tradizione". Ho concepito questa sezione della scheda in modo bipartito: in prima battuta trova posto l'elenco dei testimoni (suddivisi tra manoscritti e stampe antiche entro il secolo XVII), esaustivo per quanto possibile, ma concepito, sia chiaro, come punto di partenza per successive ricerche e, quindi, suscettibile di implementazione ed eventualmente di correzione – nel brevissimo arco di sei mesi è stato piuttosto complicato riuscire a raggiungere un grado accettabile di dettaglio e di precisione nella restituzione dei dati, sia per le schede filologiche, sia, soprattutto, per le identificazioni degli autori e dei testi. La seconda sezione di questo campo è stata destinata ad osservazioni di carattere discorsivo e dunque flessibile, in modo che potesse dar conto, di volta in volta in base alle differenti caratteristiche della tradizione di un testo o di un corpus poetico, delle sue peculiarità, ma anche – se del caso – di eventuali problemi relativi alla filologia attributiva che costituiscono un fattore molto spinoso, come sa bene chiunque abbia dimestichezza con la poesia dei secoli oggetto di *PoetRi*. Naturalmente in questa sede si è potuto esporre solo lo *status quaestionis* sulla base della bibliografia più aggiornata, con l'intento di permettere ai fruitori del *database* di intraprendere una ricerca in questo senso.

Non essendo disponibile all'interno del database *MOL* una stringa che potesse accogliere in modo univoco e "ricercabile" la scheda filologica appena descritta, e non essendo stato possibile modificare le stringhe già presenti per ovvie ragioni di fattibilità in relazione alla durata del progetto, lo spazio di più immediata restituzione per questo tipo di schedatura è stato quello del campo "Osservazioni" presente all'interno di ogni record relativo alla descrizione interna dei testi. Ad ogni prima occorrenza dell'autore (o del testo anonimo) cui è dedicata una scheda filologica, questa è stata collocata nel campo "Osservazioni" della descrizione interna. Per tutte le successive occorrenze, ci si è limitati ad un rinvio. Qualora questa fase prototipale del progetto venga ulteriormente sviluppata, è già stato previsto, in collaborazione con il *team* di *MOL*, un intervento vòlto alla creazione di un apposito campo all'interno della scheda catalografica dei manoscritti *PoetRi* che permetta di visualizzare in modo più immediato e univoco la scheda filologica e, auspicabilmente, di renderla "ricercabile" dal menu generale. Tuttavia, i limiti attuali nella restituzione e nella fruibilità dei dati contenuti nel campo "scheda filologica" sono stati ampiamente compensati dai vantaggi in termini di accessibilità e, soprattutto, in termini di stabilità forniti al progetto da *MOL* che in questo senso offre indubbie garanzie di persistenza nella rete, di manutenibilità in autonomia e aggiornamento continuo.

A titolo esemplificativo, riporto qui di seguito la scheda filologica di Antonio di Matteo di Meglio, curata da Irene Falini, relativa al manoscritto Riccardiano 1114, c. 196r-v:

AUTORE: Antonio di Matteo di Meglio (Firenze 1384 - 12 luglio 1448)

TITOLO DELL'OPERA: –

TESTI TRÀDITI DAL CODICE E LORO FORME METRICHE: *Superbia ha l'Umiltà sommersa in terra* (sonetto); *O Conte illustre, l'avere et la vita* (sonetto, con la variante all'attacco *O magno duca*, sulla quale cfr. R. RUINI, *Quattrocento fiorentino e dintorni. Saggi di letteratura italiana*, Firenze 2007, pp. 171-176).

TESTI DATABILI: *Superbia ha l'Umiltà sommersa in terra* (1433: scritto «vedendo le cose andar male»); *O Conte illustre, l'avere et la vita* (29 luglio 1445, giorno in cui l'autore lo inviò a Francesco Sforza tramite il figlio Giovan Matteo, che glielo «disse in presenza, essendo a mensa»: cfr. la rubrica del sonetto *Victrice llustre Casa e gran signore* a c. 24*v* del Ricc. 2734).

NUMERO DI COMPONIMENTI: 2.

EDIZIONI CRITICHE:

- E. PASQUINI, *Un serventese inedito del Quattrocento*, Massalombarda 1963, pp. 29-40 [parz. *Sovente in me pensando come amore* collazione di Hamilton 495, BU 1739, BAV Vat. lat. 3212, BML Acquisti e doni 759, BML Plut. 40.43, BML Plut. 90 inf. 35.1, BNCF II.II.40, BNCF II.VII.4, BNCF II.VIII.23, BNCF Magl. VII.25, BNCF Magl. VII.1091, BNCF Pal. 199, Ricc. 1091, Ricc. 1717, Ricc. 2815, Ricc. 2823, Can. it. 81, Lucca 1493, Mantova Castiglione, Perugia I 20, Stuttgart Poet. et Phil. qt. 10 e Venezia It. IX.105].
- *Rimatori del Trecento*, a cura di G. Corsi, Torino 1969, pp. 525-30 [parz. *Donne leggiadre cui d'Amor la spera* collazione di BAV Vat. lat. 3212, Ricc. 1154, Parm. 1081 e Siena I.IX.18].
- G. BRINCAT, *Degli Alberti o Di Meglio?*, in *Rinascimento*, 97, 1971, pp. 3-25: 20-25 [parz. *Donne leggiadre cui d'Amor la spera</i>* collazione di BAV Vat. lat. 3212, Ricc. 1154, Lucca 1493, Parm. 1081 e Siena I.IX.18].
- N. TINUCCI, *Rime*, a cura di C. Mazzotta, Bologna 1974, p. 40 [parz. *Duol di dito, ginocchio o di calcagno* secondo il ms. BAV Barb. lat. 3917].
- *I sonetti del Burchiello, edizione critica della vulgata quattrocentesca*, a cura di M. Zaccarello, Bologna 2000, p. 195 [parz. *Acciò che 'l voto cucchiaio non imbocchi*

collazione di BAV Barb. lat. 3917, BML Plut. 90 sup. 103, BNCF Magl. VII.118, BNCF Magl. VII.1167, BNCF Magl. VII.1171, BNCF Magl. XXI 87, Ricc. 1109, Genova m.r. II. 1. 11, Triv. 975 e Triv. 976].

- G. PALLINI, *Dieci canzoni d'amore di Antonio di Matteo di Meglio*, in *Interpres*, 21, 2002, pp. 7-122 [parz. *Donne leggiadre cui d'Amor la spera* secondo il ms. BAV Vat. lat. 3212 (con ricorso a Ricc. 1154, Lucca 1493, Parm. 1081 e Siena I.IX.18); *L'alma pensosa, il corpo vinto e stanco* secondo il ms. BAV Vat. lat. 3212 (con ricorso a BML Plut. 41.34, BML Plut. 90 inf. 35.1, BNCF II.VIII.23, BNCF II.VIII.40, Ricc. 1132, Ricc. 2815, Ricc. 2823, Modena San Carlo 5 e Verona CCCCXCI); *Regna dentro al mio cor per una donna* secondo il ms. BAV Vat. lat. 3212; *Sopr'un bel verde colle* secondo il ms. BAV Vat. lat. 3212; *O sire Amor, nelle cui fiamme acceso* secondo il ms. BAV Vat. lat. 3212 (con ricorso a BML Plut. 90 inf. 35.1, BNCF II.VIII.23, Ricc. 2815 e Ricc. 2823); *I' non credetti che da poi che Morte* secondo il ms. BAV Vat. lat. 3212; *O trïunfal signore Amore, io sento* secondo il ms. BAV Vat. lat. 3212; *Alma gentil, nelle più belle membra* secondo il ms. BAV Vat. lat. 3212 (con ricorso a BML Plut. 90 inf. 35.1, BNCF II.VII.23, Ricc. 2815, Ricc. 2823 e Stuttgart Poet. 4° 10); *Andrà pur sempre mai co' venti aversi* secondo il ms. BAV Vat. lat. 3212 (con ricorso a BML Plut. 90 inf. 35.1, BNCF II.VIII.23, Ricc. 2815 e Ricc. 2823); *Maraviglioso Amor, mi fai sentire* secondo il ms. BAV Vat. lat. 3212].

- R. BESSI, *Politica e poesia nel Quattrocento fiorentino: Antonio Araldo e papa Eugenio IV*, in EAD., *Umanesimo volgare: studi di letteratura fra Tre e Quattrocento*, Firenze 2004, pp. 79-101: 86 e 95 [parz. *Foll'è chi falla per l'altrui fallire* e *O puro e santo papa Eugenio quarto*, entrambi secondo il ms. BNCF Pal. 187].

- R. RUINI, *Quattrocento fiorentino e dintorni*, cit., pp. 125-221 [parz. *Un puro e fedel servo tuo mi manda* secondo il ms. BNCF II.II.40 collazionato con i mss. BAV Barb. lat. 3679, BAV Barb. lat. 3917 e BML Plut. 41.34; *La Madre di Colui ch'ogni ben move* secondo il ms. BML Conv. soppr. 122; *O trïonfal Fiorenza, fatten bella* secondo il ms. Ricc. 2971; *Superbia ha l'Umiltà sommersa a terra* secondo il ms. Ricc. 1114 collazionato con i mss. BNCF Conv. soppr. F.5.398, Ricc. 2965 e Siena H.XI.54; *Victrice illustre Casa e gran signore* secondo il ms. Ricc. 2734; *O Conte illustre, l'avere et la vita* secondo il ms. Ricc. 2734 collazionato con i mss. BNCF Conv. soppr. F.5.398, Ricc. 1114 e Siena H.XI.54; *Eugenio quarto, o pontefice nostro* secondo il ms. Ricc. 2734 collazionato con i mss. BAV Barb. lat. 3917, BML Plut. 41.34, BNCF II.II.40 e BNCF II.II.109; *Poiché lieta fortuna e 'l ciel favente* collazione di BML Plut. 41.34, BNCF II.II.40, BNCF II.II.109 e Siena H.XI.54].

- N. MARCELLI, *«A laude della gloriosa Annuntiata di Firenze»: una canzone e un capitolo ternario di Antonio di Matteo di Meglio*, in EAD., *Eros, politica e religione nel Quattrocento fiorentino. Cinque studi tra poesia e novellistica*, Manziana 2010, pp. 251-314: 258-274 e 285-310 [parz. *Ave Regina coeli, o virgo pia*; *Vergine santa, madre gloriosa*].

ALTRE EDIZIONI:

- G. CASOTTI, *Prose e rime de' due Buonaccorso da Montemagno ed alcune rime di Niccolò Tinucci*, Firenze 1718, pp. 325-329 [parz. *Alma gentil, nelle più belle membra* secondo il ms. BNCF Magl. VII 1145].

- G.M. Crescimbeni, *Comentari intorno alla sua istoria della volgar poesia*, III, Venezia 1730, pp. 5-6 [parz. *Chi non può quel che vuol quel che può voglia* secondo l'ed. 1651].

- G. Lami, *Catalogus codicum manuscriptorum qui in Bibliotheca Riccardiana Florentiae adservantur*, Liburni 1756, p. 32 [parz. *Superbia ha l'Umiltà sommersa in terra* secondo il ms. Ricc. 1114].

- *Sonetti del Burchiello, del Bellincioni e d'altri poeti fiorentini alla burchiellesca*, [a cura di A.M. Biscioni], Londra [i.e. Lucca e Pisa], 1757, pp. 175-76 e 238-39 [parz. *Chi non può quel che vuol quel che può voglia; O puro e santo padre Eugenio quarto; Acciò che 'l voto cucchiaio non imbocchi*].

- *Rime di Guido Cavalcanti*, a cura di A. Cicciaporci, Firenze 1813, pp. 33-38 [parz. *Guarda ben ti dich'io, guarda ben, guarda* secondo i mss. BML Plut. 90 inf. 15 e BML Plut. 90 sup. 135.1].

- *Testi di lingua inediti tratti da' codici della Biblioteca Vaticana*, a cura di G. Manzi, Roma 1816, pp. 102-4 [parz. *Crudel Rinaldo, cavalier superbo* secondo il ms. BAV Vat. lat. 4830].

- *Raccolta di rime antiche toscane*, I, a cura di P. Notarbartolo, Palermo 1817, pp. 191-95 [parz. *Guarda ben ti dich'io, guarda ben, guarda*].

- *Le rappresentazioni di Feo Belcari ed altre di lui poesie edite e inedite*, a cura di G.C. Galletti, Firenze 1833, pp. 119-38 e 190 [parz. *La rappresentazione del dì del giudicio* secondo il ms. BNCF Magl. VII 690 e l'ed. 1493-1495; *Superbia ha l'Umiltà sommersa in terra* secondo il ms. Ricc. 1114].

- G. Cavalcanti, *Istorie fiorentine*, II, a cura di F.L. Polidori, Firenze 1838-1839, pp. 577-78 [parz. *Crudel Rinaldo, cavalier superbo*].

- A. Fabretti, *Biografie dei capitani venturieri dell'Umbria*, Montepulciano 1842, p. 248 [parz. *Foll'è chi falla pell'altrui fallire*].

- *Lirici del secolo terzo, cioè dal 1401 al 1500*, VII, Venezia 1842, pp. 95-96 [parz. *Chi non può quel che vuol quel che può voglia* e *O puro e santo padre Eugenio quarto*]. *Lirici del secolo quarto, cioè dal 1501 al 1600*, XVI, Venezia 1846, p. 11 [parz. *Chi non può quel che vuol quel che può voglia*].

- *Poesie italiane inedite di dugento autori*, II, a cura di F. Trucchi, Prato 1846, p. 242 [parz. *Foll'è chi falla pell'altrui fallire* secondo il ms. Ricc. 1154].

- L.B. Alberti, *Opere volgari*, V, a cura di A. Bonucci, Firenze 1849, p. 353 [parz. *Acciò che 'l voto cucchiaio non imbocchi* secondo un imprecisato incunabolo].

- *Cronaca della città di Perugia dal 1309 al 1491*, a cura di A. Fabretti, in *Archivio storico italiano*, I s., 16, 1850, pp. 69-750: 526-27 [parz. *Foll'è chi falla pell'altrui fallire* e *O puro e santo padre Eugenio quarto*].

- *Due canzoni morali inedite in onore della Beatissima Vergine Maria*, a cura di F.M. Mignanti, Roma 1858, pp. 11-15 [parz. *Ave Regina coeli, o virgo pia* secondo il ms. BAV Vat. lat. 3212].

- *Sonetti et canzone del clarissimo M. Antonio delli Alberti*, a cura di A. Bonucci, Firenze 1863, pp. 47-50 [parz. *Donne leggiadre cui d'Amor la spera* secondo il ms. Siena I.IX.18].

- *Commissioni di Rinaldo degli Albizzi per il Comune di Firenze*, II, a cura di C. Guasti, Firenze 1869, pp. 75-80 [parz. *Eccelsa patria mia, però che amore* secondo il ms. BML Plut. 41.31].

- *Delle Rime Volgari. Trattato di Antonio da Tempo*, a cura di G. Grion, Bologna 1869, pp. 376-83 [parz. *Guarda ben ti dich'io, guarda ben, guarda* secondo l'ed. Cicciaporci emendata con il BML Plut. 41.34].
- *Sacre rappresentazioni dei secoli XIV, XV, XVI*, III, a cura di A. D'Ancona, Firenze 1872, pp. 499-523 [parz. *La rappresentazione del dì del giudizio* revisione dell'ed. Galletti su alcune stampe, delle quali è stato possibile reperire solo l'ed. 1493-1495].
- *Commissioni di Rinaldo degli Albizzi per il Comune di Firenze*, III, a cura di C. Guasti, Firenze 1873, pp. 670-71 [parz. *Crudel Rinaldo, cavalier superbo* secondo le edd. Manzi e Polidori].
- A. MACINGHI STROZZI, *Lettere di una gentildonna fiorentina del secolo XV ai figliuoli esuli*, a cura di C. Guasti, Firenze 1877, pp. XII-XIV [parz. *Alma gentil, nelle più belle membra* secondo il ms. BNCF Magl. VII.1145].
- G . UZIELLI, *Ricerche intorno a Leonardo da Vinci*, Roma 1884, pp. 93-95 [parz. *Chi non può quel che vuol quel che può voglia* secondo il ms. BNCF Pal. 215].
- E. COSTA, *Il codice parmense 1081*, in *Giornale storico della letteratura italiana*, 13, 1889, pp. 70-100: 96-99 [parz. *Donne leggiadre cui d'Amor la spera* secondo il ms. Parm. 1081].
- F. FLAMINI, *La lirica toscana del Rinascimento anteriore ai tempi del Magnifico*, Pisa, 1891, pp. 124-26, 228 e 232-33 [parz. *Foll'è chi falla pell'altrui fallire; O puro e santo padre Eugenio quarto; La madre di Colui ch'ongni ben move* secondo il ms. BML Conv. soppr. 122; *Risucitare un dì buon tempo morto* secondo i mss. BAV Barb. lat. 3679, BML Plut. 41.34 e BNCF II.II.40].
- *Antica lirica italiana (canzonette, canzoni, sonetti dei secoli XIII-XV)*, a cura di G. Carducci, Firenze 1907, pp. 162-64 [parz. *Donne leggiadre cui d'Amor la spera* secondo l'ed. Bonucci 1863?].
- *Rime del Codice Isoldiano*, I, a cura di L. Frati, Bologna 1913, pp. 61-66 [parz. *Sovente in me pensando come amore* secondo il ms. BU 1739].
- *Poeti minori del Trecento*, a cura di N. Sapegno, Milano-Napoli 1952, pp. 234-38 [parz. *Donne leggiadre cui d'Amor la spera* secondo l'ed. Bonucci 1863].
- *Rimatori del tardo Trecento*, a cura di N. Sapegno, Roma 1967, pp. 163-68 [parz. *Donne leggiadre cui d'Amor la spera* secondo l'ed. 1952].
- *Sacre rappresentazioni del Quattrocento*, a cura di L. Banfi, Torino 1968, pp. 111-51 [parz. *La rappresentazione del dì del giudizio* secondo l'ed. D'Ancona].
- *Lirici toscani del Quattrocento*, I, a cura di A. Lanza, Roma 1973, pp. 689-91 [parz. *Giovanni, i' mi parti' non meno offeso* secondo i mss. BAV Barb. lat. 3679, BML Plut. 41.34 e BNCF II.II.40; *Non son gli unguenti tuoi di verderame* secondo i mss. BAV Barb. lat. 3679, BML Plut. 41.34 e BNCF II.II.40].
- L.B. ALBERTI, *Rime e versioni poetiche*, a cura di G. Gorni, Milano-Napoli 1975, pp. 124-25 [parz. *Acciò che 'l voto cucchiaio non imbocchi* secondo l'ed. 1757].
- *Lirici toscani del Quattrocento*, II, a cura di A. Lanza, Roma 1975, pp. 57-141 [parz. *L'alma pensosa, il corpo vinto e stanco* secondo i mss. BAV Vat. lat. 3212, BML Plut. 41.34, BML Plut. 90 inf. 35.1, Ricc. 2815 e Ricc. 2823 (segnalato erroneamente come il 2735); *Regna dentro al mio cor per una donna* secondo il ms. BAV Vat. lat. 3212; *Sopr'un bel verde colle* secondo il ms. BAV Vat. lat. 3212; *O sire Amor, nelle cui fiamme acceso* secondo i mss. BAV Vat. lat. 3212, BML Plut. 90 inf. 35.1, Ricc.

2815 e Ricc. 2823 (segnalato erroneamente come il 2735); *I' non credetti che da poi che Morte* secondo il ms. BAV Vat. lat. 3212; *O trïunfal signore Amore, io sento* secondo il ms. BAV Vat. lat. 3212; *Alma gentil, nelle più belle membra* secondo i mss. BAV Vat. lat. 3212, BML Plut. 90 inf. 35.1, Ricc. 2815 e Ricc. 2823 (segnalato erroneamente come il 2735); *Andrà pur sempre mai co' venti aversi* secondo i mss. BAV Vat. lat. 3212, BML Plut. 90 inf. 35.1, Ricc. 2815 e Ricc. 2823 (segnalato erroneamente come il 2735); *Maraviglioso Amor, mi fai sentire* secondo il ms. BAV Vat. lat. 3212; *Venere, se già mai pel caro figlio* secondo i mss. BNCF Magl. VII.107 e Est. it. 262; *Eccelsa patria mia, però che amore* secondo il ms. BML Plut. 41.31; *Poi che lieta Fortuna e 'l ciel favente* secondo i mss. BML Plut. 41.34 e BNCF II. II.40; *Guarda ben ti dich'io, guarda ben, guarda* secondo i mss. BML Acq. e doni 759, BML, Plut. 41.34, BNCF II.II.40 e BNCF II.IV.250; *Crudel Rinaldo, cavalier superbo* secondo il ms. BAV Vat. lat. 4830; *Viva viva oramai, viva l'onore* secondo i mss. BML Plut. 90 inf. 35.2, BNCF II.II.40, BNCF Pal. 215 e Ricc. 2732; *Il gran famoso Publio Scipïone* secondo i mss. BAV Vat. lat. 3212, BML Plut. 41.34, BML Plut. 90 inf. 35.1, BNCF II.II.40, BNCF II.IV.250, Ricc. 2815 e Ricc. 2823; *Onorando mie car degno maggiore* secondo il ms. BML Acq. e doni 759; *Poi che l'impia, crudel, aspra e rapace* secondo i mss. BAV Vat. lat. 3212 e BML Acq. e doni 759; *Amico a me sì grato e tanto caro* secondo i mss. BAV Vat. lat. 3212 e BML Acq. e doni 759; *Legger le degne cose e non intendere* secondo i mss. BAV Vat. lat. 3212 e BML Acq. e doni 759; *Vergine santa madre gloriosa* secondo il ms. BAV Vat. lat. 3212; *Deus, in adiutorium meum intende* secondo il ms. BAV Vat. lat. 3212; *Ave Regina coeli, o virgo pia* secondo i mss. BAV Vat. lat. 3212, Ricc. 1591, Ricc. 2732 e Ricc. 2815 (gli ultimi due tramandano alcune rime del Megli, ma non recano questo testo, che invece è sicuramente tràdito dal Ricc. 2734, di frequente confuso con il 2732 nell'indicazione delle sigle); *Se alcun uom mortal può render grazia* secondo i mss. BML Acq. e doni 759 e Lucca 1496 (cfr. la discussione più avanti); *Se l'estremo valor ch'Amor consente* secondo il ms. Ricc. 2823; *O trïonfal Fiorenza, fatten bella* secondo il ms. Ricc. 2971 (segnalato erroneamente come il 2823: cfr. l'ed. critica curata da Ruini); *Sogliono e buon fedeli e veri amanti* secondo i mss. BAV Barb. lat. 3917, BML Plut. 41.34 e BNCF II.II.40; *La Madre di Colui ch'ogni ben move* secondo il ms. BML Conv. soppr. 122; *Il tempo, l'ore, i giorni, i mesi e gli anni* secondo i mss. BNCF II.II.40, BNCF Magl. VII.1168 e BNCF Pal. 215; *Chi non può quel che vuol quel che può voglia* secondo i mss. BAV Vat. lat. 4830, BML Acq. e doni 759, BML Conv. soppr. 109, BML Plut. 90 inf. 35.1, BNCF II.II.40, BNCF II.IV.250, BNCF Magl. VII.1168, BNCF Magl. VII.1171 e BNCF Pal. 215; *Eugenio quarto, pontefice nostro* secondo i mss. BAV Barb. lat. 3917, BML Plut. 41.34, BNCF II.II.40 e Ricc. 2734 (segnalato erroneamente come il 2732); *Foll'è chi falla pell'altrui fallire* secondo i mss. BAV Barb. lat. 3679, BAV Barb. lat. 3917, BML Plut. 41.34, BNCF II.II.40 e Ricc. 1154; *O puro e santo padre Eugenio quarto* secondo i mss. BAV Barb. lat. 3679, BAV Barb. lat. 3917, BML Plut. 41.34, BNCF II.II.40 e Ricc. 1154; *Antonio, i' sento che fra nuovi pesci* secondo i mss. BAV Barb. lat. 3679, BML Plut. 41.34 e BNCF II.II.40; *Giovanni mio, i' sono or concio in modo* secondo i mss. BAV Barb. lat. 3679, BML Plut. 41.34 e BNCF II.II.40; *Risucitare un dì buon tempo morto* secondo i mss. BAV Barb. lat. 3679, BML Plut.

41.34 e BNCF II.II.40; *Non è giuoco sì bel che non rincresca* secondo i mss. BML Plut. 41.34 e BNCF II.II.40; *Un puro e fedel servo tuo mi manda* secondo i mss. BAV Barb. lat. 3679, BAV Barb. lat. 3917, BML Plut. 41.34 e BNCF II.II.40; *O Conte illustre, l'avere e la vita* secondo i mss. Ricc. 1114 e Ricc. 2734 (segnalato erroneamente come il 2732); *Vittrice illustre Conte e gran signore* secondo il ms. Ricc. 2734 (segnalato ancora erroneamente come il 2732); *Se vuoi veder quanto 'l mondo è fallace* secondo il ms. Ricc. 2734 (segnalato ancora erroneamente come il 2732); *Superbia ha l'Umiltà sommersa in terra* secondo il ms. Ricc. 1114].

- *Poesia italiana del Quattrocento*, a cura di C. Oliva, Milano 1978, pp. 9-11 [parz. *La madre di Colui ch'ogni ben move* e *Sopr'un bel verde colle*].
- A. LANZA, *Firenze contro Milano (1390-1440)*, Anzio 1991, pp. 30-312 e 316-24 [parz. *Eccelsa patria mia, però che amore* secondo il ms. BML Plut. 41.31; *La Madre di Colui ch'ogni ben move* secondo l'ed. 1975; *Viva viva oramai, viva l'onore* secondo l'ed. 1975; *Crudel Rinaldo, cavalier superbo* secondo il ms. BAV Vat. lat. 4830; *O Conte illustre, l'avere e la vita* e *Vittrice illustre Conte e gran signore*, entrambi secondo il ms. Ricc. 2734 (segnalato ancora erroneamente come il 2732)].
- DOMENICO DA PRATO, *Le Rime*, cura di R. Gentile, Anzio 1993, pp. 155-61 [parz. *Eccelsa patria mia, però che amore* secondo il ms. BAV Barb. lat. 4051].
- A. LANZA, *La letteratura tardogotica*, Anzio 1994, pp. 530-32 [parz. *Sopr'un bel verde colle* secondo l'ed. 1975].
- A. ANTONELLI, *Una traccia duecentesca del sonetto* I mie' sospir' dolenti m'hanno stanco *di Nuccio Piacente a Guido Cavalcanti (con una nota sulle «tracce» vergate su registri pubblici)*, in *Letteratura Italiana Antica*, 8, 2007, pp. 117-36: 121-22 [parz. *Crudel Rinaldo, cavalier superbo* secondo il ms. BU 1910].
- N. MARCELLI, *Un reperto quattrocentesco: la* Cronichetta *di Neri degli Strinati e il capitolo* Eccelsa patria mia, però che amore *di Antonio di Matteo di Meglio*, in EAD., *Eros, politica e religione nel Quattrocento fiorentino*, cit., pp. 223-50: 234-39 [parz. *Eccelsa patria mia, però che amore* secondo il ms. BNCF Conv. soppr. C.1.1588].

TRADIZIONE:

Manoscritti

1. Berlin, Deutsche Staatsbibliothek, Hamilton 495
2. Bologna, Biblioteca Comunale dell'Archiginnasio, A 2429
3. Bologna, Biblioteca Universitaria, 401
4. Bologna, Biblioteca Universitaria, 1739
5. Bologna, Biblioteca Universitaria, 1910
6. Città del Vaticano, Biblioteca Apostolica Vaticana, Barb. lat. 3679
7. Città del Vaticano, Biblioteca Apostolica Vaticana, Barb. lat. 3915
8. Città del Vaticano, Biblioteca Apostolica Vaticana, Barb. lat. 3917
9. Città del Vaticano, Biblioteca Apostolica Vaticana, Barb. lat. 3936
10. Città del Vaticano, Biblioteca Apostolica Vaticana, Barb. lat. 3989
11. Città del Vaticano, Biblioteca Apostolica Vaticana, Barb. lat. 4051
12. Città del Vaticano, Biblioteca Apostolica Vaticana, Rossiano, 985
13. Città del Vaticano, Biblioteca Apostolica Vaticana, Vat. lat. 3212

14. Città del Vaticano, Biblioteca Apostolica Vaticana, Vat. lat. 4830
15. Firenze, Biblioteca Medicea Laurenziana, Acquisti e doni 759
16. Firenze, Biblioteca Medicea Laurenziana, Conv. soppr. 109
17. Firenze, Biblioteca Medicea Laurenziana, Conv. soppr. 122
18. Firenze, Biblioteca Medicea Laurenziana, Plut. 40.43
19. Firenze, Biblioteca Medicea Laurenziana, Plut. 40.48
20. Firenze, Biblioteca Medicea Laurenziana, Plut. 41.31
21. Firenze, Biblioteca Medicea Laurenziana, Plut. 41.34
22. Firenze, Biblioteca Medicea Laurenziana, Plut. 89 inf. 44
23. Firenze, Biblioteca Medicea Laurenziana, Plut. 90 inf. 4
24. Firenze, Biblioteca Medicea Laurenziana, Plut. 90 inf. 15
25. Firenze, Biblioteca Medicea Laurenziana, Plut. 90 inf. 35.1
26. Firenze, Biblioteca Medicea Laurenziana, Plut. 90 inf. 35.2
27. Firenze, Biblioteca Medicea Laurenziana, Plut. 90 sup. 103
28. Firenze, Biblioteca Medicea Laurenziana, Plut. 90 sup. 135.1
29. Firenze, Biblioteca Nazionale Centrale, II.II.38
30. Firenze, Biblioteca Nazionale Centrale, II.II.40
31. Firenze, Biblioteca Nazionale Centrale, II.II.109
32. Firenze, Biblioteca Nazionale Centrale, II.IV.250
33. Firenze, Biblioteca Nazionale Centrale, II.IV.723
34. Firenze, Biblioteca Nazionale Centrale, II.VII.4
35. Firenze, Biblioteca Nazionale Centrale, II.VIII.23
36. Firenze, Biblioteca Nazionale Centrale, II.VIII.40
37. Firenze, Biblioteca Nazionale Centrale, II.IX.122
38. Firenze, Biblioteca Nazionale Centrale, II.X.57
39. Firenze, Biblioteca Nazionale Centrale, Conv. soppr. C.1.1588
40. Firenze, Biblioteca Nazionale Centrale, Conv. soppr. F.3.488
41. Firenze, Biblioteca Nazionale Centrale, Conv. soppr. F.5.398
42. Firenze, Biblioteca Nazionale Centrale, Magl. VI.115
43. Firenze, Biblioteca Nazionale Centrale, Magl. VII.25
44. Firenze, Biblioteca Nazionale Centrale, Magl. VII.107
45. Firenze, Biblioteca Nazionale Centrale, Magl. VII.118
46. Firenze, Biblioteca Nazionale Centrale, Magl. VII 690
47. Firenze, Biblioteca Nazionale Centrale, Magl. VII.956
48. Firenze, Biblioteca Nazionale Centrale, Magl. VII.1034
49. Firenze, Biblioteca Nazionale Centrale, Magl. VII.1091
50. Firenze, Biblioteca Nazionale Centrale, Magl. VII.1145
51. Firenze, Biblioteca Nazionale Centrale, Magl. VII.1167
52. Firenze, Biblioteca Nazionale Centrale, Magl. VII.1168
53. Firenze, Biblioteca Nazionale Centrale, Magl. VII.1171
54. Firenze, Biblioteca Nazionale Centrale, Magl. VII.1298
55. Firenze, Biblioteca Nazionale Centrale, Magl. XXI 87
56. Firenze, Biblioteca Nazionale Centrale, Magl. XXXV.113
57. Firenze, Biblioteca Nazionale Centrale, Nuove Accessioni 255

58. Firenze, Biblioteca Nazionale Centrale, Pal. 187
59. Firenze, Biblioteca Nazionale Centrale, Pal. 199
60. Firenze, Biblioteca Nazionale Centrale, Pal. 215
61. Firenze, Biblioteca Riccardiana, 1091
62. Firenze, Biblioteca Riccardiana, 1103
63. Firenze, Biblioteca Riccardiana, 1109
64. Firenze, Biblioteca Riccardiana, 1114
65. Firenze, Biblioteca Riccardiana, 1132
66. Firenze, Biblioteca Riccardiana, 1154
67. Firenze, Biblioteca Riccardiana, 1591
68. Firenze, Biblioteca Riccardiana, 1717
69. Firenze, Biblioteca Riccardiana, 2732
70. Firenze, Biblioteca Riccardiana, 2734
71. Firenze, Biblioteca Riccardiana, 2815
72. Firenze, Biblioteca Riccardiana, 2823
73. Firenze, Biblioteca Riccardiana, 2965
74. Firenze, Biblioteca Riccardiana, 2971
75. Genova, Biblioteca Civica Berio, m.r. II. 1. 11
76. London, British Library, Additional 38090
77. London, Sotheby's L00508
78. Lucca, Biblioteca Statale, 1493 (Moücke 8)
79. Lucca, Biblioteca Statale, 1494 (Moücke 9)
80. Lucca, Biblioteca Statale, 1496 (Moücke 11)
81. Mantova, Biblioteca dei Conti Castiglioni, Rime volgari
82. Milano, Biblioteca Nazionale Braidense, A.D.XI.24
83. Milano, Biblioteca Trivulziana, 975
84. Milano, Biblioteca Trivulziana, 976
85. Modena, Biblioteca Estense Universitaria, it. 262 (alfa.U.7.24)
86. Modena, Biblioteca Estense Universitaria, S. Carlo 5
87. Oxford, Bodleian Library, Canoniciano it. 81
88. Parma, Biblioteca Palatina, Pal. 245
89. Parma, Biblioteca Palatina, Parm. 1081
90. Perugia, Biblioteca Comunale Augusta, I 20
91. Pesaro, Biblioteca Oliveriana, 921
92. Roma, Biblioteca Angelica, 1882
93. Roma, Biblioteca dell'Accademia Nazionale dei Lincei e Corsiniana, Rossi 244
    (= 43.B.26)
94. Siena, Biblioteca Comunale degli Intronati, H.XI.54
95. Siena, Biblioteca Comunale degli Intronati, I.IX.18
96. Stuttgart, Wüttembergische Landesbibliothek, Cod. poet. et phil. qt. 10
97. Tours, Bibliothèque Municipale, 2103
98. Venezia, Biblioteca Nazionale Marciana, It. IX.105 (=7050)
99. Verona, Biblioteca Capitolare, CCCCXCI
100. Vicenza, Biblioteca civica Bertoliana, ms. 44

Manoscritti perduti o irreperibili

101. Collezione privata al momento irreperibile (ex Sandra Hindman collection, (Oslo) ex Schoyen Collection 900, ex Phillipps 8334).

Stampe

1. *Rappresentazione del dì del Giudizio* [Firenze, Bartolomeo de' Libri, 1493-1494 ca.]. *ISTC*, ir00028950.
2. *Trattato dell'arte della pittura, scoltura, et architettura, di Gio. Paolo Lomazzo milanese pittore*, in Milano, per Paolo Gottardo Pontio, stampatore regio, a instantia di Pietro Tini, 1585. *Edit-16*, CNCE 24454.
3. *Trattato della pittura di Lionardo da Vinci*, a cura di R. du Fresne, Parigi, appresso Giacomo Langlois, 1651.
4. *Poeti antichi raccolti da codici m.ss. della Biblioteca Vaticana e Barberiniana da Monsignor Leone Allacci*, in Napoli, per Sebastiano d'Alecci, 1661.

Le rime che possono senza dubbio essere ascritte ad Antonio di Matteo di Meglio ammontano a 45.

I due casi più noti di attribuzione dubbia riguardano la canzone *Donne leggiadre cui d'Amor la spera*, contesa con Antonio degli Alberti, e il serventese *Sovente in me pensando come amore*, conteso col Saviozzo.

Il primo testo è stato edito da ultimo nel 2002 da Germano Pallini, il quale, basando la sua edizione sul ms. BAV Vat. Lat. 3212 (testimone di fondamentale importanza per le rime dell'araldo), lo assegna senza dubbio al Megli (*Dieci canzoni d'amore* cit., 19). Più di recente è tornato sulla questione Giovanni Borriero nell'ambito dell'esaustivo studio sulla tradizione delle rime dell'Alberti (*La tradizione delle rime di Antonio degli Alberti*, in *Medioevo letterario d'Italia*, 5, 2008, pp. 45-101: 47-48 e 57-58; le riflessioni sono riportate anche nella scheda dedicata al poeta su *MIRABILE* (http:// sip.mirabileweb.it/title/donne-leggiadre-cui-d-amor-la-spera-(1)-antonio-de-title/36213). In sintesi, Borriero mostra che la canzone ha una tradizione perfettamente bipartita (sia per l'attribuzione sia per la lezione), perciò la paternità sarà più prudentemente da ritenere ancora dubbia.

Per *Sovente in me pensando come amore*, benché la tradizione manoscritta – per cui si veda FLAMINI, *La lirica toscana del Rinascimento*, cit., p. 695, e, con l'aggiunta del BML Acquisti e doni 759 (in cui il serventese è anonimo) e del ms. appartenuto a Baldassarre Castiglione (con attribuzione al Saviozzo), E. PASQUINI, *Il codice di Filippo Scarlatti (Firenze, Biblioteca Venturi Ginori Lisci, 3)*, in *Studi di filologia italiana*, 22, 1964, pp. 363-580: 470-471 – rechi perlopiù il nome di Simone Serdini, non si può ignorare che l'autorevole ms. BAV Vat. lat. 3212 lo dia al Megli. Flamini inserisce per l'appunto il testo tra le rime di Antonio di Meglio, Lanza invece non lo pubblica nei suoi *Lirici*. Pasquini lo esclude dall'edizione critica delle rime del Saviozzo e lo pubblica criticamente in un opuscolo per nozze nel 1963, preceduto da un'ampia riflessione sull'attribuzione, senza tuttavia esprimersi in maniera netta in favore di un autore o dell'altro.

Date queste premesse, sia per *Donne leggiadre cui d'Amor la spera* sia per *Sovente in me pensando come amore* si è deciso di includere nel censimento delle testimonianze manoscritte e a stampa anche quelle che tramandano i due componimenti dubbi in questione.

Altri problemi attributivi che coinvolgono Antonio di Matteo di Meglio riguardano quattro sonetti.

Lanza nell'ed. dei *Lirici* pubblica in calce al corpus, come rima dubbia, il sonetto caudato *Sempre si dice che un fa male a cento* secondo il ms. BNCF Pal. 54, l'unico – a detta dell'editore – che attribuisce il pezzo al Nostro. Da un articolo di Fabio Carboni dedicato al sonetto (*Un sonetto in cerca di autore: «Sempre si disse che un fa male a cento»*, in *Letteratura italiana antica*, 13, 2012, pp. 405-441) e da una verifica sul codice si evince che tale attribuzione deriva da fonti bibliografiche pregresse (cfr. Carboni, *Un sonetto in cerca di autore*, cit., pp. 411 e 429): il Pal. 54 reca infatti il testo adespoto e anepigrafo. Il sonetto, divenuto popolare in virtù del tema del furto dei libri, ha avuto una vastissima diffusione, manoscritta e a stampa: il recente censimento di Carboni individua ben 76 testimoni manoscritti. Data la difficoltà nel ricostruire la storia della tradizione, lo studioso si concentra sulla delicata questione della paternità, proponendo, tra i due principali contendenti (Antonio Pucci e Andrea di Cione), il nome del secondo autore. Alla fine dell'articolo Carboni pubblica il sonetto secondo il ms. BNCF Magl. VII.1168, con attribuzione all'Orcagna, e secondo il ms. BNCF II.IV.61, con attribuzione al Pucci.

Roberto Ruini, all'interno della discussione sulle rime dubbie del Megli (*Quattrocento fiorentino e dintorni*, cit., pp. 117-118), afferma che il sonetto *Dove manca bontà, cresce ogni errore*, attribuito al Nostro da alcuni manoscritti, è di paternità di Francesco d'Altobianco Alberti. Alessio Decaria, nei vari studi dedicati alle rime di quest'ultimo, ha ben dimostrato che il sonetto, originariamente responsivo dell'Alberti al sonetto di supplica inviato da Ludovico da Marradi a papa Eugenio IV (*Fede, Speranza e Carità, Signore*), potrebbe essere stato in seguito rimaneggiato da Antonio di Meglio «che, in ragione della sua funzione, potrebbe aver riusato e adattato il sonetto responsivo di Francesco per diffonderlo pubblicamente»: cfr. da ultimo F. ALBERTI, *Rime*, a cura di A. Decaria, Bologna 2008, pp. CXXV-CXXVII e 52-54, dove si pubblica ovviamente il sonetto in prima redazione. Si è dunque deciso, in questa sede, di includere nel censimento solo i codici che attribuiscono il pezzo al Megli: BAV Barb. lat. 3679, BAV Barb lat. 3917, BAV Vat. lat. 4830 e BNCF II.IV.250 (quest'ultimo, nella seconda copia del testo a c. 211*v*, con una rubrica che corrobora l'ipotesi di Decaria: «S(onetto) p(er) R(ispost)a a quel di sotto di Lodovicho da b(er)ghettino credo lo fece mes(er) antonio araldo della Signoria o vero f(rancesco) Alberti»), latori anche di altre sue rime.

La tradizione manoscritta testimonia talvolta il sonetto *Giovanni, i' mi parti' non meno offeso* – inviato dal Megli a Giovanni di Maffeo da Barberino, il quale gli rispose con *L'avere e corpi d'uno umor compreso* – con la variante «Amico» all'attacco. In questa veste si può leggere nell'infida stampa pseudolondinese (*Sonetti del Burchiello*, cit., pp. 112-113) ed è inserito da Michelangelo Zaccarello nell'edizione critica della vulgata quattrocentesca dei sonetti di Burchiello (*I sonetti del Burchiello*, cit., pp. 173-175). Per questo sonetto dell'araldo si può dunque ipotizzare una sorta di spersonalizzazione nei manoscritti latori di sillogi burchiellesche, esclusi dunque dal nostro censimento (alcuni dubbi attributivi emergono anche da *I sonetti del Burchiello*, cit., p. CXXIV). Segnalo che tra i codici esclusi figura anche il tardo It. IX.134 (=7553) della Marciana, riportato da Flamini nel censimento delle rime di Antonio di Meglio, in quanto «copia dell'ed. Doni di Burchiello» (FLAMINI, *La lirica toscana del Rinascimento*, cit., p. 692).

Nell'edizione critica della vulgata quattrocentesca dei sonetti di Burchiello si legge anche il sonetto di argomento filomediceo *Acciò che 'l voto cucchiaio non imbocchi* – responsivo al sonetto filoalbizzesco *Non posso più che l'ira non trabocchi* di Burchiello –, attribuito da Zaccarello ad Antonio di Meglio (*I sonetti del Burchiello*, cit., p. CXXIX). Al Megli lo dà solo il ms. BNCF Magl. XXI.87, che lo reca a c. 170*r*, mentre la restante tradizione manoscritta, quando non tace, si esprime nettamente a favore di Leon Battista Alberti, già in tenzone col Barbiere. Come si apprende da vari studi di Luca Boschetto (ad es. *Incrociare le fonti: archivi e letteratura. Rileggendo la lettera di Leon Battista Alberti a Giovanni di Cosimo de' Medici, 10 aprile [1456?]*, in *Medioevo e Rinascimento*, n.s., 14, 2003, pp. 243-264 e *Alberti, Florence et les Médicis: des relations ambivalentes*, in *Alberti: humaniste, architecte*, Édition établie par F. Choay et M. Paoli, Paris 2006, pp. 15-31), l'Alberti, intento a salvaguardare la propria autonomia culturale, ebbe un atteggiamento controverso verso il potere mediceo: talvolta favorevole, presumibilmente per cercare consensi, e altre volte decisamente critico. Già Grayson (L.B. ALBERTI, *Opere volgari*, II, a cura di C. Grayson, Bari 1966, p. 392), infatti, mostrava delle perplessità e proponeva, sulla base anche dell'attribuzione di alcune stampe antiche a un non precisato araldo, Antonio di Meglio o l'araldo che lo affiancò dal 1442: Anselmo Calderoni, anche lui già corrispondente di Burchiello. Gorni si mostra convinto nell'attribuirlo al Calderoni, benché nessun testimone antico gli assegni chiaramente il pezzo, fornendo il testo sulla base della stampa pseudolondinese, dove il sonetto è pubblicato sotto il nome di «Anselmo Araldo». Dello stesso parere è Luigi Spagnolo nella recensione all'edizione commentata dei sonetti di Burchiello curata da Zaccarello nel 2004: l'attribuzione al Calderoni si basa sul riscontro dei vv. 16-17 con i vv. 9-11 del sonetto *Io ti rispondo Burchiel tartaglione*, sicuramente dell'araldo che subentrò al Megli (L. SPAGNOLO, recensione all'edizione commentata *I sonetti del Burchiello* (Torino, Einaudi, 2004), in *La lingua italiana*, 2, 2006, pp. 162-174: 172). Date queste premesse, sintetizzate in parte da Ruini, *Quattrocento fiorentino e dintorni*, cit., pp. 117-118, il sonetto è comunque attribuibile al Megli e si è perciò deciso di riportarne sia i testimoni manoscritti sia le edizioni moderne, rimandando invece per le numerose stampe antiche alla discussione di Grayson (ALBERTI, *Opere volgari*, cit., p. 392) e alla *recensio* di Zaccarello (*I sonetti del Burchiello*, cit., p. 276).

Infine, per quanto riguarda il capitolo *Se alcun uomo mortal può render grazia*, Domenico De Robertis, nella descrizione del ms. 1496 della Biblioteca Statale di Lucca per il censimento delle rime di Dante (*Censimento dei manoscritti di rime di Dante (VII)*, in *Studi Danteschi*, 43, 1966, pp. 205-238: 212), avanza l'ipotesi che esso sia da sottrarre ad Antonio di Meglio e da attribuire, dubitativamente, ad Antonio di Guido. I testimoni del capitolo noti ad oggi sono l'Acquisti e doni 759 della Biblioteca Medicea Laurenziana di Firenze (in cui il testo è introdotto dalla seguente rubrica: «M(aestr)o Ant(oni)o fiore(n)tino») e il 1496 della Biblioteca Statale di Lucca, che lo trae proprio dal codice di Filippo Scarlatti. Emilio Pasquini, nello studio dedicato al ms. Acq. e doni 759, già ms. Venturi Ginori Lisci 3, propone i nomi di Antonio di Guido, Antonio degli Alberti e Antonio di Meglio, notando però che Scarlatti per quest'ultimo usa sempre il nome per esteso in rubrica [*Il codice di Filippo Scarlatti (Firenze, Biblioteca Venturi Ginori Lisci, 3)*, in *Studi di filologia italiana*, 22, 1964, pp. 363-580: 502].

BIBLIOGRAFIA:

- F. FLAMINI, *La lirica toscana del Rinascimento anteriore ai tempi del Magnifico*, cit., *ad indicem*.
- R. BESSI, *Eugenio IV e Antonio di Meglio*, in *Firenze e il Concilio del 1439*. Atti del Convegno di studi di Firenze (29 novembre - 2 dicembre 1989), a cura di P. Viti, Firenze 1994, pp. 737-750.
- A. LANZA, *La letteratura tardogotica*, cit., pp. 521-532.
- M. MARTELLI, *Il linguaggio ecclesiale nella poesia volgare fiorentina degli anni del Concilio*, in *Firenze e il Concilio*, cit., pp. 713-735.
- G. PALLINI, *Dieci canzoni d'amore di Antonio di Matteo di Meglio*, cit.
- R. BESSI, *Politica e poesia nel Quattrocento fiorentino*, cit.
- R. RUINI, *Quattrocento fiorentino e dintorni*, cit., pp. 95-236.
- G. BORRIERO, *La tradizione delle rime di Antonio degli Alberti*, cit., pp. 47-48 e 57-58.
- N. MARCELLI, *«A laude della gloriosa Annuntiata di Firenze»*, cit.
- N. MARCELLI, *Un reperto quattrocentesco*, cit.
- L. DEGL'INNOCENTI, *"Al suon di questa cetra". Ricerche sulla poesia orale del Rinascimento*, Firenze 2016, *ad indicem*.
- B. WILSON, *Singing to the Lyre in Renaissance Italy. Memory, Performance, and Oral Poetry*, Cambridge 2019, *ad indicem*.

SITOGRAFIA:

- Scheda *Antonio di Matteo di Meglio*, in *MIRABILE Archivio digitale della cultura medievale - Digital Archives for Medieval Culture*, Fondazione Ezio Franceschini, Firenze http://www.mirabileweb.it/author/antonio-di-matteo-di-meglio-author/230816 (ultima consultazione: dicembre 2022).
- A. DECARIA, scheda *Antonio Araldo*, in *LIO - Lirica Italiana delle Origini. Repertorio della tradizione poetica italiana dai Siciliani a Petrarca*, diretto da L. Leonardi, Fondazione Ezio Franceschini, Firenze http://www.mirabileweb.it/author-rom/antonio-araldo-author/LIO_230268 (ultima consultazione: dicembre 2022).

3. *Conclusioni (provvisorie) e impatto*

Il bando competitivo MUR FISR-Covid 2020 prevede una prima assegnazione di fondi per la fase 1 (pilota), a cui seguirà la fase 2: il finanziamento sarà assegnato a quei progetti che, selezionati per la fase 1, avranno ricevuto parere favorevole dal panel di esperti. In attesa che il Ministero comunichi gli esiti della valutazione su *PoetRi* e l'eventuale avvio della fase 2, il mio auspicio è che il progetto possa proseguire anche indipendentemente da questa specifica linea di finanziamenti e conoscere un'implementazione sia in termini di enti partner coinvolti (biblioteche o archivi), sia sotto il profilo del raggio di indagine, ipotizzando un'eventuale estensione anche ai testi in prosa.

Se sul versante della ricerca un primo indice di impatto è costituito dalle relazioni presentate al seminario conclusivo dei lavori, svoltosi a Urbino il 5-6 maggio 2022[12], un bilancio positivo si può stilare anche per quel che riguarda le ricadute sulla didattica universitaria, come risulta dalle tesi discusse presso l'Università degli Studi di Urbino, assegnate a partire da manoscritti o schede filologiche presenti in *PoetRi*[13].

Guardando a questi ultimi anni caratterizzati da un notevole aumento delle campagne di messa online del patrimonio librario, si può con ragionevolezza affermare che la digitalizzazione non è un media sostitutivo della fruizione fisica del manoscritto, che resta centrale – e non potrebbe essere altrimenti – negli studi codicologici e paleografici, come pure per quelli filologici e storico-letterari – ma è, se mai, una modalità di accesso complementare, che contribuisce a far conoscere il patrimonio presente nelle biblioteche e negli archivi, a renderlo accessibile al di là delle barriere spaziali e della contingenza drammatica – auspicabilmente mai più ripetibile – del *lockdown*[14].

BIBLIOGRAFIA

BARDI i.c.s = R. BARDI, *Sull'*Abram e Isaac *di Feo Belcari: rilievi sulla tradizione manoscritta.*

CATANZARO 2021-2022 = I. CATANZARO, *Edizione critica del capitolo ternario* Il gran famoso Publio Scipïone *di Antonio di Meglio*, relatrice prof.ssa N. Marcelli, correlatore prof. F. Luciani, a.a. 2021-2022.

COMBONI-ZANATO 2017 ed. = *Atlante dei canzonieri in volgare del Quattrocento*, a cura di A. Comboni e T. Zanato, Firenze 2017.

DONATI 2021-2022 = V. DONATI, *Studio per l'edizione critica del capitolo ternario* Viva virilità, florido onore *del maestro Niccolò Cieco*, relatrice prof.ssa N. Marcelli, correlatrice prof.ssa I. Tufano, a.a. 2021-2022.

FALINI i.c.s. = I. FALINI, *Otto nuovi testimoni del capitolo* Antichi amanti della buona e bella.

INGALLINELLA 2022 = L. INGALLINELLA, *The Transcription Challenge Framework*, in *Early Modern Digital Review*, 5, 2022, 1, Special Issue: *Renaissance Italy and the Digital Humanities*, https://doi.org/10.33137/rr.v45i2.39773.

---

[12] Si tratta dei seguenti contributi in corso di stampa negli atti del seminario: FALINI i.c.s., LITTERIO, i.c.s., SANTONI i.c.s., BARDI i.c.s.

[13] Laurea magistrale in Lettere Classiche e Moderne (LM-14): CATANZARO 2021-2022; DONATI 2021-2022; Laurea Triennale in Scienze umanistiche (L-10): NANNI 2020-2021.

[14] Rinvio a questo proposito a quanto esposto da Claudia Montuschi, direttrice della Sezione manoscritti della Biblioteca Apostolica Vaticana, nella sua relazione dal titolo *I manoscritti Urbinati in Biblioteca Vaticana: conservazione, catalogazione, digitalizzazione* al convegno *Federico da Montefeltro nel Terzo Millennio 1422-2022*, svoltosi presso l'Università degli Studi di Urbino (16-18 novembre 2022).

LITTERIO i.c.s. = S. LITTERIO, *Antonio Pucci e i sonetti* Io veggio il mondo tutto ritrosito *e* Io veggio il mondo tutto inviluppato: *questioni attributive e testuali.*

NANNI 2020-2021 = N. NANNI, *La* Canzone sulla Fortuna *di Buonaccorso Pitti e il manoscritto Riccardiano 1114: appunti per una nuova edizione critica*, relatrice prof.ssa N. Marcelli, a.a. 2020-2021.

NOCITA 2022 = T. NOCITA, *Between visual art and visual text. Intermediality and hypertext. A possible combination for twenty-first century philology*, in *Journal of Art Historiography*, 27 and Supplement, December 22 https://arthist.net/archive/38066.

SANTONI i.c.s. = A. SANTONI, *Primi sondaggi sulla tradizione manoscritta della* Sfera *del Dati tra miscellanee in poesia e in prosa.*

A NDREA B ERNARDONI

Prima del Codice Atlantico: *ricostruzione digitale*
dei Disegni di macchine et delle arti secreti et altre cose
di Leonardo da Vinci raccolti da Pompeo Leoni

DOI 10.48255/9788891328373.06

Il cosiddetto "Codice Atlantico" di Leonardo da Vinci conservato nella Vene-
randa Biblioteca Ambrosiana di Milano è in realtà oggi una grande raccolta di
fogli sciolti la cui storia codicologica prende avvio sul finire del Cinquecento quando lo scultore Pompeo Leoni in possesso dei taccuini e di un considerevole numero di disegni e fogli sciolti, decise di montare questo materiale in due distinte «gallerie portatili»[1]. Animato da intenti classificatori oltre che conservativi per far
fronte all'endemico carattere zibaldonesco dei fogli vinciani, Leoni vi intervenne
pesantemente ritagliando i disegni di carattere artistico per separarli da quelli tecnici e geometrico-scientifici. Nacquero in questo modo le due grandi collezioni tematiche: artistica (paesaggi, animali, anatomia) e tecnologica (macchine, geome-
tria). La prima di queste gallerie, composta di circa 600 fogli conservata oggi nella
Biblioteca Reale di Windsor, fu intitolata *Disegni di Leonardo da Vinci restaurati
da Pompeo Leoni*; l'altra più corposa, contenente circa 1750 fogli intitolata *Disegni
di macchine et delle arti secreti et altre cose di Leonardo da Vinci raccolti da Pompeo
Leoni*[2]. Dalle non molte informazioni in nostro possesso apprendiamo che la storia dei due codici fu diversa sin da subito e mentre l'album di disegni artistici se-
guì Pompeo Leoni a Madrid durante il suo servizio alla corte di Filippo II, l'album
dei disegni di macchine sembra non aver mai lasciato la casa milanese della famiglia Leoni se non, una volta, per essere offerto a Cosimo II dei Medici il quale,
dietro la consulenza dell'ingegnere Cantagallina che definì il Codice Leonardesco

---

[1] In questo modo erano chiamati gli album nei quali i collezionisti montavano i loro disegni per
conservarli e trasportarli più agevolmente ed evitarne la dispersione. Cfr. M ARINONI 1982, p. 15.
[2] B AMBACH 2007, pp. 16-22.

«triviale e di poco valore», nel 1613 rifiutò di acquistarlo[3]. Nel 1622, l'Album fu acquistato dal conte Galeazzo Arconati e nel 1637 lo stesso ne fece dono, insieme ad altri 11 taccuini, alla Biblioteca Ambrosiana di Milano. Sarà il prefetto di questa biblioteca, Baldassarre Oltrocchi, che per primo si riferirà all'Album di Leonardo con l'appellativo di Codice Atlantico, titolo questo che si sostituirà a quello originale di Pompeo Leoni[4]. Dopo questo momento, a parte la breve parentesi dell'epoca Napoleonica, quando il Codice fu portato nella Biblioteca Nazionale di Francia come bottino di guerra, e nell'occasione sarà siglato temporaneamente da Giovan Battista Venturi come "Codice N", non si muoverà più da Milano[5]. Nel 1962 l'album fu portato nei laboratori di restauro dell'abbazia di Grottaferrata in cui i padri basiliani sotto la guida dell'abate Kurelo Giosafat, hanno smontato definitivamente il Codice per restaurarlo[6]. Termina così, quindi, la storia dei *Disegni di Machine et altri Segreti* nella sua consistenza di Album, galleria portatile, come era stato concepito da Pompeo Leoni. La nuova versione del Codice dopo lo smontaggio prevedeva il ricollocamento dei fogli in dodici volumi per un totale di 1119 unità recto e verso[7]. Successivamente tra il 2008 e il 2009 i volumi vennero infine sfascicolati e i fogli sono oggi conservati singolarmente[8]. La stessa sorte ebbe anche l'altro album di disegni conservato alla Royal Library di Windsor il quale era già stato smontato e riorganizzato per temi alla fine del XIX secolo[9].

Con lo sfascicolamento è stata persa definitivamente memoria dei due Album composti da Pompeo Leoni e come ha sottolineato Marinoni questa operazione ha portato alla perdita di un dato storico importante e «la loro cancellazione non deve essere compiuta a cuor leggero»[10].

Fino ad oggi, questa lacuna si credeva fosse colmata dall'edizione facsimile realizzata tra il 1894 e il 1904 dall'Accademia dei Lincei, la quale verosimilmente riproponeva la paginazione originaria dell'album montato da Leoni.

La pubblicazione dell'*editio princeps* del Codice Atlantico fu un'impresa colossale, realizzata in un periodo cruciale per lo sviluppo delle tecniche di stampa fotomeccaniche e la scelta di quale processo adottare impegnò non poco gli accademici Lincei[11]. Tutta l'operazione ebbe un costo di 500.000 lire e fu resa possibile grazie

---

[3] Bambach p. 18.

[4] Il prefetto con questo nome si riferisce al formato delle pagine dell'album che era quello degli atlanti, una misura questa riservata per la rappresentazione delle carte geografiche.

[5] Pedretti 2000.

[6] Marinoni 1982, pp. 9-20 e Barberi 1982.

[7] Marani 2022.

[8] Buzzi 2012, p. 6.

[9] Clark 1968-69, p. XV.

[10] Marinoni 1982, p. 15.

[11] Bernardoni 2023.

ai finanziamenti del Ministero della Pubblica Istruzione e dell'editore Hoepli di Milano che coprirono tutte le spese[12]. L'edizione in facsimile tirata in 280 esemplari permise una fruizione più agevole dei manoscritti di Leonardo e col tempo finì per sostituirsi all'originale diventando il supporto condiviso dalla comunità degli studiosi almeno fino alla pubblicazione della nuova edizione a stampa realizzata dopo il restauro degli anni Sessanta del '900 dall'editore Giunti di Firenze.

Dopo l'uscita dell'Edizione Hoepli nel 1904 ci furono sempre meno occasioni per consultare l'Album originale poiché gli studi si concentrarono sui singoli fogli, cercando di interpretarli e riorganizzarli dai punti di vista del contenuto e cronologico e la riproduzione fotografica sostituiva egregiamente i manoscritti originali. A quanto ci risulta dopo l'uscita dell'*editio princeps* non ci furono più occasioni per tornare a fotografare l'originale perché i disegni a supporto delle pubblicazioni furono realizzati a partire da scatti presi direttamente sul facsimile e col tempo il layout delle carte dell'edizione a stampa finì per diventare quello condiviso dalla comunità degli studiosi. Recenti studi sulle vicende editoriali che portarono alla realizzazione dell'*editio princeps* hanno portato alla riscoperta di due interessanti serie di lastre fotografiche che forniscono un'immagine del manoscritto alla fine dell'800. La prima di queste serie composta da 419 esemplari contiene gran parte degli scatti realizzati da Giovanni Beltrami per la realizzazione dell'edizione Hoepli ed è oggi conservata presso il Civico archivio Fotografico del comune di Milano[13]. L'altra serie di lastre, della quale non conosciamo né il committente né l'autore perché priva di documentazione d'archivio, è conservata nella biblioteca del Warburg Institut di Londra e conta circa 200 esemplari[14].

L'analisi di queste lastre, in particolare degli scatti che riproducono una vista d'insieme dei fogli montati nelle pagine dell'album, ha permesso di cogliere alcune difformità tra le pagine del facsimile e dell'originale. L'edizione a stampa fu, infatti, il risultato di precise scelte editoriali finalizzate alla riproduzione ottimale dei fogli di Leonardo tralasciando come questi erano stati montati nelle pagine dell'album dal Leoni. Lo studio di queste serie di lastre, in particolare gli scatti di insieme che riproducono i fogli dell'album mostrando come questi erano stati distribuiti sui manoscritti di Leonardo, ha permesso di cogliere le difformità tra le pagine del facsimile e l'originale[15]. È emerso chiaramente come la copia a stampa fosse in

---

[12] Biblioteca dell'Accademia dei Lincei e Corsiniana, B1 fasc. 7, verbale del 20 gennaio 1891. Cfr. BERNARDONI 2022.

[13] La versione digitale di questa serie di lastre è visitabile online sull'applicazione web "Leonardothek@" del Museo Galileo (https://teche.museogalileo.it/leonardo/lastre/index.html?lang=it). Vedi anche BERNARDONI 2022.

[14] BARONE 2022.

[15] Un problema questo già segnalato anche da Pedretti nella sua descrizione dei Codice Atlantico restaurato (PEDRETTI 1978-79, p. 9).

realtà il risultato di precise scelte editoriali finalizzate alla riproduzione in facsimile dei singoli fogli di Leonardo tralasciando invece come questi erano stati montati nell'album da Leoni con la conseguenza che non fu rispettato, perdendone memoria, il layout dell'Album manoscritto. Per essere fotografati, i fogli piegati furono aperti e talvolta, quando le misure di questi eccedevano il formato della carta, le riproduzioni furono impaginate con una differente orientazione e inseriti fogli doppi ripiegati a libro. Anche se la sequenza fu mantenuta la ridistribuzione dei fogli nelle tavole del Facsimile ha talvolta fatto slittare la successione recto-verso, portando a pubblicare questi sulla stessa pagina o il verso con il recto della tavola successiva. Il confronto delle lastre fotografiche conservate presso l'archivio Civico Fotografico di Milano con le tavole dell'*editio princeps* e con lo scheletro dell'album dal quale sono stati staccati i manoscritti, ancora conservato in Biblioteca Ambrosiana, ha permesso di ricostruire e riprodurre l'edizione digitale dell'Album realizzato da Pompeo Leoni, della quale in questo convegno si presentano i primi 250 fogli ricostruiti[16].

Oggigiorno, grazie agli strumenti digitali, è possibile un approccio alternativo alle questioni di carattere codicologico. Seppure le dimensioni reale e virtuale restino irriducibili e certi aspetti della consistenza materiale non possono comunque essere restituiti virtualmente, la possibilità della fruizione e "manipolazione" digitale delle fonti apre scenari di studio inediti. Nel caso di situazioni come il corpus degli studi vinciani si può intervenire in vari modi: dalla costituzione di biblioteche digitali come E-Leo che consentano la consultazione dell'intero corpus di Manoscritti Leonardiani permettendo anche ricerche per termini sulle trascrizioni, a piattaforme digitali come la Leonardoteca nelle quali la possibilità di ricerca avanzata è estesa dai manoscritti anche alla letteratura critica pubblicata sui fogli di Leonardo[17]. Gli strumenti digitali permettono di spingersi oltre la galassia dei metadati che avvolge ogni singolo foglio e avventurarsi "a cuor leggero" nella manipolazione dei fogli nella prospettiva auspicata da Pedretti e che Marinoni riteneva possibile soltanto a livello fotografico, virtuale appunto![18] Il tutto con il beneficio della reversibilità e quindi con

---

[16] Al convegno DH22 si è presentata la ricostruzione dei primi 250 fogli, i rimanenti 249 saranno realizzati nel corso del 2023. La ricostruzione è stata realizzata dal lavoro congiunto del sottoscritto con Silvia Paoli del Museo Galileo di Firenze mentre l'applicazione informatica per la consultazione è stata realizzata da Alexander Neuwahl.

[17] La Biblioteca digitale E-Leo è consultabile al seguente indirizzo: https://www.leonardodigitale.com/. Per la Leonardoteca: https://teche.museogalileo.it/leonardo/home/.

[18] Dopo il restauro del Codice Atlantico Carlo Pedretti e Augusto Marinoni diedero vita ad un acceso dibattito sugli esiti del restauro e sui criteri scelti per la riorganizzazione del codice a fogli sciolti. Pedretti sulla base dei suoi studi vedeva la spaginazione del codice il restauro come un'occasione mancata per una riorganizzazione dei fogli di Leonardo sulla base delle proprie conclusioni. Marinoni dal canto suo vedeva la conservazione della sequenza di Pompeo Leoni, il modo migliore per tenere memoria della dimensione storica del codice che con lo smontaggio veniva perso. Cfr. MARINONI 1982, pp. 14-16 e PEDRETTI 1978-79, pp. 10-15.

la possibilità di aprire sui fogli di Leonardo dei laboratori di studio che alla fine restituiscano la fonte in maniera collegiale e condivisa.

Nel contesto di questo convegno dedicato alle *Digital Humanities* si presenta il primo risultato della ricostruzione digitale dell'Album di Pompeo Leoni e si ripropone in questo modo l'allestimento storico del Codice nella versione mantenuta fino al 1962. Per la fruizione integrale dei fogli si rimanda all'edizione digitale; qui ci limitiamo a proporre un paio di casi nei quali l'intervento redazionale sul facsimile aveva alterato in maniera pesante il layout dell'Album.

Nel bifoglio 76v-77r i fogli sono montati in verticale con il 76vb ripiegato su se stesso dal basso perché eccede le dimensioni della pagina. Nel codice Hoepli fogli montati in questo bifoglio sono distribuiti su 4 carte: nelle tavole 226 sono montate in alto il 76rb e in basso il 76va posizionato orizzontalmente ruotato di 90 a destra. Nella tavola 227 il foglio 76vb aperto. Nella Tavola 228 è montato il foglio 77r a, nella tavola 229 il foglio 77rb.

Il bifoglio 249v-250r costituisce un altro caso curioso che è stato possibile risolvere soltanto verificando lo scheletro dell'album.

Il codice Hoepli monta la tavola 249 va nella tavola 834 mentre la 249vb nella tavola 835 mentre il foglio 249vc è montato nella tavola 836 insieme alla 250 ra. Entrambe i disegni sono montati ruotati di 90 gradi a destra. Il disegno 250 rb è montato nelle tavole 837. Se andiamo a guardare l'album vediamo che il foglio 249v è diviso in due parti e nella parte sottostante è presente una curiosa apertura mobile per vedere il 249vc incollato sul recto, mentre nella parte superiore c'è lo spazio per il solo 249va. Inoltre, se prendiamo questo foglio nell'edizione Giunti vediamo come quello che nell'edizione Hoepli è il 249vb in realtà è il verso del 249va cosa questa che risulta essere controfattuale. La questione si risolve grazie ad una nota sull'album apportata probabilmente dal bibliotecario al tempo della campagna fotografica per il codice Hoepli, nella quale si specifica: "questo disegno già è staccato (durante la rip. Piumati) scrittura e disegni molto sbiaditi". Trovandosi il foglio staccato ed essendo contenuti in entrambe i versi fu deciso di riprodurli entrambi nel facsimile. Tuttavia, la 249vb nella versione originaria di Pompeo Leoni. Non era visibile perché il foglio era incollato sul verso. Tra l'altro il contenuto di questo foglio riporta un registro dei crediti e debiti della cattedrale di Milano e soltanto in basso reca alcuni schizzi geometrici e una figura femminile di mano di Leonardo.

Nella parte bassa del foglio attraverso l'apertura a croce, si poteva invece visionare il disegno della superficie lunare del foglio 249vc. Questo foglio che quindi non era direttamente accessibile nell'album. Inoltre, di questo foglio possediamo anche la lastra fotografica, la quale è stata scattata direttamente sul foglio e non attraverso l'apertura, un segno evidente di come anche questo disegno fosse già staccato. La ricostruzione digitale mostra come fosse il reale stato dell'album.

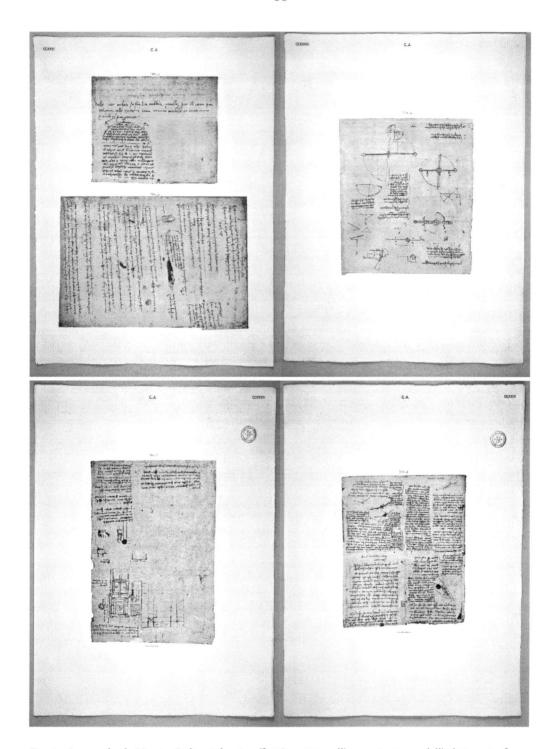

Fig. 1. Leonardo da Vinci, *Codice Atlantico*, ff. 76v – 77r nell'impaginazione dell'edizione in facsimile realizzata dall'Accademia dei Lincei e pubblicata dalla casa editrice Hoepli di Milano nel 1904.

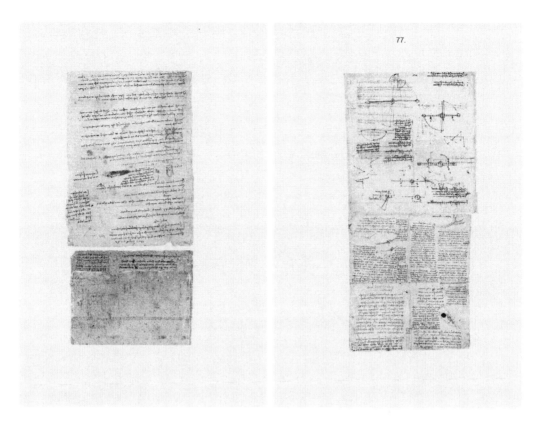

Fig 2. Leonardo da Vinci, *Codice Atlantico*, ff. 76v – 77r montati secondo l'impaginazione dell'album di Pompeo Leoni (ricostruzione digitale Bernardoni-Paoli).

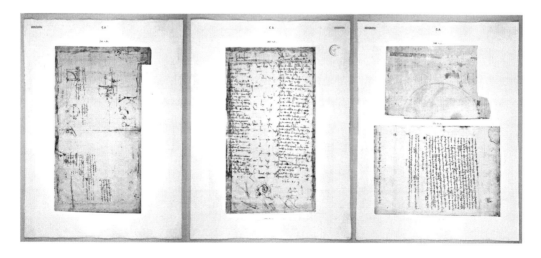

Fig. 3. Leonardo da Vinci, *Codice Atlantico*, ff. 249v – 250r nell'impaginazione dell'edizione in facsimile realizzata dall'Accademia dei Lincei e pubblicata dalla casa editrice Hoepli di Milano nel 1904.

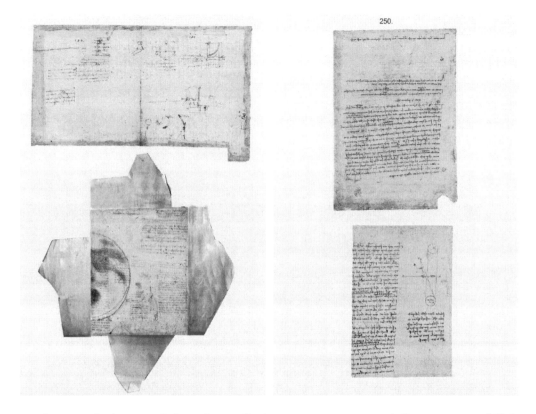

Fig. 4. Leonardo da Vinci, *Codice Atlantico*, ff. 249v – 250r montati secondo l'impaginazione dell'album di Pompeo Leoni (ricostruzione digitale Bernardoni-Paoli).

BIBLIOGRAFIA

BAMBACH 2007 = C. BAMBACH, *Un'eredità difficile: i disegni ed i manoscritti di Leonardo tra mito e documento*, Firenze 2007.

BARBERI 1982 = F. BARBERI, *Il restauro del Codice Atlantico di Leonardo da Vinci*, in *Accademie e biblioteche d'Italia*, a. 50, 33, n. 2 (1982), pp. 98-111.

BARONE 2022 = J. BARONE, *The lastre di vetro of the Codex Atlanticus in the Warburg institute and Hoepli edition*, in GALLUZZI-NOVA 2022 ed, pp. 233-243.

BERNARDONI 2022 = A. BERNARDONI, *Fotografare Leonardo tra la fine del XIX e l'inizio del XX secolo: studio preliminare sui negativi per la stampa dei facsimili dei manoscritti vinciani*, in GALLUZZI-NOVA 2022 ed., pp. 181-197.

BERNARDONI 2023 = A. BERNARDONI, *Le Temps suspendu: les manuscripts de Léonard de Vinci à travers la photographie entre la fin du XIXe siècle et le debùt du XXe siècle*, in *Source(s), Arts, Civilization et Histoire de l'Europe*, 20, 2023, i.c.s.

BUZZI 2012 = F. BUZZI, *Leonardo da Vinci e i segreti del Codice Atlantico*, Vercelli 2012.

CLARK 1968-69 = K. CLARK, *Leonardo da Vinci Drawing at Winsor Castle*, London 1968-69.

GALLUZZI-NOVA 2022 ed. = *Decoding Leonardo's codices: compilation, dispersal and reproduction technologies*, eds. by P. Galluzzi, A. Nova, Venezia 2022.

MARANI 2022 = P. C. MARANI, *Trascrivere, pubblicare, catalogare il codice Atlantico: un bilancio degli ultimi cento anni*, in GALLUZZI-NOVA 2022 ed., pp. 245-260.

MARINONI 1982 = A. MARINONI, *Sul restauro del Codice Atlantico*, in *Raccolta Vinciana*, XXI, 1982.

PEDRETTI 1978-79 = C. PEDRETTI, *The Codex Atlanticus of Leonardo da Vinci. A Catalogue of its newly restored sheets*, Johnson Reprint corporation 1978-79.

PEDRETTI 2000 = C. PEDRETTI, *Presentazione*, in *Leonardo da Vinci, il Codice atlantico della Biblioteca Ambrosiana di Milano nella trascrizione critica di Augusto Marinoni*, Tomo 1, Giunti, Firenze, 2000, pp. VII-X.

Clizia Carminati

Il database Arti sorelle. *Letteratura e arti tra Cinque e Seicento*

DOI 10.48255/9788891328373.07

Si presenta qui[1] la base dati (in costruzione) *Arti sorelle*, presto disponibile all'url www.artisorelle.it.

Il progetto digitale si collega al PRIN 2017 *Mecenatismo, lettere e arti 1590-1620: Roma, Siena, Milano, Torino*, in corso dal 2020 con scadenza luglio 2024, diretto da Carlo Caruso (Università di Siena, PI), Clizia Carminati (Università di Bergamo), Roberta Ferro (Università Cattolica del Sacro Cuore di Milano). Al centro dello studio è il *patronage*, inteso come stimolo per varie forme d'arte: poesia, prosa, teatro, arti figurative, musica, danza, arti minori, moda. Il progetto, costruito intorno alla *Galeria* di Giovan Battista Marino (Marino 1620), intende prendere in esame, seguendo i percorsi biografici mariniani, diversi contesti mecenateschi: dalla Roma cardinalizia alla Siena del balì, sino al mecenatismo di corte sabaudo, passando per la Milano spagnola, ove si incrociano le iniziative di *patronage* della nobiltà e della ricca borghesia, in rapporto più o meno antagonistico con la corte del viceré iberico. In tutti i contesti, la parola scritta e pronunciata è necessaria non soltanto nelle occasioni locali, private e pubbliche (celebrazioni di nascite, matri-

---

[1] Questo contributo, cui è demandata la presentazione generale del database entro un convegno specifico sulle *Digital Humanities*, si affianca ad altri più specifici, dedicati a testi e autori e alle implicazioni culturali del censimento effettuato in occasione della costruzione del sito: cfr. Ferro i.c.s., Liguori-Olivadese-Sacchini i.c.s., Sacchini 2022, Id 2023. Si giova inoltre di precedenti presentazioni del database: *Arti sorelle. Letteratura e arti tra Rinascimento e Barocco* (Bergamo, Università degli Studi, 15 dicembre 2021, a cura di C. Carminati); *Pinger cantando* (Milano, Università Cattolica del Sacro Cuore, 16 maggio 2022, atti in Ferro i.c.s.); *Arts, Genre and Gender: Intersections in the Italian Baroque* (Dublino, University College, 8 dicembre 2022, a cura di Serena Laiena, presentazione di Marianna Liguori). Mi sia consentito ringraziare qui non soltanto i molti collaboratori *senior*, tra cui gli autori appena menzionati, ma anche i numerosissimi studenti e laureandi che hanno partecipato al progetto, svolgendo il tirocinio in *Letteratura italiana e Digital Humanities* dell'Università di Bergamo, in collegamento con le Università di Siena e Cattolica di Milano, oppure scrivendo la propria tesi di laurea su argomenti legati al progetto.

moni, funerali, feste, danze – e ancora, inaugurazioni di opere d'arte e di edifici, rappresentazioni teatrali e musicali, apparati effimeri), ma anche e soprattutto nel momento in cui di quelle occasioni si desidera conservare memoria, diffondendone notizia, nello spazio e nel tempo, ben al di là dei contesti locali. La parola, che già assume durante le occasioni valore performativo, è ciò che resta quando l'effimero finisce, e ciò che rende il locale globale. L'obiettivo del progetto è stato dunque quello di cogliere l'intreccio tra parola e arti, seguendo il percorso che dall'*hic et nunc* dell'occasione conduce alla trasmissione e alla potenziale immortalità del suo racconto. In tal modo, i testi assumono valore insieme celebrativo e documentario, diventano espressione di comunità culturali oltre che di un codice linguistico e stilistico specifico.

Studiare questo fenomeno, esploso già alla metà del Cinquecento[2] ma che conosce una intensificazione alla fine del Cinquecento e nel Seicento, significa tenere in considerazione una molteplicità di prospettive: da quella storico-politica e prosopografica, utile a illuminare le comunità culturali in relazione al territorio, a quella propriamente artistica e collezionistica, sino a quella linguistico-lessicale, che mutua e a sua volta crea, dopo la raccolta vasariana, le parole della storia dell'arte. Occorreva dunque un database estremamente agile, che consentisse il passaggio rapido dal testo, che è crocevia di tutte quelle prospettive, ai singoli sentieri, seguendo luoghi, nomi, soggetti, lessico, per osservarle poi di nuovo riunite in altri testi. E lo stesso per le opere d'arte. La commissione dell'applicazione web è stata affidata a Codex s.n.c. di Pavia (Cristiano Animosi e Simone Merli, che ringrazio per il costante supporto e gli innumerevoli aggiustamenti in corso d'opera, nonché per le indicazioni tecniche qui sotto riportate), secondo presupposti di interoperabilità che consentissero al nuovo progetto di interagire con altri già attivi per l'epoca rinascimentale e moderna (*Lyra, Epistulae, Archilet, Autografi dei letterati italiani*), e di confluire nell'aggregatore di risorse *Archivi del Rinascimento* (www.archivirinascimento.it). L'applicazione web è costituita da un'interfaccia di amministrazione (*back-end*), che consente ai ricercatori la creazione e la gestione dei dati, e da un sito pubblico (*front-end*), dove i dati prodotti vengono presentati nel modo che si ritiene più efficace per l'utente finale. L'applicazione è altamente personalizzata per soddisfare al meglio le esigenze dei ricercatori, ma è costruita con strumenti *open source* di largo impiego industriale e riconosciuta qualità, che

---

[2] Mi limito, per evitare lunghi elenchi bibliografici, a segnalare un'iniziativa recente, innovativa e solida, che esamina la letteratura encomiastica, e i risvolti artistici, relativi ai Farnese: *Occasioni farnesiane. Forme e situazioni della lirica d'encomio tra Cinque e Seicento*, a cura di Martina Dal Cengio, Rosario Lancellotti, Andrea Torre, convegno svoltosi alla Scuola Normale Superiore di Pisa il 13-14 ottobre 2022. In collegamento, si veda il portale https://farnese.org/ ideato da Paolo Procaccioli, presentato, oltre che durante il convegno pisano, a Viterbo nella giornata di studi *Enciclopedia Farnesiana. Un filo d'Arianna per i Farnese signori e committenti*, 25 ottobre 2022.

garantiscono un buon grado di stabilità e durata nel tempo: PostgreSQL, quanto al formato di database; Ruby on Rails, quanto al *framework* di sviluppo.

Il database si presenta nell'*homepage* con due pannelli che si fronteggiano, uno per i testi, uno per le opere d'arte, intese in senso largo (dal dipinto all'oreficeria, dalla musica alla moda); le singole schede presentano, poi, i due elementi in compresenza (in calce alla scheda-testo si trovano le immagini delle opere d'arte collegate, e in calce alla scheda-opera d'arte i testi collegati). I menu permettono di cercare e scorrere in elenco nomi (degli autori, degli artisti, dei mecenati, dei possessori, dei committenti, dei dedicatari, ecc.), luoghi, bibliografia. Degno di nota è soprattutto il soggettario, diviso in più ampie categorie (storia antica, miti pagani, narrazioni bibliche, descrizione edificio, ecc. per i testi; pittura, scultura, abbigliamento, numismatica, strumenti musicali, ecc. per le arti) e poi in soggetti, anch'essi intesi in senso ampio: comprendono non soltanto i soggetti veri e propri (*Venere e Marte*, *Amore dormiente*, *Fontana dell'Acqua Paola*), ma anche il lessico che gli autori associano all'arte, da «pennello» e «colori» ad «affetti», «mirare», «grazia», «maniera», ecc. Durante la ricerca, sono stati identificati e isolati in categorie a sé stanti alcuni motivi topici, come l'encomio d'artista, il paragone tra le arti o la descrizione di un manufatto di per sé non identificabile («orologio di mortella», «Amor di cera»). I criteri sono derivati dai testi stessi, secondo un principio biunivoco che da un *research-driven database* conduce a una *data-driven research*, e viceversa. Il campo di ricerca libera su tutto il database consente la massima flessibilità. Farò qualche esempio, cercando di mettere in evidenza alcune caratteristiche costanti di questa peculiare produzione letteraria.

Il dato più rilevante per concreti sviluppi di ricerca emerge senz'altro dalla possibilità di ricerca libera e dal soggettario. Andrà anzitutto ricordato, per quanto diremo *infra* a proposito del "concetto poetico", che la realizzazione di indici e soggettari è già presente nelle raccolte antiche, per consentire al lettore, nei decenni in cui il libro di poesia muta profondamente natura[3] e le poesie acquisiscono una "rubrica" (titolo), la constatazione rapida della *varietà* e della *variazione*. Un indice dei *Soggetti contenuti in questa terza parte* è presente, per esempio, in calce alla parte intitolata *Le imagini overo madrigali morali, & heroici de' più illustri, e celebri poeti italiani*, della raccolta collettiva *Il gareggiamento poetico* (Venezia, Barezzo Barezzi, 1611), coordinata da Carlo Fiamma.

Soggettari come questo mostrano appunto una sorta di *gareggiamento*: la produzione letteraria sulle arti dialoga con sé stessa lungo gli anni, e grazie al database è possibile offrire un decisivo supporto per il commento intertestuale. Si apprende, per esempio, che alcuni soggetti sono esito di una tradizione precedente, che – risalendo sino all'epigrammatica classica – conosce fortunati o isolati episodi nel

---

[3] Cfr. MARTINI 2002.

Cinquecento: ma il censimento e la raccolta massiva di testi ne rivela la fortuna, permettendo di ricostruire anche una tradizione lessicale dedicata alle arti, entro la costruzione di un codice uniforme. È stato il caso, per esempio, del peculiare soggetto «nido di rondine su una statua di Medea», che già in una prima ricognizione risulta attestato ben 12 volte (da Stigliani a G.B. Strozzi, da Fiamma a Borsieri). Risalente all'*Antologia Palatina* (IX, 346), il motivo transita attraverso gli *Emblemata* di Andrea Alciati, con la mediazione della traduzione latina di Poliziano. Gli autori giocano sull'arguzia che collega Medea e la rondine in quanto madri: il poeta di solito invita la rondine a cambiare luogo in cui posizionare il nido, perché Medea, che uccise i propri figli, potrebbe essere un pericolo per i piccoli[4]. La collocazione di tutti i testi nel medesimo database consente, come diremo, di apprezzare il dialogo che gli autori instaurano l'uno con l'altro, nonché le diverse interpretazioni argute del motivo.

Il censimento e lo studio della tradizione permettono anche di superare le difficoltà derivanti dalla scelta, da parte degli autori, di soggetti non immediatamente identificabili con manufatti precisi, o del tutto fittizi: è il caso, per esempio, della moda. L'«abito verde ondato», soggetto trattato da Ottavio Tronsarelli e da Giovan Francesco Maia Materdona, deve indurre il ricercatore a comprendere quale effettivo manufatto potesse avere in mente l'autore, e a cercare di conseguenza nel corpus artistico un possibile, benché non certo, referente. Nel nostro caso, è stato reperito un dipinto di Bartolomeo Veneto (*Ritratto di donna vestita di verde*), risalente al 1530 e conservato al Timken Museum di San Diego. Le scheda-testo sono entrambe collegate congetturalmente con la scheda dedicata a quest'opera d'arte, in modo da offrire a chi consulta il sito un ipotetico riferimento figurativo che aiuti a cogliere l'immagine mentale dell'autore[5].

La quantità dei dati raccolti permette di spiegarne insieme la natura e la fortuna in quella particolare area cronologica. Con circa 1500 testi, per ora limitati alla poesia[6], e 1400 opere d'arte presenti al momento nel database, siamo già in grado di offrire alcuni risultati validi per tracciare anche efficaci linee di storia letteraria. Riprendendo la distinzione che faceva già Leonardo[7] tra tempo necessario per la lettura e immediatezza dell'arte figurativa, diremo che – benché la poesia si proponga di estendere nello spazio e nel tempo la durata dell'opera d'arte – quell'immediatezza rientra per così dire dalla finestra: anche il poeta cerca di avvicinare per

---

[4] Cfr. la scheda del soggetto, con incisioni che lo raffigurano e rinvii puntuali alle fonti: https://www.artisorelle.it/admin/artworks/785.

[5] Testo di Tronsarelli: https://www.artisorelle.it/testi/1243; testo di Maia Materdona: https://www.artisorelle.it/testi/1625; dipinto: https://www.artisorelle.it/opere-arte/1606.

[6] Il database comprenderà anche prose e poesie in lingue diverse dall'italiano, segnatamente il latino: l'epigrammatica costituisce infatti un corpus notevole per quantità e qualità.

[7] Leonardo 1993, pp. 105-107, p. 120.

approssimazione quell'elemento fulmineo. Si tratta, infatti, in larghissima parte, di componimenti brevi o brevissimi: madrigali e sonetti, con alcune importanti eccezioni (il sito permette la ricerca per metro). Gli autori cercano di riassumere in poche parole il significato, non l'aspetto, dell'opera d'arte. Ciò consente un collegamento con i presupposti di poetica della nuova poesia barocca: concettosità, arguzia, e serialità. Gli autori compongono, spesso in serie sul medesimo soggetto, per il piacere di mostrare come l'ingegno possa interpretare in molti modi diversi quel significato dell'opera d'arte. Ho usato le parole *interpretazione* e *significato*, ma avrei potuto usare le parole *effetto* e *riflessione*. Assistiamo infatti nei testi a un coinvolgimento pressoché costante dell'autore-spettatore e del lettore, che rivela un'attenzione preponderante agli affetti, alle emozioni suscitate dall'arte. Si assiste a un progressivo allontanamento dall'ecfrasi: non si descrive, si *scherza* sull'opera d'arte (come dirà Marino nelle pagine introduttive *A chi legge* della *Galeria*)[8], in linea con la natura riflessiva e raziocinante della poesia barocca. Più facile, dunque, intendere anche la presenza numericamente cospicua di componimenti non collegabili a un'opera d'arte reale, ma solo immaginata: in quel caso la poesia diviene scherzo di secondo grado, riflessione non su un'immagine ma su un'immagine immaginata, andando ben al di là della distinzione proposta da John Hollander già nel 1988 (nel saggio *The poetics of ekphrasis*, cfr. HOLLANDER 1988) tra *actual ekphrasis* e *notional ekphrasis*.

Quest'ultimo aspetto (concettosità e serialità) emerge in particolare nelle raccolte monografiche, ossia dedicate a una sola opera d'arte, ma anche nelle sezioni seriali delle raccolte d'autore o collettive. Se le prime sono più immediatamente collegabili a un'occasione, spesso pubblica, le seconde permettono invece di seguire i percorsi di un autore o di una comunità culturale: colpisce che, entro volumi di tipologia molto diversa, si riscontrino linee costanti riunite da quell'attitudine allo scherzo concettoso sul fenomeno o manufatto artistico. Per questa ragione, una sezione imprescindibile di ciascuna scheda-testo è il campo «Descrizione», ove il ricercatore dà una spiegazione del testo con l'intenzione non di parafrasarlo o non solo di chiarirne i riferimenti eruditi o intertestuali, ma di renderne nel modo più rapido e chiaro possibile il "concetto", che è come dire il perno del componimento, nella convinzione che questa letteratura poggi soprattutto sull'*inventio*.

Per il primo tipo risulta significativa, anche per la data alta, la raccolta di *Alcune composizioni di diversi autori in lode del ritratto della Sabina. Scolpito in Marmo dall'Eccellentissimo M. Giovanni Bologna, posto nella piazza del Serenissimo Gran Duca di Toscana*, pubblicata a Firenze per l'editore Sermartelli nel 1583. La raccolta, coordinata da Bartolomeo Vecchietti che è anche autore di alcune delle poesie, è corredata da tavole: due incisioni mostrano la statua, una la sua collocazione nel-

---

[8] MARINO 1620, c. a5v.

la piazza, in prospettiva. Della raccolta risulta sorprendente per il lettore l'attenzione alla varietà con cui il medesimo soggetto viene trattato nei singoli componimenti: ecco perché il campo «Descrizione» risulta decisivo, per cogliere tutte le sfumature delle "variazioni sul tema". Prendendo a campione i primi 13 componimenti, noteremo che soltanto uno (*Dentr'una viva pietra* di Vincenzo Alamanni) è una vera e propria ecfrasi: gli altri *scherzano* sulla statua del Giambologna in modi tutti diversi che spesso si allontanano molto dal referente figurativo. Vecchietti, che apre la raccolta, costruisce un paragone tra Firenze e le città antiche (*Tra' più famosi, più graditi e rari*), seguito da un sorprendente madrigale costruito su un arguto paragone con la contigua statua del *Perseo* di Cellini: le figure del Giambologna erano vive, ma sono diventate di marmo per aver guardato la testa di Medusa lì vicino. Si prosegue con un'allocuzione al marmo (Vecchietti, *Felice marmo, avventuroso e raro*), per continuare con un'allocuzione all'artista (Alamanni, *Mentre io miro il bel marmo e scorgo in esso*), arrivando poi a costruire la lode del gruppo scultoreo attraverso un dialogo tra Firenze e Giambologna (Vecchietti, *Qual premio or tu da me chiaro scultore*). Nel seguente madrigale del medesimo Vecchietti, *Canti il mio gran vicin*, viene chiamato in causa Dante, che si immagina dialogare con l'autore e lodare Giambologna: i versi 4-6 del madrigale riproducono i vv. 94-96 del canto X del *Purgatorio*, attribuendo così a Giambologna le lodi sul «visibile parlare» nella *Commedia* dedicate a Dio. La citazione mostra anche la presenza agli autori cinque-secenteschi dei testi cardinali della tradizione ecfrastica (pure frequentemente citati sono i sonetti 77-78 dei *Rerum Vulgarium Fragmenta*, dedicati al ritratto di Laura realizzato da Simone Martini). Nel componimento successivo (Bernardo Davanzati, *Rapir pien di desire e di sospetto*), dopo un passaggio sull'inganno dei sensi, si costruisce una complessa allegoria (definita «alto concetto», come nel v. 1 del sonetto 78 di Petrarca): la Sabina è l'Arte, Giambologna è il giovane che, ardendo per lei, l'ha rapita al padre; il vecchio padre è il «lungo studio» che lo ha consumato ma cui infine l'artista è riuscito a strappare l'opera. La medesima allegoria è ben più distesamente spiegata nella lunga egloga di Cosimo Gaci che conclude il libro. Il sonetto di Davanzati è seguito da due componimenti costruiti sul paragone con l'antico: il primo, *Questa è la preda onde gli egregi e degni* di Lorenzo Franceschi, ricorda la Roma antica e la gloria che proprio il ratto le diede; il secondo, *Se lo scultor che 'n gentil marmo finse*, del Gaci, si sposta nel campo artistico e riprende il paragone tradizionale dell'artista moderno con Fidia e quello meno ovvio con Prometeo. Nell'undicesimo componimento, *Il gran FRANCESCO, in cui la gloria siede*, sempre del Gaci, entra in scena il Granduca di Toscana (Francesco I de' Medici), in un dialogo con l'Arte che vede dunque sullo sfondo dell'opera il suo ruolo politico-istituzionale, entro i meccanismi del *patronage* e della celebrazione del territorio abbellito dall'opera d'arte. Nei due componimenti successivi, per concludere questa breve rassegna, sono le figure stesse del gruppo scultoreo a prendere vita e parola. Nel sonetto *Giove, la tua pietà dall'empia mano* di Pietro Paolo Gualtieri, la Sabina chiede aiuto a Giove, seguita dal padre che si lamenta disperato per non poter salvare la fanciulla: lo spettatore viene chiamato in causa, perché grazie all'arte di Giambologna potrà udire quelle voci. Ancor più complesso il concetto del sonetto *Non questo ratto o quello il fabro elesse* di Piero di Gherardo Capponi, in cui viene narrato un aneddoto sulla nascita dell'opera: il poeta immagina che inizialmente lo scultore volesse solo rappresentare una bella fanciulla; la scultura però destò il desiderio di un giovane che, come Pigmalione, fu aiutato da Venere a realizzare il suo sogno di unione. La dea rese viva la fanciulla, ma le figure vennero poi pietrificate dai rispettivi sentimenti: timore, dolore, stupore. Così lo spettatore può ammirare, bloccate nella pietra, figure vive che sembrano vere. Da questa breve disamina appare chiaro che al centro dell'interesse dei poeti per l'arte non vi sono né la descrizione né la trita ripetizione di concetti basilari della tradizione ecfrastica («pare vivo»), ma un'*inventio* sempre nuova e diversa, che conosce gradi di arguzia sorprendenti e in qualche caso arditi.

Sarà ora chiaro come i campi «Categorie» e «Soggetti» siano tutt'altro che esaustivi, se non accompagnati da uno studio di prima mano del "concetto poetico" che, grazie al campo «Descrizione» e all'aggiunta di termini e soggetti ricavati dal ricercatore, permetta all'utente del sito di apprezzare quella varietà e quella complessità ingegnosa. Del pari, sarà più facile comprendere nella sua stratigrafia il madrigale dedicato poi dal Marino, nelle *Sculture* della *Galeria* (sezione *Rilievi, modelli e medaglie*), al *Ratto delle Sabine*. Marino sceglie di dedicare il componimento non al gruppo scultoreo, ma a un bassorilievo, sulla cui identificazione non v'è certezza poiché Marino non ne indica l'autore. Secondo il poeta, il bassorilievo esercita maggior violenza sugli affetti degli osservatori di quanto non facciano i Romani sulle «ignude» Sabine; ma è dubbio decidere chi eserciti maggior effetto: se la vittima o il reo, se la pietà o il furore. Probabile che Marino si riferisca, con scelta originale, al bassorilievo in bronzo dello stesso Giambologna, posto sul basamento del gruppo scultoreo in marmo celebrato nella raccolta del 1583, che aggiunge alle tre figure del marmo altre figure e dettagli, in una rappresentazione concitata, ricca di movimento e di *pathos*; ma potrebbe trattarsi anche del celebre bassorilievo antico di un sarcofago d'età adrianea, conservato a Firenze e in replica a Roma, poi identificato con il ratto delle Leucippidi ma ai tempi di Marino creduto il ratto delle Sabine[9].

Sul piano documentario, le potenzialità del database sono difficilmente misurabili. I testi spesso testimoniano l'esistenza di opere d'arte perdute, permettono di tracciare i percorsi del collezionismo, contribuiscono alla definizione della cronologia e delle attribuzioni, consentono di riflettere sulle effettive occasioni di frui-

---

[9] Si veda la scheda del madrigale *Fanno forza maggiore* all'url https://www.artisorelle.it/testi/612. Per il bassorilievo antico, cfr. BOBER RUBINSTEIN 1991, num. 126.

zione da parte degli autori e di altri artisti: il dialogo con gli storici dell'arte, che infatti collaborano al progetto, è necessario e ne risulta insieme rinnovato. Anche sul piano della ricostruzione delle comunità culturali, il database risulta prezioso per esaminare i diversi ruoli delle singole persone (autore, artista, dedicatario, committente, ecc.) e per incrociare i dati ricostruendo in modo rapido ed efficace le reti di scambio dei protagonisti della cultura. Prendiamo a esempio la raccolta di *Rime* dell'attrice, cantatrice e poetessa Isabella Andreini, pubblicata postuma nel 1605 a Milano presso Girolamo Bordone e Pietro Martire Locarni. Essa è un esempio mirabile della poliedricità dell'autrice, che figura nel libro come poetessa e che compone un'ampia sezione di poesie in lode di altri poeti e artisti, nonché di opere d'arte; ma vi figura anche come comica e accademica, a sua volta lodata, con precisi riferimenti alle sue *performance*, negli ampi paratesti delle due parti in cui sono suddivise le poesie. Il volume è dedicato dagli stampatori a Cinzio Aldobrandini, cardinal nepote, rinviando dunque all'ambiente romano e a una delle più importanti figure del *patronage* artistico e letterario tra fine Cinque e inizio Seicento (Cinzio e il cardinal Pietro furono protettori di Tasso e poi di Marino, oltre che di innumerevoli artisti e musicisti, dal Cavalier d'Arpino ai fratelli Piccinini)[10]. Alla dedica fanno eco i sonetti encomiastici per Cinzio di Isabella stessa. Nel paratesto assume grande importanza la vita accademica milanese e pavese: Gherardo Borgogni, accademico Inquieto di Milano, loda Isabella, accademica Intenta di Pavia[11]. Attraverso la ricerca nel database, è possibile ricollegare Borgogni alla rete della Milano degli Inquieti: Giacomo Antonio Tassoni, Ippolito Cerboni e soprattutto Cherubino Ferrari, tutti accademici Inquieti, partecipano a loro volta al paratesto. Il Ferrari, poeta di qualche valore, è al centro anche di altre iniziative: compone un madrigale in lode di Cesare Negri, detto il Trombone, che nel suo trattato *Le grazie d'Amore* ritrae con precisione e particolari la vita festiva milanese, descrivendo entrate di sovrani e rappresentazioni teatrali, balletti e concerti nella Milano del tardo Cinquecento[12]. È inoltre a stretto contatto con Claudio Monteverdi, che pubblicò un suo componimento (*Chi l'armonia del ciel brama d'udire*) nel paratesto del *Quinto libro de li madrigali a cinque* (Venezia 1605), e con i musici milanesi fratelli Ardemagni[13]. Anche Marino, pure protetto all'epoca dagli Aldobrandini, pubblica componimenti suoi nel paratesto del libro di Isabella: due sonetti, uno nella prima uno nella seconda parte, nei quali afferma di averla vista recitare una

---

[10] Mi limito a rinviare a ROBERTSON 2015, segnalando che è in corso di preparazione, grazie a un assegno di ricerca finanziato dal PRIN per la dott.ssa Elisabetta Olivadese, una monografia sul *patronage* letterario degli Aldobrandini in relazione anche alle arti figurative.

[11] Sui rapporti di Borgogni con Andreini, cfr. TAVIANI 1984 e BOSI 2003.

[12] NEGRI 1602.

[13] Su Borgogni, Ferrari, Negri, gli Ardemagni si vedano i saggi di Lorenzo Sacchini, Clizia Carminati e Francesco Rossini in FERRO i.c.s.

tragedia, così rinviando alle proprie esperienze di corte, tra Roma, Mantova, Torino, Parigi, con qualche passaggio milanese attestato per esempio da Girolamo Borsieri[14], pure soggetto di punta della vita culturale nel *milanesado*.

Borgogni è anche elemento di spicco della vita artistica milanese: se non curatore in prima persona, certo egli ebbe gran parte nella raccolta poetica conservata nell'importante manoscritto *King's 323* della British Library, quasi tutta composta di poesie in lode del pittore Ambrogio Figino[15]. Nel sonetto di Orazio Navazzotti contenuto a c. 143r, *Gherardo, col Figin tu spesso miri*, Borgogni viene chiamato in causa come amico del Figino, uso a intrattenersi ammirato nella sua dimora ricca di opere d'arte, tra cui un ritratto del medesimo Borgogni (perduto). Attribuito al Figino da un componimento del manoscritto (c. 96r) è pure un ritratto del conte Andrea Manrique de Lara, imparentato con le famiglie Beccaria e Borromeo, cioè a dire due delle più influenti famiglie milanesi. Ma soprattutto, un sonetto adespoto del manoscritto (c. 28r), con altri di Borgogni (cc. 26r e 27r), si rivolge a Figino piangendo la morte dello scultore Annibale Fontana, il quale a sua volta ci ricollega a una delle figure più interessanti e poliedriche della Milano tardocinquecentesca, ovvero Giovan Paolo Lomazzo, dalla cui effigie Fontana realizzò una medaglia e da cui fu di rimando encomiato. Del Lomazzo il database registra per ora 70 testi e 14 opere d'arte, con la schedatura delle *Rime divise in sette libri*, edite a Milano per Paolo Gottardo Pontio nel 1587, e in particolare dell'eccezionale *Libro secondo de' Grotteschi*. In questa sezione tutta dedicata alle arti, Lomazzo esordisce con una significativa *Conferenza de' pittori antichi e moderni*, passando poi in rassegna i più importanti artisti dal primo Rinascimento in giù, sino naturalmente alle proprie opere, non senza attraversare i luoghi comuni della trattatistica come il *Paragon del scrivere co 'l dipingere* e il *Paragone de la pittura con la scoltura*. Giusto per fare un solo esempio, nominerò il componimento in lode dell'*Angelica e Medoro* di Simone Peterzano[16]. Esso incomincia con una citazione parodica del medesimo sonetto 78 di Petrarca: *Quando giunse a Simon l'alto capriccio*, dove si noti la sostituzione del petrarchesco «concetto» con «capriccio»; per il resto non va oltre una semplice ecfrasi, che ricorda anche i corpi degli altri personaggi uccisi presenti nel dipinto. Attraverso i collegamenti resi possibili dal database si scopre che il medesimo soggetto è al centro di altri tre componimenti, tra cui le due ottave mariniane su Angelica inserite nella *Galeria* tra i *Ritratti* di donne *Belle, impudiche e scelerate*[17]. Nelle due ottave Angelica è ritratta proprio nella scena, ad alto

---

[14] Su Borsieri, ormai oggetto di una nutrita bibliografia, mi limito a segnalare un contributo recente specificamente dedicato all'intreccio tra poesia e arti figurative (e in particolare alle poesie per Figino): FERRO 2018, dove si potrà reperire la bibliografia precedente, specie in relazione a Marino.

[15] Sul ms. si veda COLZANI 2021, alla quale verrà affidata la schedatura completa per il database.

[16] https://www.artisorelle.it/testi/1419.

[17] https://www.artisorelle.it/testi/497.

tasso figurativo, in cui cura Medoro ferito, venendo da lui a sua volta ferita d'amore. Il collegamento congetturale col dipinto di Peterzano non solo propone una plausibile ipotesi figurativa alla base delle ottave, benché Marino non faccia alcun riferimento a un dipinto reale, ma consente a chi consulta il sito di figurarne l'immagine mentale, di immaginare un referente figurativo storicamente coerente come stimolo alla fantasia del poeta.

Tornando alle poesie di Isabella, si noterà che anche l'attrice dedica alcuni componimenti al Giambologna. Non si tratta in questo caso del *Ratto delle Sabine*, bensì della statua equestre di Cosimo I de' Medici, in Piazza della Signoria, lodata in due madrigali, e del sepolcro del Giambologna stesso, realizzato dal medesimo e ubicato nella Basilica della Santissima Annunziata in Firenze. I due madrigali danno voce alla statua medesima – in particolare al cavallo, figura esemplare dell'abilità di un artista nell'imprimere alla statua vita e movimento –, ma di rimando lodano Cosimo stesso, ritraendolo in veste dinamica, militare, prima che di mecenate e politico. E in effetti questa produzione scandaglia tutte le pieghe dell'encomiastica rinascimentale e barocca, confermando lo strettissimo rapporto, come si diceva, tra letteratura d'encomio e cultura visiva e performativa, nelle due direzioni di encomio attraverso le reali manifestazioni artistiche del potere, e di figuratività intrinseca dell'encomio quand'anche non riferito a opere d'arte effettivamente esistite (si pensi, per esempio, al *Ritratto* e al *Tempio* di Marino rispettivamente per Carlo Emanuele di Savoia e per Maria de' Medici – il primo, tra l'altro, dedicato al Figino). Spostandosi da Milano e Firenze alla Roma da cui eravamo partiti osservando la dedica delle *Rime* di Isabella, noteremo come seguendo nel database la cronologia delle famiglie papali ci si imbatta, subito dopo gli Aldobrandini, nella Roma dei Borghese, e più tardi in quella dei Barberini (lodata, per esempio, da un'altra attrice, cantatrice e poetessa, Margherita Costa). I componimenti confermano quanto appena detto: il database registra non soltanto opere monografiche, come il poemetto di Lodovico Leporeo interamente consacrato alla descrizione di *Villa Borghese* (Roma, 1628, nella tipografia ufficiale della Reale Camera Apostolica) e dedicato a Scipione Caffarelli Borghese (cardinal nepote e segretario di Stato di Paolo V), ma anche veri e propri gioielli idillico-encomiastici come *Il fonte alsietino* di Ottavio Tronsarelli, poemetto di 64 ottave sulla Fontana dell'Acqua Paola, meglio nota come "fontanone del Gianicolo", inserito nella raccolta (ricca di poesie ecfrastiche) di *Rime* dell'autore (Roma, Corbelletti, 1627). L'incipit, *Paolo, d'eroi Borghesi onor famoso*, già rivela la natura encomiastica del poemetto, rivolto a Paolo V in principio, e a Scipione in fine; gareggiando in fantasia col Marino del *Tebro festante*, scritto per il brevissimo papato di Leone XI de' Medici, Tronsarelli costruisce un vero e proprio epillio, dando la parola al nume del fonte che attraversa con il suo racconto tutta la storia di Roma, dal degrado post-imperiale al restauro vivificante e glorioso voluto da papa Borghese, novello Augusto e novello Colombo; all'interno, la descrizione accuratissima della fontana, con un indugio speciale sul simbolo araldico dei Borghese (draghi e aquile) e, in fine, sui lavori di ampliamento di Villa Borghese al Pincio, che l'ampia visuale dalla cima del Gianicolo, dove si trova il fonte, consente di ammirare[18].

Il database, insomma, consente una rapida ed efficace percezione della natura multi-mediale della cultura tardorinascimentale e barocca, tra letteratura, arti, e mecenatismo, oltre che di riunire e di scandagliare in profondità testi poco o per nulla noti, proponendo innovative linee di ricerca storico-letterarie, artistiche e lessicali.

BIBLIOGRAFIA

BOBER-RUBINSTEIN 1991 = P.P. BOBER - R. RUBINSTEIN, *Renaissance Artists & Antique Sculpture*, London 1991[3] [1986[1]].

BOSI 2003 = K. BOSI, *Accolades for an Actress: On Some Literary and Musical Tributes for Isabella Andreini*, in *Recercare*, 15, 2003, pp. 73-117.

COLZANI 2021 = C. COLZANI, *Figino e i letterati: un'ipotesi per il Ms King's 323*, in *Studi secenteschi*, LXII, 2021, pp. 125-137.

D'ONOFRIO 1962 = C. D'ONOFRIO, *Le fontane di Roma* [1957[1]], Roma 1962[2].

FERRO 2018 = R. FERRO, *Il dialogo tra le arti nell'opera letteraria di Girolamo Borsieri (1588-1629): i madrigali a Giovanni Ambrogio Figino*, in *La letteratura italiana e le arti*, Atti del XX Congresso dell'ADI-Associazione degli Italianisti (Napoli, 7-10 settembre 2016), a cura di L. Battistini, V. Caputo, M. De Blasi, G. A. Liberti, P. Palomba, V. Panarella, A. Stabile, Roma 2018 (disponibile all'url https://www.italianisti.it/pubblicazioni/atti-di-congresso/la-letteratura-italiana-e-le-arti/panel%20napoli%202016%203%20 (ferro).pdf).

FERRO i.c.s. = *Pinger cantando. Arti sorelle a Milano tra Cinque e Seicento (Atti della giornata di studi, Milano, Università Cattolica del Sacro Cuore, 16 maggio 2022)*, a cura di R. Ferro, Bologna i.c.s.

HOLLANDER 1988 = J. HOLLANDER, *The Poetics of Ekphrasis*, in *Word & Image*, 4, 1, pp. 209-219.

LEONARDO 1993 = LEONARDO DA VINCI, *Il paragone delle arti*, a cura di Claudio Scarpati, Milano 1993.

LIGUORI-OLIVADESE-SACCHINI i.c.s. = M. LIGUORI - E. OLIVADESE - L. SACCHINI, *Arti sorelle tra Cinque e Seicento: letteratura e arti in un nuovo progetto digitale*, in *Studi secenteschi*, LXV, 2024, i.c.s.

MARINO 1620 = G.B. MARINO, *La Galeria. Distinta in Pitture, e Sculture. Seconda impressione corretta dall'autore*, Venezia 1620 (edizione di riferimento per il database).

MARTINI 2002 = A. MARTINI, *Le nuove forme del canzoniere*, in *I capricci di Proteo: percorsi e linguaggi del Barocco. Atti del convegno internazionale di Lecce, 23-26 ottobre 2000*, Roma 2002, pp. 199-226.

---

[18] Si veda la scheda: https://www.artisorelle.it/testi/1380. Le descrizioni di fontane costituiscono quasi un sottogenere ecfrastico, specie in ambito romano: cfr. D'ONOFRIO 1962.

Negri 1602 = *Le gratie d'Amore di Cesare Negri Milanese, detto il Trombone, Professore di ballare. Opera nova, et vaghissima, divisa in tre trattati. Al Potentissimo, et Catholico Filippo Terzo Re di Spagna, et Monarcha del Mondo Nuovo*, Milano 1602.

Robertson 2015 = C. Robertson, *Rome 1600. The city and the visual arts under Clement VIII*, New Haven 2015.

Sacchini 2022 = L. Sacchini, *«Donna vid'io là 've il gran Carlo siede»: le 'Rime' di Leandro Bovarini tra omaggi encomiastici alla corte Sabauda ed inconsistenze amorose*, in *La poesia umbra dell'età barocca*, a cura di J. Butcher, Città di Castello 2022, pp. 165-178.

Sacchini 2023 = L. Sacchini, *Da Alba a Milano. La* Nuova Scielta di rime *(1592) di Gherardo Borgogni*, in *Studi secenteschi*, LXIV, 2023, pp. 37-66.

Taviani 1984 = F. Taviani, *Bella d'Asia: Torquato Tasso, gli attori e l'immortalità*, in *Paragone/Letteratura*, 408, 1984, pp. 3-76.

CRISTIANA PASQUALETTI

I Monumenti storici artistici della città dell'Aquila e suoi contorni
(1848) di Angelo Leosini come corpus digitale semantico online

DOI 10.48255/9788891328373.08

Questo progetto di ricerca affonda le sue radici nel 2007, quando, in qualità di ricercatrice di recente nomina all'Università degli Studi dell'Aquila, ho iniziato a studiare le fonti per la storia dell'arte della città – ancora in gran parte inesplorate con questa specifica finalità – insieme agli studenti del corso di laurea specialistica in Storia e tecniche delle produzioni artistiche e artigianali.

Molte ragioni mi hanno spinto a partire proprio dai *Monumenti storici artistici della città di Aquila e suoi contorni colle notizie de' pittori scultori architetti ed altri artefici che vi fiorirono* pubblicati nel 1848 dallo storico e archeologo Angelo Leosini (L'Aquila, 1818-1881), che all'indomani dell'Unità d'Italia sarebbe diventata una personalità di spicco nella storia della conservazione del patrimonio artistico abruzzese. Il testo fu stampato a Napoli per i tipi dell'editore aquilano Francesco Perchiazzi durante «l'assenza dal Regno [delle Due Sicilie]»[1] dell'autore, all'epoca impegnato come volontario nella difesa della Repubblica di Venezia.

Emblematicamente, il volume del liberale Leosini venne alla luce alla vigilia del processo risorgimentale di costruzione della nazione attraverso l'integrazione delle piccole patrie della Penisola, ciascuna protesa all'illustrazione delle proprie vestigia come espressione di valori identitari. L'opera rappresenta infatti la prima guida sistematica alle chiese e, in minore misura, all'architettura civile dell'Aquila, concepita con lo scopo esplicito di tracciare una storia dell'arte e degli artisti locali[2]. Come ogni opera è figlia non solo del proprio tempo ma anche della latitudine ge-

---

[1] LEOSINI 1859, p. 39, n. 1.

[2] L'arrivo in Abruzzo dei primi viaggiatori e studiosi nordeuropei può essere stato fra i motivi che hanno spinto il Leosini a strutturare il suo libro come una sorta di erudita guida di viaggio, pur trascurando la dimensione urbana in cui si collocano chiese e palazzi. In effetti, le uniche tre tavole che accompagnano il volume sono tratte da illustrazioni dell'artista inglese Edward Lear (fig. 2): LEOSINI 1848, p. 94, nota 1.

ografica, il libro del Leosini risente del diffuso pregiudizio classicista avverso non soltanto al barocco, ma anche alle «gotiche licenze» dell'architettura cittadina dei secoli XIII-XV, «che nondimeno aveanla improntata del carattere cristiano»[3]. La natura prevalentemente storico-erudita della rassegna e la parziale autonomia critica dell'autore rispetto ai fatti d'arte presi in considerazione sospingono l'autore a presentare sommariamente o anche a omettere testimonianze artistiche e architettoniche della sua città. Ciononostante, i *Monumenti* del Leosini restano un punto di partenza imprescindibile per gli studiosi contemporanei che vogliano intraprendere indagini di natura storica e storico-artistica sul territorio aquilano, se non altro per il lavoro di selezione svolto sulla copiosa letteratura erudita locale fra Cinque e Settecento, con particolare riferimento all'immenso corpus manoscritto dello storico Anton Ludovico Antinori (L'Aquila, 1704-1778)[4].

Lo sforzo di Leosini si tradusse in un prodotto editoriale intelligente e tuttora indispensabile per saggiare la consistenza del patrimonio monumentale aquilano alla vigilia della Prima guerra d'indipendenza italiana, nonché significativo della riflessione suscitata dalla riscoperta dell'arte preraffaellita promossa da antiquari, amatori e artisti neoclassici, romantici e puristi, che avrebbe influenzato in misura considerevole gli approcci post-unitari alla conservazione e al restauro anche in Abruzzo. Infine, i *Monumenti* rappresentano oggi uno strumento fondamentale per verificare lo stato attuale del patrimonio artistico locale violentemente colpito dal sisma del 2009, soltanto l'ultimo di una sequenza secolare di terremoti.

Finora il libro di Leosini è stato sottoutilizzato per l'indagine di specifici monumenti o artisti. In altre parole, i *Monumenti* non sono ancora stati studiati con un approccio di ampio respiro oggi avvertito come cruciale per l'esame metodico di un contesto artistico, architettonico e urbano oltremodo stratificato. Inoltre, non sono stati affatto esplorati i modelli storiografici e letterari dei *Monumenti*, né il piano di lavoro del Leosini, come ho osservato in un saggio introduttivo sull'argomento[5]. Il volume non è stato ancora adeguatamente contestualizzato nel quadro della letteratura preunitaria sui monumenti e le opere d'arte regionali, né interpretato come prodromico al successivo impegno dell'autore nella politica culturale della nuova Italia come Ispettore degli Scavi e dei Monumenti e membro della Commissione Conservatrice dei Monumenti della Provincia dell'Aquila dal 1876 al 1880.

Di eccezionale importanza è l'esemplare personale dei *Monumenti* conservato presso la Biblioteca Salvatore Tommasi dell'Aquila (Coll. Rari 44/a), che nel 1903 lo ricevette in donazione dagli eredi di Leosini insieme alla biblioteca dello stu-

---

[3] Leosini 1848, p. 195.

[4] L'Aquila, Biblioteca Salvatore Tommasi, mss., secolo XVIII. Si tratta di 51 volumi in-folio, ordinati in quattro classi: *Annali degli Abruzzi* (voll. 1-24), *Corografia storica degli Abruzzi* (voll. 25-42), *Raccolta di iscrizioni* (43-47) e *Monumenti, uomini illustri e cose varie* (48-51).

[5] Pasqualetti 2013.

dioso (fig. 1). La principale peculiarità di questo esemplare consiste nelle numerose annotazioni e correzioni[6] aggiunte a margine o in interlinea dallo stesso Leosini per emendare errori imputati all'editore oppure per chiarire o avvalorare le proprie affermazioni alla luce di nuovi dati ed elementi di giudizio acquisiti dopo il 1848, plausibilmente in vista di una nuova edizione, che tuttavia non ebbe luogo (fig. 2). Anche per la sua natura ibrida di testo a stampa e manoscritto, questo specifico esemplare offre molti importanti motivi di interesse non solo agli storici dell'arte, ma a un più ampio spettro di discipline umanistiche, dalla storia alla critica testuale. Di qui il disegno di un'edizione a stampa, provvista di commentario, dell'esemplare della Biblioteca Tommasi.

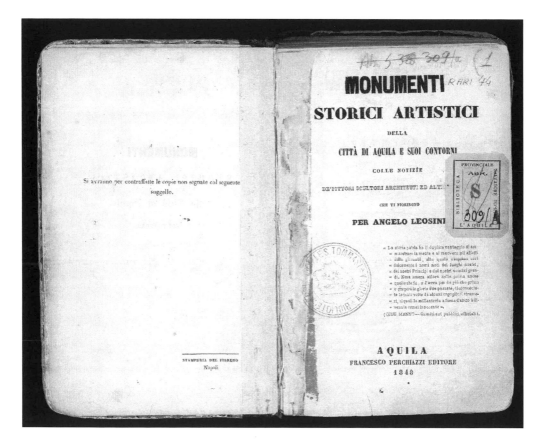

Fig. 1. Angelo Leosini, *Monumenti storici artistici della città di Aquila e suoi contorni colle notizie de' pittori scultori architetti ed altri artefici che vi fiorirono*, L'Aquila: Perchiazzi, 1848. L'Aquila, Biblioteca Salvatore Tommasi, Coll. Rari 44/a.

---

[6] Su 318 pagine circa due terzi contengono gli appunti e le correzioni a mano dell'autore: Sainz Camayd 2022, p. 3.

Fig. 2. Angelo Leosini, *Monumenti storici artistici della città di Aquila e suoi contorni colle notizie de' pittori scultori architetti ed altri artefici che vi fiorirono*, L'Aquila: Perchiazzi, 1848. L'Aquila, Biblioteca Salvatore Tommasi, Coll. Rari 44/a, pp. 94-95.

Il terremoto del 2009 con l'inevitabile prolungata inaccessibilità di monumenti, biblioteche e archivi ha dato però un potente impulso al ripensamento del progetto, in primo luogo indirizzandolo verso l'edizione digitale del testo annotato, certamente più adatta alla conservazione del documento e a prospettive di ricerca condivisa per il fatto di rendere disponibile a una comunità scientifica potenzialmente illimitata una fonte parzialmente manoscritta non a tutti facilmente raggiungibile. Esempi importanti in questo senso sono venuti da esperienze anche internazionali nel campo della pubblicazione digitale dei documenti per la storia dell'arte – come *Digital Mellini* del Getty Research Institute[7].

In una seconda fase del progetto, il testo digitalizzato della Biblioteca Tommasi diventerà il polo di aggregazione geografica di fonti testuali e grafiche per lo studio

---

[7] https://conifer.rhizome.org/Getty/pietro-mellini-inventory-in-verse/list/start-here/b1/%20 20200505212806/; http://www.getty.edu/research/mellini/.

dinamico della storia della città attraverso le nuove tecnologie. Anche in questo caso non mancano modelli di riferimento, a partire dalla pioneristica iniziativa rappresentata da *Visualizing Venice*[8]. Rispetto agli esempi citati, la principale novità del progetto sui *Monumenti* del Leosini consiste nell'integrazione fra edizione digitale del testo ottocentesco e mappatura del patrimonio urbano, architettonico e artistico dell'Aquila e del suo territorio. Conservato, smarrito o disperso, questo patrimonio sarà reso nella sua stratificata complessità attraverso la pubblicazione sul web della copia personale dell'autore trascritta, annotata e collegata ipertestualmente alle informazioni bibliografiche e documentali, iconografiche e cartografiche, con il supporto di tecniche avanzate di assistenza all'utente per la ricerca semantica delle informazioni.

Considerata la natura profondamente collaborativa del progetto, che necessita dell'apporto di diverse specializzazioni e dell'adesione ai principi sulla gestione dei dati sintetizzati dall'acronimo FAIR[9], si è costituito un gruppo di ricerca multidisciplinare composto da studiosi dell'Università dell'Aquila e della Bibliotheca Hertziana di Roma, Max-Planck Gesellschaft zur Förderung der Wissenschaften[10], sulla base di un accordo stipulato nel 2019 tra le due istituzioni, a seguito di una borsa di studio premiale assegnata all'iniziativa dall'Ateneo aquilano nel 2017.

Il primo passo nella realizzazione del progetto è consistito nell'acquisizione e nella trascrizione della fonte attraverso la scansione ad alta risoluzione con funzione OCR[11]. Il facsimile digitale dell'opera (comprensivo delle annotazioni dell'autore) è stato quindi importato nella piattaforma *Transkribus*[12] a cura dei membri della Bibliotheca Hertziana del gruppo di ricerca, cui si è aggiunto il prezioso contributo di Diana Sainz Camayd. Si è dapprima proceduto al frazionamento del facsimile in aree e linee di testo, quindi a collegare ogni segmento-base del documento alla riga corrispondente nel campo Text Editor della piattaforma, infine a copiare e incollare la trascrizione OCR nel box dell'editor. Dopo questa fase si è potuti passare alla trascrizione manuale delle annotazioni manoscritte, disposte in maniera assai irregolare, e delle numerose correzioni ed espunzioni. Questo pro-

---

[8] Un progetto della Duke University in collaborazione con le Università degli studi di Padova e IUAV di Venezia: https://www.visualizingvenice.org/visu/.

[9] Findability, Accessibility, Interoperability, Reusability.

[10] Oltre a chi scrive, il gruppo di ricerca dell'ateneo aquilano comprende i colleghi Carla Bartolomucci, Giovanni De Gasperis, Simonetta Ciranna. Il gruppo dell'Hertziana, guidato da Klaus Werner, comprende Elisa Bastianello ed Elisabetta Scirocco. Sono ugualmente membri del progetto Carmen Belmonte, Kunsthistorisches Institut in Florenz - Max-Planck Gesellschaft zur Förderung der Wissenschaften, e Diana Sainz Camayd, dottoranda dell'Università degli Studi della Campania "L. Vanvitelli".

[11] Grazie alla collaborazione della dottoressa Alessia Di Stefano.

[12] https://readcoop.eu/it/transkribus/. Sull'argomento si veda il contributo di Elisa Bastianello in questo volume.

cedimento è stato adottato al fine di contenere quanto più possibile gli inevitabili errori di lettura dell'OCR, come il riconoscimento di certi caratteri o la divisione delle parole[13].

Una volta completata l'edizione digitale, il passo successivo sarà l'organizzazione degli indici delle persone, dei luoghi e dei monumenti citati. Collegati ai riferimenti nel testo, gli indici saranno a loro volta arricchiti e raccordati con l'informazione corrispondente disponibile: immagini, documenti, notizie biografiche e bibliografia saranno associati agli artisti, alle opere d'arte e agli edifici richiamati nella fonte. La presentazione "geografica" dei monumenti dell'Aquila e del suo territorio, da implementare nel sistema informativo attraverso la navigazione cartografica – su carte aerofotogrammetriche attuali e su carte storiche – consentirà di percepire gli oggetti nel loro contesto, evidenziando al contempo le trasformazioni intercorse nell'ultimo secolo e mezzo.

La copia dei *Monumenti* appartenuta al Leosini diventerà un ipertesto che permetterà al lettore e allo studioso una navigazione intuitiva attraverso le trasformazioni artistiche, architettoniche e urbanistiche della città dell'Aquila e del suo territorio in epoca moderna e contemporanea. I contenuti digitali saranno ad accesso aperto e aggiornabili dalla comunità di studiosi iscritti attraverso tecniche di collaborazione via web.

Così ridisegnato, il progetto editoriale avrà effetti sostanziali in termini di innovazione tecnologica nella pubblicazione di fonti storico-artistiche con l'introduzione dell'assistente digitale online per l'accesso guidato ai contenuti. La pubblicazione digitale dei *Monumenti* sarà uno strumento efficace sia nel campo della conservazione e della tutela del patrimonio culturale come risorsa accessibile alle Soprintendenze, sia nel campo dell'insegnamento della storia dell'arte e dell'architettura nelle scuole e nelle università del territorio. Più in generale, l'obiettivo di quest'iniziativa è quello di contribuire alla crescita di consapevolezza da parte della comunità cittadina della ricchezza stratificata e complessa del proprio patrimonio storico-artistico, monumentale e urbano, al fine di preservarlo dai rischi derivanti dal consumo di suolo, dalle calamità naturali e dalle esportazioni illegali.

BIBLIOGRAFIA

LEOSINI 1848 = A. LEOSINI, *Monumenti storici artistici della città di Aquila e suoi contorni colle notizie de' pittori scultori architetti ed altri artefici che vi fiorirono*, Aquila, Francesco Perchiazzi, 1848.

LEOSINI 1859 = A. LEOSINI, *S. Angelo d'Ocre e alcuni autografi nel suo archivio*, in *Album Pittorico Letterario Abruzzese*, 1, 1859.

---

[13] SAINZ CAMAYD 2022.

PASQUALETTI 2013 = C. PASQUALETTI, *I Monumenti storici artistici della città di Aquila e suoi contorni di Angelo Leosini: verso un'edizione* commentata, in *Architettura e identità locali*, a cura di H. Burns, M. Mussolin, II, Firenze 2013, pp. 567-582.

PASQUALETTI 2022 = C. PASQUALETTI, Monumenti storici artistici della città di Aquila e suoi contorni *by Angelo Leosini as a digital semantic corpus online*, in *Journal of Art Historiography*, 27, 2022, supplement December, ed. by A. J. Hopkins, https://doi.org/10.48352/uobxjah.00004201.

SAINZ CAMAYD 2022 = D. SAINZ CAMAYD, *Leosini's Monumenti storici artistici della città di Aquila e suoi contorni: transcribing the author's annotated copy*, in *Journal of Art Historiography*, 27, 2022, supplement December, ed. by A. J. Hopkins, https://doi.org/10.48352/uobxjah.00004211.

Franz Fischer, Federico Boschetti,
Angelo Mario Del Grosso, Antonio Montefusco,
Tiziana Mancinelli, Agnese Macchiarelli

Sinergie fra VeDPH e CNR-ILC in termini di condivisione della conoscenza e sostenibilità dei progetti digitali

DOI 10.48255/9788891328373.09

Benché l'articolo sia frutto della stretta collaborazione fra i coautori, Franz Fischer[1,2] è responsabile prevalentemente della Sezione 1, Federico Boschetti[2,3] della Sez. 2, Angelo Mario Del Grosso[2,3] della Sez. 3, Antonio Montefusco[1,2] e Tiziana Mancinelli[1,2,4] della Sez. 4 e Agnese Macchiarelli[1,2] della Sez. 5.

[1]Università Ca' Foscari Venezia; [2]VeDPH; [3]CNR-ILC; [4]Digital Library-MiC

1. *Il Venice Centre for Digital and Public Humanities: breve storia e profilo*

Il Venice Centre for Digital and Public Humanities (https://www.unive.it/pag/39287/) è uno dei principali risultati del Progetto di Eccellenza del Dipartimento di Studi Umanistici dell'Università Ca' Foscari Venezia, dal 2018 al 2022 finanziato dall'ex Ministero dell'Istruzione, dell'Università e della Ricerca. Dopo un primo sforzo di reclutamento del personale di base, il Centro è stato inaugurato il 10 giugno 2019. Da quella data sono state avviate e portate avanti numerose attività di ricerca, formazione e divulgazione.

Un nuovo Corso di Laurea Magistrale in *Digital and Public Humanities* è iniziato nel settembre 2020. Una *Summer School* biennale in *Digital and Public Humanities* si è svolta online nel luglio 2020 e la prima volta in presenza nel luglio 2022. I membri del Team e vari esperti invitati hanno tenuto numerosi workshop ed eventi formativi, dedicati a un'ampia gamma di argomenti quali edizioni digitali, codifica del testo, *linked open data*, modelli concettuali e ontologie per i dati del patrimonio culturale, web semantico, tecnologie di *imaging*, riconoscimento del testo manoscritto, archeologia virtuale, coinvolgimento del pubblico e altro ancora. Sempre a partire dal 2019 sono stati organizzati anche un ciclo primaverile e un ciclo autunnale di seminari aperti e interdisciplinari che affrontano temi e rispondono a domande sulle DPH.

Il Centro ha fornito e tuttora fornisce consulenza e supporto a decine di progetti di ricerca di ambito umanistico sviluppati presso il DSU e altri dipartimenti di

Ca' Foscari, nonché istituzioni partner esterne. I membri del Centro sono attivamente coinvolti a vari livelli in singoli progetti di ricerca di alto profilo come ERC e MSCA, dalla progettazione e scrittura della proposta all'effettiva implementazione e realizzazione di risorse digitali e pubblicazioni[1]. Per facilitarne il progresso, il Centro collabora con associazioni (ad esempio AIUCD, AIPH) e altri centri di competenza tra cui, in particolare, l'Istituto di Linguistica Computazionale "A. Zampolli" del Consiglio Nazionale delle Ricerche (CNR-ILC). Questa collaborazione è stata ulteriormente istituzionalizzata e integrata nell'infrastruttura di ricerca europea con la creazione del CLARIN Knowledge Centre for Digital and Public Textual Scholarship, gestito congiuntamente dal CNR-ILC e dal VeDPH per offrire a studiosi e studenti le loro competenze su metodi, standard, strumenti e tecnologie rilevanti nei campi degli studi filologici e letterari, della storia, della storia dell'arte e del patrimonio culturale[2].

Dal 2020 il VeDPH pubblica *magazén – International Journal for Digital and Public Humanities*, con l'obiettivo di stimolare un discorso metodologico interdisciplinare nel campo delle DH[3]. Una collana di libri dedicata alle teorie e alle pratiche di esplorazione, analisi e conservazione dei materiali raccolti, *Disclosing Collections – Studies, Catalogues and Data in the Arts and the Humanities*, è stata lanciata nel novembre 2022. Il primo volume costituisce il catalogo di una mostra documentaria virtuale di documenti storici dell'Archivio di Stato veneziano, allestita in occasione della commemorazione dei 1600 anni trascorsi dal 421, data leggendaria della fondazione di Venezia[4].

A tre anni dalla sua nascita, il Centro si è affermato come un polo altamente produttivo e riconosciuto a livello internazionale. Nonostante l'emergenza della pandemia di Covid che si è protratta per la maggior parte della sua durata, e nonostante i lavori di consolidamento antisismico che hanno gravemente compromesso il suo spazio fisico e la vita sociale del Dipartimento di Studi Umanistici, il Centro ha aumentato in modo significativo le opportunità di ricerca e formazione in DPH, e sta svolgendo un importante ruolo di consulenza per le richieste di finanziamento, per la progettazione e l'implementazione di progetti di ricerca e per la produzione e la diffusione dei risultati non solo a Ca' Foscari.

Il VeDPH è organizzato in modo interdipartimentale ed è guidato dai membri effettivi, che possono provenire da qualsiasi altro dipartimento[5]. Il Team nel suo complesso costituisce un pool di competenze tecniche e metodologiche e si riunisce regolarmente in meeting collettivi. Il "mantra" di questo gruppo di speciali-

---

[1] Ad esempio PURA (https://atticism.eu/); FLOS (https://www.florilegiasyriaca.eu); BIFLOW, per cui si veda oltre, §4.

[2] Su questo vedi il §2 del presente contributo.

[3] Cfr. https://edizionicafoscari.unive.it/it/edizioni4/riviste/magazen/.

[4] Pelizza 2022 ed.

[5] Alla data di dicembre 2022 il VeDPH conta circa 50 membri e circa 100 affiliati (esterni e/o non strutturati): https://www.unive.it/pag/39289/.

sti non è quello di fornire servizi, ma di facilitare la collaborazione nella ricerca. Al centro di tali collaborazioni c'è un ulteriore team di sviluppatori di software che creano, adattano e migliorano strumenti, flussi di lavoro e infrastrutture per progetti di ricerca specifici[6]. I risultati della ricerca, i dati e i codici sono pubblicati per quanto possibile in modalità open access e open source sulla *repository* GitHub del VeDPH (https://github.com/vedph) o su altre piattaforme liberamente accessibili. Le pubblicazioni e gli eventi sono ampiamente diffusi attraverso i canali di comunicazione (mailing list, newsletter, siti web) e i social media (Twitter, Instagram, YouTube).

Le attività di ricerca e formazione del Centro riflettono poi il background disciplinare del personale e sono organizzate secondo quattro aree tematiche: 1. *Digital Textual Scholarship*, che comprende strumenti, metodi e risorse digitali per lo studio critico del testo, l'epigrafia, la papirologia, gli studi sui manoscritti e sulle stampe, l'editing scientifico, l'analisi testuale, gli studi comparativi e la linguistica computazionale; 2. *Digital and Public History*, che comprende strumenti, metodi e risorse digitali per la storia, i costumi del passato e la memoria pubblica, i musei, gli archivi e i centri del patrimonio culturale, la storia orale e l'approccio pubblico alla ricerca storica; 3. *Digital and Public Art History*, che comprende strumenti, metodi e risorse digitali per la storia dell'arte, l'arte pubblica, la scrittura d'arte e il coinvolgimento del pubblico, i progetti di digitalizzazione per gli archivi d'arte, i musei, le collezioni e le proprietà degli artisti, nonché la gestione e le politiche pubbliche per la riproduzione digitale di opere d'arte e dati d'archivio; 4. *Digital and Public Cultural Heritage/ Archaeology*, che comprende strumenti, metodi e risorse digitali per il settore GLAM e l'archeologia, la digitalizzazione del patrimonio culturale (tecnologie di *imaging*, 3D, RTI), l'analisi dei materiali e l'elaborazione dei dati (elaborazione delle immagini, riconoscimento dei modelli, OCR, HTR, analisi statistica), la documentazione, il recupero delle informazioni e la visualizzazione dei dati (GIS, atlanti e dizionari geografici, descrizioni formali, cataloghi, VR, archivi e collezioni virtuali).

Infine, uno spazio fisico dedicato funge da laboratorio aperto per la digitalizzazione di oggetti del patrimonio culturale e manufatti storici e per la formazione sperimentale. Il laboratorio VeDPH è dotato di strumentazione come un microscopio scanner 3D, un drone per la fotografia e la fotogrammetria, strumenti personalizzati per l'*imaging* multispettrale (MSI) per l'analisi dei documenti e una cupola RTI (inclusi UV, IR). Acquisizioni più recenti ed esperimenti con *eye tracking*, EEG e VR ampliano il profilo di ricerca del Centro verso quelle che sono state definite *NeuroHumanities*[7].

---

[6] Per esempio i software Cadmus ed Euporia e nuovi modelli per l'*Handwritten Text Recognition* (HTR) e l'annotazione di immagini (secondo lo standard IIIF).

[7] Cfr. la presentazione del progetto *Neurocities and Ruinscapes* che, recentemente finanziato, costituisce una collaborazione tra Università Ca' Foscari e Duke University, per cui vedi https://

2. *La collaborazione con l'Istituto di Linguistica Computazionale "A. Zampolli" e la nascita del Knowledge Centre sulle edizioni scientifiche digitali*

L'Istituto di Linguistica Computazionale "A. Zampolli" (http://www.ilc.cnr.it) del Consiglio Nazionale delle Ricerche di Pisa (CNR-ILC) è attivo fin dalla sua fondazione, avvenuta nel 1968, nel campo dell'informatica applicata allo studio della lingua e del testo. Nella sua evoluzione, allo stato attuale l'Istituto vanta quattro aree di competenza fortemente interconnesse: a) Risorse Linguistiche, Standard e Infrastrutture di Ricerca; b) Trattamento Automatico del Linguaggio ed Estrazione di Conoscenza; c) Modelli (Bio-)Computazionali dell'Uso Linguistico; d) *Digital Humanities*. Il Laboratorio di Filologia Collaborativa e Cooperativa (CoPhiLab) dell'Istituto opera prevalentemente nell'ambito delle *Digital Humanities*: usa e produce risorse testuali e linguistiche di interesse storico e letterario in formati digitali standard, usufruibili tramite l'infrastruttura di ricerca CLARIN ERIC, e si avvale di tecniche e strumenti necessari al trattamento automatico del linguaggio in diacronia e all'estrazione della conoscenza da testi letterari e documentari.

Nel 2019, all'apertura del VeDPH, il CNR-ILC ha istituito presso il centro veneziano una propria Unità di Ricerca presso Terzi (URT), animata prevalentemente da personale del CoPhiLab, per operare in sinergia con il Dipartimento di Studi Umanistici di Ca' Foscari su temi inerenti alla progettazione, alla creazione e alla fruizione di edizioni scientifiche digitali. Fa parte infatti della natura del CNR cercare di coniugare il più possibile ricerca teorica e ricerca applicata, anche attraverso proficue collaborazioni con l'università e aperture verso il mondo della scuola, per integrare le attività prettamente scientifiche e lo sviluppo tecnologico con iniziative didattiche e di terza missione.

Forte di precedenti esperienze del CoPhiLab con l'Università di Pisa[8], la URT veneziana ha promosso presso il VeDPH la metodologia di codifica (rappresentazione digitale del testo in oggetto) e annotazione (associazione al testo in oggetto di informazioni di tipo paleografico, linguistico, stilistico, etc.) denominata Euporia (dal greco *euporía,* che significa "facilità"). Tale metodologia si basa sull'idea che lo studioso di discipline umanistiche debba concentrare la propria attenzione sul proprio oggetto di studio per rispondere a domande di ricerca rilevanti nell'ambito umanistico, senza distrarsi nelle attività di codifica e annotazione svolte secondo pratiche familiari all'umanista digitale ma ritenute inadeguate dall'umanista tradizionale. Infatti, un testo codificato o annotato in XML-TEI richiede tempo e può risultare poco leggibile allo studioso tradizionale[9].

---

bassconnections.duke.edu/project-teams/neurocities-and-ruinscapes-reconstructing-ancient-cities-and-ruins-using-virtual.
[8] MUGELLI *et al.* 2016.
[9] Si vedano i dati riportati e discussi da MELIGHETTI 2022.

Secondo il metodo Euporia, gli studiosi definiscono il proprio linguaggio di codifica e annotazione, in modo da creare un linguaggio specifico di dominio[10] ottimizzato per rispondere alle domande di ricerca ma nello stesso tempo facilmente convertibile nei formati standard adottati dagli umanisti digitali o dai linguisti computazionali[11].

Per sensibilizzare gli studiosi e gli studenti del VeDPH all'applicazione dei principi di Euporia, fra l'autunno del 2020 e la primavera del 2021 è stato messo a punto un ciclo di seminari teorico-pratici per condividere le esperienze dei ricercatori che già adottano la metodologia proposta e per raccogliere le osservazioni di chi era interessato a farne uso[12].

La metodologia è applicata per esempio dai dottorandi afferenti al VeDPH con progetti di ricerca molto diversificati. Una dottoranda di filologia romanza, Miriam Errico, ad esempio sta preparando l'edizione diplomatica e l'edizione interpretativa di un volgarizzamento in dialetto salentino del *Trésor* di Brunetto Latini. Il testo viene codificato in modo molto compatto rispetto alla codifica XML-TEI, e vengono usati segni critici familiari al filologo romanzo; solo in una seconda fase, per garantire l'interoperabilità con altre risorse testuali, si procede alla conversione automatica in formato XML con schema TEI. Un dottorando di studi classici, Federico Tanozzi, come secondo esempio, sta annotando i motivi inerenti al tema del duello nell'*Iliade*, al fine di individuare regolarità e anomalie compositive. Anche in questo caso la marcatura dei motivi è molto sintetica, ma il risultato finale viene prodotto anche in XML-TEI come formato di interscambio.

Il CoPhiLab, in stretta collaborazione con CLARIN-IT (https://www.clarin-it.it), mette a disposizione del VeDPH anche la propria infrastruttura web per ospitare alcuni progetti di interesse comune che richiedano l'impiego di tecnologie non promosse dall'ateneo veneziano. L'architettura a *docker* adottata dal CNR-ILC[13], seguendo una tendenza che in Italia sta diffondendosi sempre più, anche grazie alle iniziative del GARR (https://learning.garr.it), permette di far girare i singoli progetti in ambienti fra loro isolati, e quindi senza interferenza fra le tecnologie scelte, siano esse all'avanguardia oppure obsolete.

Per garantire la sostenibilità di progetti digitali autorevoli per lo studio del latino, nati a partire dagli anni Novanta del secolo scorso, evoluti nel corso del tempo e infine adottati dal VeDPH, il CoPhiLab ha avviato una complessa azione di trasferimento tecnologico. I progetti coordinati da Paolo Mastandrea e sviluppati da Luigi Tessarolo, appartenenti alla *Galassia Musique Deoque*[14], tra cui *Poeti d'Italia*

[10] Per la nozione di Domain-Specific Language si veda PARR 2014.
[11] BAMBACI-BOSCHETTI 2020.
[12] Le registrazioni dei seminari sono disponibili online: https://cophilab.ilc.cnr.it/euporia2021.
[13] L'architettura a *docker* adottata dal CNR-ILC è discussa in VAGIONAKIS *et al.* 2022.
[14] BOSCHETTI *et al.* 2021.

in lingua latina, Pedecerto e *Musisque Deoque* stesso, sono stati ampiamente documentati, rinnovati dal punto di vista tecnologico, estesi per consentire l'accesso alle informazioni non solo tramite interfaccia utente ma anche attraverso web API e installati sui server del CNR-ILC.

Fra alcuni altri progetti nati a Venezia e ospitati sui server del CoPhiLab afferenti alla *repository* ILC4CLARIN (https://ilc4clarin.ilc.cnr.it), è da menzionare *Cretan Institutional Inscriptions* (https://ilc4clarin.ilc.cnr.it/cretaninscriptions), creato e curato da Irene Vagionakis, in quanto ha costituito il modello per la migrazione di progetti inizialmente installati su server temporanei che hanno trovato la loro destinazione permanente presso il CNR-ILC[15].

Dalla sinergia del VeDPH con il CNR-ILC è nato anche un nuovo Knowledge Centre di CLARIN dedicato alla *Digital and Public Textual Scholarship* (DiPText-KC: https://diptext-kc.clarin-it.it) e in particolare alla creazione e fruizione delle edizioni scientifiche digitali. I centri di conoscenza di CLARIN hanno lo scopo di mettere in contatto gli studiosi e gli studenti di discipline specifiche nell'ambito degli studi linguistici e filologici con gli esperti in grado di fornire risposte in merito agli aspetti legali (licenze), tecnici (software disponibile) e scientifici (metodologie) delle risorse digitali.

Il portale del DiPText-KC è organizzato in modo da mettere in vista ai suoi utenti diverse fonti d'informazione, fra cui brevi tutorial per principianti, rilevanti risorse bibliografiche di settore, seminari in presenza o registrati, news, etc. Tuttavia, il cuore del portale di un Knowledge Centre è senza dubbio l'Help Desk, perché permette l'interazione diretta con gli esperti per individuare soluzioni a specifiche domande di ricerca.

Oltre al portale, il DiPText-KC organizza anche cicli di workshop, come il ciclo sul tema *La filologia digitale incontra la linguistica computazionale: metodi e risorse*[16] o collabora all'organizzazione di seminari, come il seminario permanente *Un Ponte tra i Due Mondi: le Discipline a Vocazione Storica e le DH*[17], volto non solo a sensibilizzare gli umanisti tradizionali verso i temi delle DH ma anche a far recuperare agli umanisti digitali il valore di metodologie che nascono da una lunga tradizione di studi.

3. *Riflessione sul tema della sostenibilità dei progetti in ambito DH*

Partendo da una possibile definizione di sostenibilità, vale a dire dalla «capacità di soddisfare i bisogni di un sistema tanto nel presente quanto nel futuro a bre-

---

[15] Il processo di migrazione è descritto nel dettaglio in VAGIONAKIS *et al.* 2022.

[16] Per maggiori informazioni e contatti: https://bit.ly/3wURV5I.

[17] Per maggiori informazioni e contatti: https://bit.ly/3jzBysc.

ve, a medio e a lungo termine»[18] – corollario della originale definizione di sostenibilità rintracciabile già nel rapporto Brundtland delle Nazioni Unite, intesa come il «soddisfacimento dei bisogni della generazione presente senza compromettere la possibilità delle generazioni future di realizzare i propri»[19] – non è difficile comprendere quanto la delicata questione della sostenibilità digitale sia una sfida ancora aperta, molto complessa, che richiede riflessioni teoriche e indicazioni operative non solo in ambito economico[20], industriale[21] e ambientale[22], ma anche in ambito scientifico-accademico e in particolare per la realizzazione di iniziative "sostenibili" nel settore del patrimonio culturale materiale e immateriale[23]. Difatti i diciassette *Obiettivi per lo Sviluppo Sostenibile* (*Sustainable Development Goals*) con i 169 scopi per la sostenibilità definiti dalle Nazioni Unite e consolidati nell'Agenda 2030[24] portano ad una riflessione strutturata finalizzata all'individuazione di molteplici assi attorno ai quali progettare e sviluppare anche i prodotti della ricerca in generale e in ambito DH, in particolare, come «oggetti di sostenibilità»[25].

La riflessione può essere quindi articolata su più punti tra loro ortogonali, ma che formano le dimensioni di uno spazio della sostenibilità nelle *Digital Humanities*: 1. la coevoluzione delle discipline umanistiche e informatiche; 2. il riconoscimento accademico delle *Digital Humanities* come settore scientifico; 3. la disponibilità di forme contrattuali adeguate alle competenze richieste; 4. una formazione permanente di gruppi di lavoro multidisciplinari coordinati da profili manageriali con competenze interdisciplinari; 5. l'analisi sistematica dei requisiti predisposta in maniera collettiva nonché una condivisione delle specifiche funzionali/non-funzionali del dominio d'interesse; 6. la consapevolezza nel rispondere in modo adeguato alle istanze e ai principi della scienza aperta (open science); 7. l'uso sistematico e costante delle Infrastrutture di ricerca per le scienze umane e sociali (SSH).

Ciascuno dei punti sopra introdotti aprono la strada ad una serie di ulteriori riflessioni a cui prestare attenzione e a cui, per quanto possibile, dare risposte efficaci con sollecitudine. Trovare soluzioni a questo tema è divenuto ormai sempre più urgente se si vuole rendere effettivamente sostenibile lo sviluppo e il mantenimento dei prodotti della ricerca per le DH. Per quanto riguarda il primo punto, la questione ruota attorno al riconoscimento reciproco tra le due discipline che caratterizzano i reciproci domini di interesse, vale a dire quello umanistico – che ha per

---

[18] Cfr. BRADLEY 2007, p. 159.

[19] BRUNDTLAND 1987, pp. 16 sgg.

[20] GERARD *et al.* 2021.

[21] TIAGO *et al.* 2021.

[22] Cfr. https://sostenibilitadigitale.it/stati-generali/.

[23] Vedi il Piano Nazionale per la Digitalizzazione (Ministero della Cultura).

[24] Per maggiori informazioni si veda https://sdgs.un.org/2030agenda. Cfr. anche EPIFANI 2020.

[25] SCHNEIDER *et. al.* 2019.

sua natura un approccio qualitativo e storico-critico alla ricerca sul particolare (modalità idiografica)[26] – e quello informatico – che, viceversa, ha un approccio quantitativo e formale-sperimentale all'indagine scientifica per stabilire norme generali (modalità nomotetica)[27]. In dettaglio, la natura digitale delle ricerche deve riconoscere i metodi informatici e le tecnologie digitali applicate alle scienze umane sia come modello teorico che come metodo operativo condiviso e definire di conseguenza un *"common-ground"* su cui poggiare i dibattiti e gli avanzamenti del settore[28]. Infatti, come indicato nel manifesto per la sostenibilità digitale «la trasformazione digitale non impatta solo sui processi cambiando il modo in cui si fanno le cose. Tocca la loro natura profonda, ridefinendone il senso»[29]. A sua volta un progetto digitale in ambito DH deve poter conseguire risultati rilevanti per entrambi i domini d'interesse (umanistico e informatico) e valorizzarne le prassi consolidate; ne è un esempio la già nominata (§§1-2) metodologia Euporia introdotta in questo contributo per la progettazione e l'implementazione di Linguaggi Specifici di Dominio (DSL) familiari ai filologi tradizionali.

Alla riflessione del punto precedente ne segue direttamente il riconoscimento accademico delle DH e delle relative ricerche. Difatti qui si incontra un annoso problema relativo alla definizione di un settore scientifico disciplinare in cui collocare formalmente le *Digital Humanities* e le attività di ricerca scientifica e tecnologica che ne derivano. L'impatto sulla sostenibilità dei progetti digitali è evidente, basti pensare alle conseguenze per l'abilitazione universitaria e le progressioni di carriera, alla valutazione ANVUR sulle ricerche e sul sistema di identificazione ISBN-like per il riconoscimento accademico dei prodotti della ricerca. Per esemplificare, ad oggi non trovano il giusto merito lavori orientati alle edizioni digitali, alla progettazione e implementazione di banche dati testuali, allo sviluppo di applicazioni e strumenti software per l'analisi computazionale di risorse storico-letterarie. In più, le componenti di trasferimento tecnologico risultano spesso poco valorizzate e risultano essere funzionali e non oggetto di ricerca. Non di second'ordine per il tema della sostenibilità è la questione degli strumenti contrattuali non adeguati alle figure professionali e alle competenze/conoscenze richieste per la progettazione, la gestione, l'implementazione e la manutenzione di progetti in ambito DH. La situazione attuale su questo punto è preoccupante: le tipologie di contratti esistenti non sono attrattivi per i profili richiesti e il reclutamento di personale qualificato è problematico. Le cause possono essere rintracciate in contratti di lavoro precari con periodi prolungati di discontinuità contrattuale, talvolta sono dispo-

---

[26] WINDELBAND 1894.

[27] WINDELBAND 1894.

[28] MARRAS 2014.

[29] Cfr. il primo punto del manifesto per la sostenibilità digitale: https://sostenibilitadigitale.it/manifesto/.

nibili solo borse di studio oppure assegni di ricerca, senza considerare lo stipendio mensile medio imparagonabile ai corrispondenti stipendi medi nel settore privato oppure in enti di ricerca esteri. La specificità delle iniziative in ambito umanistico-digitale pone inoltre il tema delle competenze, delle conoscenze e delle abilità in un contesto formativo permanente. In letteratura è presente infatti un ampio dibattito sulla natura multidisciplinare, crossdisciplinare, interdisciplinare o transdisciplinare delle ricerche nel settore, ancora non formalmente definito, delle DH[30]. Tale dibattito induce una riflessione sulla composizione dei gruppi di lavoro. Esiste cioè la necessità di avere profili con formazione differente che cooperano tra loro e profili manageriali di raccordo con competenze interdisciplinari in grado di organizzare team multidisciplinari.

Dal punto di vista tecnico-organizzativo la sostenibilità dei progetti DH passa anche per un corretto approccio rispetto alla raccolta e alla definizione dei requisiti, che deve essere approntata in modo collettivo e il più possibile genuino; senza cioè condizionamenti o distorsioni introdotti dal contesto digitale. In effetti la comunità di riferimento e il dominio d'interesse deve essere ancorato alle esigenze degli studi umanistici e letterari i quali non possono non presiedere alla definizione delle specifiche. Solo in tal modo è possibile garantire sostenibilità ai progetti e un effettivo uso dei servizi implementati da parte della comunità. In tal senso è interessante citare l'esperienza dell'archivio digitale di testi poetici in lingua latina *Musique Deoque* (MQDQ, https://www.mqdq.it/)[31], che ha superato la prova del tempo anche, se non soprattutto, perché ha saputo rispondere efficacemente alle necessità degli studiosi della latinità classica. Implementando quindi un processo adeguato di specificazione dei requisiti di dominio, i sistemi digitali possono evolvere nel rispetto di nuove esigenze di ricerca in contesti sufficientemente flessibili per accogliere nuovi casi d'uso. Alla luce di tale consapevolezza, è chiaro come la sostenibilità di un progetto digitale in ambito DH sia fortemente condizionata dal modo in cui esso risponde alle istanze e ai principi della scienza aperta (open science). In particolare, la questione è particolarmente spinosa se si affrontano temi e esigenze contrastanti quali la scelta delle licenze: «chiuse quanto necessario e aperte quanto più possibile»[32]; oppure implementare i principi guida di ricercabilità, accessibilità, interscambio e riusabilità racchiusi nel benaugurante acronimo FAIR[33].

---

[30] Yang *et al.* 2020.

[31] Cfr. Manca-Venuti 2021. Vedi anche il nostro §2.

[32] Per approfondimenti si rimanda al CLARIN Legal Issues Committee: https://www.clarin.eu/governance/legal-issues-committee.

[33] De Jong *et al.* 2018. Per mancanza di spazio non è possibile approfondire ulteriormente altri temi di rilevanza strategica, si rimanda per questo ai siti dell'European Open Science Cloud (EOSC, https://eosc-portal.eu/), e al neo nato progetto PNRR *Humanities and cultural Heritage Italian Open Science Cloud* (H2IOSC, https://www.h2iosc.cnr.it/).

Infine, la comunità scientifica ha sempre spinto per la realizzazione di infrastruttura di ricerca anche in ambito SSH e il conseguente utilizzo sistematico da parte degli studiosi anche se non si riconoscono come umanisti digitali. Le infrastrutture di ricerca, implementando i cosiddetti principi TRUST (*Transparency, Responsibility, User focus, Sustainability and Technology*)[34], sono in grado di rispondere a molteplici esigenze rispetto alle criticità sollevate in questa sezione del contributo. Nello specifico, la sostenibilità dei prodotti e dei servizi è garantita tanto da un'architettura tecnologica distribuita formata da nodi ridondati in luoghi distanti tra loro interfacciati da tecnologie robuste e servizi condivisi, quanto da una organizzazione istituzionale ed economica a lungo periodo basata sulla cooperazione e collaborazione tra gli stati membri coinvolti sia nell'organizzazione che nel mantenimento dell'infrastruttura. In questo modo un'infrastruttura di ricerca garantisce accesso a lungo termine alle risorse gestite e un ciclo di vita chiaro dei servizi offerti. A tal proposito si vedano gli sviluppi realizzati negli ultimi anni da infrastrutture di ricerca in ambito SSH quali CLARIN, ma anche DARIAH (https://www.dariah.eu/), E-RIHS (https://www.e-rihs.eu/), OPERAS (https://operas-eu.org/), tutte o quasi divenute infrastrutture ERIC - European Research Infrastructure Consortium[35]. Come ultima considerazione riporto la citazione del manifesto per la sostenibilità digitale che indica come «l'impegno maggiore dell'uomo deve essere nel comprendere come la tecnologia sia funzionale ad esso, e non il contrario. A tale scopo dobbiamo tentare di orientarne gli sviluppi perché produca, strumentalmente, impatti positivi sulla società».

4. *Tradurre come fenomeno storico-linguistico e sociale: il Catalogo BIFLOW e una proposta di ontologia per la traduzione medievale*

Il Catalogo BIFLOW (https://catalogobiflow.vedph.it), che è on-line dal 2020, è il principale risultato di un progetto quinquennale finanziato dall'ERC, sviluppato tra Ca' Foscari e l'EHESS di Parigi, e incentrato sulla traduzione medievale[36]. Il popolamento del Catalogo è ora giunto al 30%, e si prevede anche, alla fine del completamento, una versione a stampa; le schede sono tuttavia dotate di ISSN e sono equiparate a voci enciclopediche per quanto riguarda la classificazione di prodotto di ricerca. Allo stato attuale, è l'unico catalogo on-line su testi medievali tradotti.

---

[34] LIN *et al.* 2020. A tal proposito si veda anche il documento contenente le linee guida del Piano Nazionale di Digitalizzazione (PND): https://digitallibrary.cultura.gov.it/il-piano.

[35] https://research-and-innovation.ec.europa.eu/strategy/strategy-2020-2024/our-digital-future/european-research-infrastructures/eric/eric-landscape_en.

[36] ERC StG BIFLOW - *Bilingualism in Florentine and Tuscan Works, ca. 1260-ca. 1416*, grant agreement n° 637533, P.I. Prof. Antonio Montefusco.

Proprio questa unicità nel panorama italiano e internazionale ci induce a esplicitare qui l'infrastruttura retorica che lo sostiene e il processo di *modelling* che ha presieduto alla sua realizzazione.

«The idea that translation has an history is an old one, but until quite recently this history was an academically marginal activity, pursued on the fringes of literary and religious history»[37]. Con questa provocatoria affermazione, Peter Burke invitava finalmente gli storici della letteratura e gli storici *tout-court* a riflettere sistematicamente sulla traduzione come oggetto di studio della storia culturale. Si può considerare questo invito come una specifica applicazione di un programma di «social history of language, a social history of speech, a social history of communication»[38]. Un *historical turn* si è realizzato nei *Translation Studies* almeno dagli anni '70, con un nuovo focus sui «regimes of translation» (ovvero «what the translators actually do») e sulla ricezione[39]. Resta ancora un grosso gap negli studi storici, che abbiamo provato a colmare in parte con il volume *Toscana Bilingue*[40]. Sembra evidente, e non bisognoso di dimostrazione, che un trattamento storico-culturale *stricto sensu* dell'attività di traduzione nel medioevo italiano sia necessaria. Il quadro generale è noto; ha ragione Jeanette Beer ad affermare che «at no time in the history of the West has translation played a more vital role than in the Middle Ages»[41]. Il rinnovamento delle idee sulla traduzione, che si realizza nell'Umanesimo in contemporanea con l'affermazione del nuovo lessico del *traducere* (emblematico è il *De recta interpretatione* di Leonardo Bruni), ha spesso fondato idee frettolose e imprecise rispetto a un Medioevo che sarebbe privo di idee sulla traduzione. Non tutti i «regimes of translation» nel Medioevo (almeno, nel Medioevo italiano) può essere schiacciato sulla elaborazione teorica di Girolamo, che, tra l'altro, presenta una prassi plurale e non conseguente con questa elaborazione[42]. Se ci spostiamo dal punto di vista linguistico e filologico a quello storico-culturale, il centro della riflessione deve passare dalla traduzione all'attività del tradurre. Questa attività contribuisce a rendere più complessa e stratificata la cultura, dal punto di vista dell'identità (la traduzione consiste, secondo Steiner, nell'attività di auto-comprensione); del rapporto con le altre culture, implicando quello che Pym ha definito «negotiation», e cioè lo scambio di idee e il conseguente cambiamento del loro significato all'interno di un quadro culturale differente[43].

---

[37] BURKE-HSIA 2007, p. 1.

[38] BURKE-PORTER 1995 ed., p. 1.

[39] VENUTI 1995; PYM 1998.

[40] BISCHETTI *et al.* 2021 ed.

[41] BEER 1978 ed.

[42] VITI 2004 ed.; CHIESA 1987; una cesura troppo netta è sottolineata in COPELAND 1991, p. 222.

[43] STEINER 1975; PYM 1993, pp. 27-39.

Per individuare con più precisione cosa intendiamo con attività di traduzione, è particolarmente utile riferirsi sempre a Peter Burke e al suo concetto di *cultures of translation*: derivato dall'antropologia, esso indica l'insieme dei processi che accompagnano i «cultural exchanges», sviluppando delle convenzioni condivise che governano le pratiche della traduzione. In questo senso, sviluppando una intuizione già di Cesare Segre, il tradurre è precocemente sia «situazione mentale» sia «attività specifica»; in altri termini, all'interno di questi «exchanges» (= situazione mentale), «translation between languages» (= attività specifica) «is of primary importance»[44]: essa è alla base dell'allargamento della fascia dei lettori: ciò avviene sia nelle traduzioni verticali (da una lingua di scuola a una lingua popolare), che permettono l'accesso degli *illitterati* ai contenuti testuali; sia orizzontali (tra due lingue di pari livello), che permettono lo scambio tra culture, sia in quelle retroverse (da una lingua popolare a una lingua internazionale: per esempio, dal volgare al latino), che permette la diffusione dei testi. E una attività ha bisogno sia di regole condivise (*rules*), sia di strumenti (*means and poetics*), sia di scopi (*ends and strategies*), e infine di operatori culturali specificamente adibiti (i traduttori). Su questo piano, il Medioevo e la *Early Modern Culture* condividono una certa *mouvance* del rapporto tra testo-fonte e testo tradotto: nonostante l'affinamento delle teorie della traduzione tra Umanesimo e Rinascimento, per arrivare a un ideale rapporto univoco tra i testi inseriti nel dossier di traduzione e oggetto di tale attività ci sarà bisogno di un mercato librario molto automatizzato e di larga scala. Nel Medioevo come nella *Early Modern Literature*, la «negotiation between the two texts implicated in the process is unstable». Gli studi filologici sui volgarizzamenti medievali hanno rilevato la grande diffusione di anonimato nella trasmissione manoscritta; ma ancora più in generale, laddove si realizza tra testi ravvicinati nel tempo (quindi da un testo medievale a una traduzione medievale), l'attività di traduzione tende fortemente a indebolire le nozioni di autore, traduttore, copista: per questo motivo, diventa importantissimo censire tutte le persone coinvolte nell'attività (che chiameremo operatori culturali) e comprendere il loro apporto (p. es. un copista che interviene cambiando il testo di un volgarizzamento tramite un ricontrollo sul testo-fonte)[45].

Nel panorama degli strumenti digitali sviluppati nell'ambito degli studi medievali mancano quelli dedicati all'indagine e all'approfondimento della traduzione. La maggior parte dei progetti realizzati, soprattutto in Italia, consistono essenzialmente in cataloghi di singoli manoscritti con descrizioni anche molto accurate[46]

---

[44] SEGRE 1991.

[45] CORNISH 2011.

[46] In Italia, possiamo trovare diversi esempi di cataloghi di manoscritti realizzati nel campo della ricerca universitaria e dall'ICCU - Istituto Centrale del Catalogo Unico. Due dei cataloghi molto utilizzati dalla comunità scientifica ora sono offline ma riteniamo importante citarli: TLion - *Tradizione della Letteratura Italiana on the Net*: una banca dati di schede in cui vengono riportate le notizie

ma che non pongono attenzione a questo aspetto. Il Catalogo BIFLOW rappresenta anche nei modelli di descrizione dei dati il fenomeno della traduzione in un contesto dato (la Toscana Medievale) e all'interno di un quadro definito e decisivo sul piano storico-culturale (l'affermazione della pratica della traduzione prima dell'Umanesimo). Il modello semantico proposto tiene in considerazione diversi elementi e anche delle relazioni tra questi e fornisce tutti gli elementi del fenomeno nella sua complessità. Per far ciò, il Catalogo BIFLOW deve permettere al fruitore di disporre di tutti gli aspetti che caratterizzano un atto di traduzione, a partire dalla redazione dei testi, della realizzazione della o delle varie traduzioni, e infine della loro circolazione parallela nelle varie versioni linguistiche (originale, traduzione, rimaneggiamento): in questa maniera il fenomeno non è più soltanto bacino di studio di storia linguistica ma oggetto della storia sociale e culturale in un periodo definito. Nella costruzione della struttura ermeneutica e digitale, ci siamo dunque avvalsi delle domande elaborate da Burke per indagare i sistemi di traduzione prevalenti in un dato periodo: «Who translates? With what intentions? What? For whom? In what manner? With what consequences?»[47].

Tali domande costituiscono la base di BIFLOW, la guida dell'analisi del materiale riorganizzato nella scheda, che verrà poi registrato in voci apposite, di tipo discorsivo (incentrato sul contenuto e sulla storia testuale). Il progetto si rivolge in particolare ad un pubblico di studenti e studiosi interessati alla storia culturale della Toscana preumanista, trovando una serie di informazioni precise e controllate, in gran parte di ricerca e non solo basate sulla letteratura secondaria. Il Catalogo è di conseguenza costruito secondo un modello di elementi interrelati perché ogni volta che l'utente trova una singola informazione, tale informazione deve essere inserita in una rete complessa e stratificata di elementi legati tra loro nel dossier testuale, che quindi ha una forte unità. Siamo convinti che questa costruzione dinamica e reticolare serve a immettere la singola informazione – che per sé può essere di tipo inerte: filologico, paleografico, codicologico, prosopografico – all'interno del fenomeno che è oggetto del nostro studio, e cioè il tradurre.

Per tale rappresentazione ci siamo avvalsi delle tecnologie del *Semantic Web* e dei *Linked Open Data*, che ci hanno permesso di mappare completamente le entità e le loro relazioni per rappresentare il multilinguismo e la traduzione nel Medioevo.

---

essenziali relative alla tradizione dei testi della letteratura italiana; DiVo - *Dizionario dei volgarizzamenti*: un repertorio di schede per lo studio delle traduzioni dal latino nell'italiano delle origini. Uno strumento molto importante di archivio della cultura medievale è Mirabileweb (http://www.mirabileweb.it), promosso dalla Società Internazionale per lo Studio del Medioevo Latino e dalla Fondazione Ezio Franceschini ONLUS di Firenze, e che gestisce all'interno diversi progetti. Per ultimo, importante ricordare Manus Online (https://manus.iccu.sbn.it), progetto curato dall'ICCU, che, come si legge nella descrizione, «comprende la descrizione catalografica e le immagini digitalizzate dei manoscritti conservati presso le biblioteche italiane pubbliche, ecclesiastiche e private».

[47] BURKE-HSIA 2007, p. 11.

Una questione, quella dei modelli di metadati, importante per gli umanisti che si occupano di progetti digitali e di produrre, usare e riutilizzare dati e della loro distribuzione sul web, o che anche siano solo fruitori di tali dati. Il multilinguismo è rappresentato in BIFLOW non nella centralità dell'indagine lessicale, ma nella descrizione dei testi e della loro storia di produzione e trasmissione che giocano un ruolo cruciale. Un elemento fondamentale nella rappresentazione digitale è il manoscritto che ha una rilevanza particolare perché documento essenziale per approfondire l'indagine sulla trasmissione dei testi, soprattutto in relazione alla produzione e alla circolazione geografica. Mentre la traduzione nel Medioevo è definita dalla trasmissione dei manoscritti e dalla rete di fattori individuati dal modello di dati BIFLOW, gli studi sulla traduzione sono molto più ampi e coinvolgono una grande varietà di componenti. Tuttavia, ogni informazione formalmente strutturata può approfondire l'esame precedentemente intrapreso dai ricercatori-editori dei fascicoli-schede.

Nella fase di costruzione del progetto digitale è stato importante scomporre la scheda di esempio e di descrizione del fenomeno della traduzione in elementi interrelati fra di loro stabilendone creando significati anche nelle relazioni fra questi. Il modello ermeneutico che si è costituito nella discussione fra il gruppo è stato poi tradotto in un'ontologia basata su framework come RDF e OWL all'interno delle tecnologie del web semantico[48]. I dati dunque sono stati descritti attraverso linguaggi che tengano conto della condivisione dei modelli, dell'interscambio e della sostenibilità dei dati, in particolare nel campo degli studi medievali. Il processo con cui abbiamo costruito questo catalogo si è basato su attività di ricerca molto solide nelle *Digital Humanities* che si basano su metodi e pratiche della modellizzazione dei metadati e dunque sulla condivisione e l'interoperabilità degli stessi[49]. In primo luogo abbiamo tenuto conto dell'ontologia sviluppata all'interno del progetto *Biblissima* (https://biblissima.fr), fondamentale perché una delle prime ontologie a descrivere l'oggetto manoscritto in tutta la sua complessità e che includeva la classe "Manoscritto" come dominio concettuale specifico. I modelli presi in considerazione sono in particolare eFRBRoo[50] e CIDOC-CRM e sono stati utilizzati seguendo anche modelli utilizzati nel progetto *Mapping Manuscript Migration* (https://mappingmanuscriptmigrations.org/en/). Il riuso dei modelli permette di espandere e descrivere le peculiarità del nostro catalogo e di connettere metodologie e approcci utilizzati nell'ontologia BIFLOW con altri progetti, corroborando la possibilità di interoperabilità con gli stessi. Il modello dell'ontolo-

---

[48] ALLEMANG-HENDLER 2011.

[49] CIULA *et al.* 2018.

[50] Il modello che abbiamo utilizzato è la versione eFRBRoo del 2017, stiamo convertendo alcune delle classi nell'ultima versione https://www.cidoc-crm.org/frbroo/sites/default/files/LRMoo_V0.9%28draft%20for%20WLIC%202022%29.pdf.

gia BIFLOW è stato progettato già a partire dal 2015, ma è ancora in fase di finalizzazione perché molti degli aspetti in esso contenuti non hanno ancora degli standard che possono essere condivisi dalla comunità di *Digital Humanities* e di *Digital Manuscript Studies*. Questo sottolinea anche l'importanza metodologica e teorica di implementare, ad esempio, un'ontologia che possa valorizzare la descrizione dei manoscritti e che possa essere un potente strumento di ricerca per una serie di progetti diversi nel campo della codicologia medievale. Questa prima versione del progetto BIFLOW è un punto di arrivo. Tuttavia, molti aspetti dal punto di vista delle tecnologie possono essere approfonditi sia per ciò che concerne il modello sia riguardo al modo in cui visualizziamo i dati. Infine, un obiettivo a lungo termine è quello di essere collegati alle edizioni documentarie e critiche dei testi che compongono il Catalogo BIFLOW. Uno degli obiettivi futuri sarà quello di trovare informazioni specifiche su ogni atto di traduzione in uno specifico contesto; allo stesso tempo, grazie al modello di dati espresso nell'ontologia, potrà, a partire da un singolo dato (all'interno delle classi ontologiche individuate: lavoro, espressione, persone) individuare percorsi di ricerca stratificati e ricostruire il fenomeno storico-sociale. Sarà quindi importante anche realizzare progetti di interoperabilità con le principali banche dati relative agli ambiti disciplinari coperti dal Catalogo (oltre a Mirabileweb anche Corpus Corporum, etc.). In questo modo, il fenomeno della traduzione sarà studiato nel suo complesso e i risultati ottenuti faciliteranno l'accesso alla ricerca della storia culturale del Medioevo italiano.

5. *Il latino medievale tra filologia e linguistica computazionale: aspetti interdisciplinari e sostenibilità della* Theosophia Treebank

THTB (*Theosophia Treebank*) è un progetto che nasce a Ca' Foscari nel novembre 2021[51]. Pensata per studiare nella prospettiva delle *Digital and Public Humanities* la lingua di un testo latino medievale, la *treebank* della *Theosophia* è una risorsa sviluppata presso il VeDPH, con il fine non solo di rappresentare il comportamento di una lingua che rimane viva pur in un contesto in continua evoluzione (e cioè quello toscano bilingue della metà del Trecento), ma anche di definire i termini del rapporto *auctor/auctoritas* di cui l'opera è testimone[52].

---

[51] Per i primi 12 mesi, questo lavoro è stato sostenuto dall'Università Ca' Foscari Venezia, Dipartimento di Studi Umanistici, Venice Centre for Digital and Public Humanities (VeDPH), nell'ambito di un assegno di ricerca post-doc finanziato dal Progetto di Eccellenza - BANDO MIUR "DIPARTIMENTO DI ECCELLENZA 2018-2022", supervisore: Prof. Franz Fischer.

[52] Sul contesto, cfr. gli studi del Team del Progetto BIFLOW – nel quale la *Theosophia* si inserisce – e, in particolare, il volume *Toscana Bilingue* (BISCHETTI *et al.* 2021 ed.).

La *Theosophia*, anche nota come redazione latina dello *Specchio della vera penitenzia* del domenicano Iacopo Passavanti, è infatti un trattato di direzione spirituale scritto dallo stesso frate secondo una prassi al contempo diffusa e atipica che alla scrittura nuova, d'autore, combina una scrittura altresì originale ma fondata su scritti ritenuti autorevoli[53]. Mancando però nel testo riferimenti espliciti alle fonti utilizzate, non è immediatamente possibile stabilire se vi sia e, quando vi sia, dove si situi il confine fra ciò che è proprio dell'*auctor* e ciò che invece appartiene all'*auctoritas*. Di conseguenza, la *Theosophia*, che in non poche occasioni offre più livelli di lettura, richiede un attento lavoro di riconoscimento dei testi citati, fonte inesauribile di stimoli ma anche pratica delicata che impone costanti verifiche per non incorrere nell'errore di male interpretare il messaggio che l'ideatore dell'opera intendeva trasmettere, soprattutto in presenza di testi ambigui o che vanno sotto più nomi[54]. Ma a sostegno di simile indagine interviene la lingua che marca in maniera evidentissima i numerosi brani che nell'insieme compongono l'opera a noi giunta. Le parti ascrivibili all'autore sono infatti contraddistinte da periodi molto estesi, costituiti da varie e a loro volta complesse proposizioni subordinate; strutture sintattiche, dunque, lontane da quelle della prosa "scolastica", lineare, agile ma non per questo modesta che invece caratterizza le restanti parti del trattato cui sottostanno, in primo luogo, gli scritti di Tommaso d'Aquino. Si tratta perciò di una lingua che garantisce un punto di accesso alla conoscenza dell'opera in sé e che merita di essere analizzata anzitutto al fine di descrivere una nuova realtà: di Passavanti è senza dubbio più famoso (e più studiato) il volgare[55]. Insieme a un'indagine filologica di tipo tradizionale nata in seno al progetto ERC BIFLOW, è quindi parso necessario orientare la ricerca anche in questo senso, attraverso l'analisi linguistica del testo che ha portato alla progettazione e, con il supporto dell'Help Desk – DipText-KC – Clarin-it (https://diptext-kc.clarin-it.it/helpdesk/), allo sviluppo di THTB.

Il metodo per lo studio della lingua della *Theosophia* che si è rivelato più efficace è infatti quello in uso per la creazione di *treebank*. I motivi sono vari. Anzitutto una *treebank*, ossia un corpus testuale annotato sintatticamente o semanticamente in accordo con specifiche teorie linguistiche, se sviluppata per esempio secondo le linee guida del framework *Universal Dependencies* e nel formato .conllu[56], offre una panoramica completa dei lemmi, dei tratti morfologici, delle funzioni sintattiche e dei rapporti di dipendenza degli elementi che compongono la frase. Inoltre,

---

[53] Per i dettagli, vedi Macchiarelli 2019, 2020 e 2021, tesi.

[54] Mentre allestisco l'edizione critica del trattato, è in preparazione anche un saggio dedicato nello specifico alla ricezione domenicana della *Theologia mystica* di Ugo di Balma e alle concordanze testuali fra questa opera e la *Theosophia*.

[55] Si vedano in generale gli studi di Ginetta Auzzas (soprattutto Auzzas 2014 ed.) e almeno Delcorno 1995 e Leonardi 1996.

[56] Cfr. rispettivamente https://universaldependencies.org e https://universaldependencies.org/format.html.

il codice che ne deriva può essere processato da appositi tool per la rappresentazione anche grafica delle relazioni. In più, sfruttando risorse compatibili già esistenti, è possibile confrontare i risultati delle rispettive analisi, mettendo in relazione la lingua di un determinato testo con la lingua di testi affini al fine di misurarne poi analogie e differenze. Le stesse risorse possono anche essere adottate come modelli nel caso in cui si scelga di procedere a un *parsing* automatico del corpus che si vuole annotare, operazione, questa, utile per valutare i vantaggi che da tale processo si possono trarre (riduzione dei tempi di lavoro, confronto immediato con i modelli, accuratezza dell'analisi, etc.) e per testare i limiti che potrebbero derivare dall'automazione di un lavoro che richiede comunque una buona dose di interpretazione (errori palesi, errori nel modello, mancato riconoscimento del valore dell'elemento o del contesto, etc.). Infine, come è risaputo, i testi annotati diventano «uno scrigno di informazioni linguistiche preziose, automaticamente accessibili a chiunque voglia farne uso per ulteriori ricerche»[57].

Per inaugurare il cantiere si è scelto di annotare anzitutto le frasi più rappresentative. La scelta è ricaduta su 100 unità che corrispondono quasi alla lettera a passaggi puntuali della *Summa Contra Gentiles* di Tommaso d'Aquino, della quale si dispone di una *treebank* integrale, ITTB (https://itreebank.marginalia.it), che procede direttamente dall'*Index Thomisticus*, progetto che ha di fatto segnato l'inizio della storia delle DH[58]. La selezione non è stata casuale, poiché l'analisi condotta su quei determinati capitoli (nello specifico: *Th.*, I, 22, 24, 26, 27, 28) ha permesso di raggiungere più obiettivi; ha infatti portato a: 1. descrivere la natura di relazioni sintattiche note i cui termini tuttavia sono ridefiniti all'interno di un testo a tutti gli effetti nuovo, dove periodi interi o *excerpta* della *SCG* sono organizzati dall'autore della *Theosophia* in un modo diverso rispetto alla fonte; 2. denotare minimi luoghi di variazione sia linguistica sia testuale; 3. confermare l'attribuzione dei passi a Tommaso d'Aquino, fonte che era già stata individuata secondo un metodo tradizionale; 4. dialogare proficuamente con risorse affini disponibili in rete, con riferimento non solo a ITTB ma anche a *treebank* di testi più o meno coevi come UDante (https://github.com/UniversalDependencies/UD_Latin-UDante)[59], che raccoglie le opere latine dell'Alighieri. La risorsa è ancora in fase di sviluppo, e il passo successivo sarà di annotare i brani che non celano fonti e che sono attribuibili solo e soltanto all'autore. Occorrerà sistematizzare poi i risultati dell'una e dell'altra fase di ricerca – a cui se ne dovrà aggiungere una terza, vincolata alle fonti non tommasiane – per riflettere complessivamente sulla lingua di un testo che, in virtù della sua natura composita, richiede di essere studiato in più tempi. Lo scopo è infatti quello di guardare al quadro che emergerà da un'unica prospettiva: quella della *Theosophia*.

---

[57] LENCI *et. al.* 2016, p. 18.
[58] PASSAROTTI 2019; BUSA 1974-1980.
[59] CECCHINI *et al.* 2020.

Lasciando da parte esempi e questioni pur importanti che qui non competono, importa ora considerare un aspetto in particolare, che rappresenta la problematica forse maggiore cui una risorsa come THTB va potenzialmente incontro, ossia quella relativa alla sostenibilità dei progetti digitali e al loro riconoscimento in ambito accademico.

Chi volesse conoscere e sfruttare la *treebank* della *Theosophia* troverebbe oggi una prima versione del corpus, accompagnata dalla relativa documentazione, su Github (https://github.com/amacchiarelli/THTB.git), servizio di hosting open source che ospita milioni di progetti sviluppati in tutto il mondo. Tuttavia, per ottenere un riconoscimento anche accademico è necessario che la risorsa venga almeno accolta e ospitata da un'infrastruttura istituzionale che possa garantire al prodotto digitale un futuro a medio-lungo termine non solo per la sua preservazione ma anche per la sua reperibilità tramite permalink. Perciò, la risorsa sarà caricata anche sulla già citata (§2) *repository* di ILC4CLARIN. Eppure questo non basta. Infatti, allo stato attuale, un corpus testuale annotato da intendersi come frutto di una ricerca che ha basi scientifiche e che rappresenta i risultati di un esercizio critico sollecitato da discipline riconosciute in ambito universitario, trova forti resistenze a essere considerato un prodotto valutabile. Quindi, per valorizzare le risorse nativamente digitali come THTB, queste devono essere corredate di prodotti a stampa collaterali (articoli, saggi, libri che si auspicano sempre open access) che, illustrandone metodologia e funzionamento, le legittimino.

Conclusioni

Molte attività sono state promosse dall'inaugurazione del VeDPH. Alcune di queste dimostrano un carattere fortemente interdisciplinare e sono svolte in collaborazione con altri istituti e centri di ricerca anche internazionali (vantaggiosa, come abbiamo cercato di provare, è la collaborazione con il CNR-ILC). Nell'ambito delle *Digital and Public Humanities*, la condivisione dei saperi e delle competenze, il dialogo, il confronto – in una parola: lo scambio – giocano infatti un ruolo di primo piano, perché molteplice è la natura stessa dell'umanista digitale e del compito a lui affidato. Sebbene il dibattito intorno a tale figura e al riconoscimento dei progetti di cui si fa promotore sia ormai di lunga durata, non si è giunti finora a un accordo fra le parti dove si dichiari l'autonomia dei ricercatori e delle ricerche inerenti le DPH anche in contesti istituzionali come, per esempio, l'Università. Per assistere a un cambiamento concreto nella direzione proposta bisognerà forse attendere ancora. Ma a prescindere da ciò, è fondamentale che i progetti – tanto più quelli futuri – siano sostenibili e rispondano ai principi di ricercabilità, accessibilità, interscambio e riusabilità (principi-guida, come più volte sottolineato). Nel ripercorrere i momenti salienti di tre esperienze, è emerso che è opportuno anche sensibilizzare gli studiosi a specifici linguaggi attraverso cui far comunicare tradizione e innovazione (vedi il caso di Euporia); sviluppare ontologie nuove che a partire da un dato singolo rappresentino fenomeni complessi all'interno dei quali quel dato è solo il primo fra i tanti che ne definiscono la struttura (in tal senso è stato pensato il Catalogo BIFLOW); e, infine, creare modelli che si avvalgano di risorse esistenti per descrivere realtà di fatto inedite (e con THTB si è inteso fare proprio questo).

BIBLIOGRAFIA

ALLEMANG-HENDLER 2011 = D. ALLEMANG - J. HENDLER, *Semantic Web for the Working Ontologist: Effective Modeling in RDFS and OWL*, Burlington 2011.

AUZZAS 2014 ed. = IACOPO PASSAVANTI, *Lo Specchio della vera penitenzia*, edizione critica a cura di G. AUZZAS, Firenze 2014.

BAMBACI-BOSCHETTI 2020 = L. BAMBACI - F. BOSCHETTI, *Encoding the Critical Apparatus by Domain-Specific Languages: The Case of the Hebrew Book of Qohelet*, in *AIUCD 2020: La svolta inevitabile: sfide e prospettive per l'Informatica Umanistica*, a cura di C. Marras, M. Passarotti, G. Franzini, E. Litta, Milano 2020, pp. 7-13.

BEER 1978 ed. = *Medieval Translators and their Craft*, ed. by J. BEER, Kalamazoo 1978.

BISCHETTI *et al.* 2021 ed. = *Toscana bilingue (1260 ca.-1430 ca.). Per una storia sociale del tradurre medievale*, a cura di S. BISCHETTI, M. Lodone, C. Lorenzi, A. Montefusco, indici a cura di M. Vescovo, Berlin-Boston 2021, https://doi.org/10.1515/9783110702231.

BOSCHETTI *et al.* 2021 = F. BOSCHETTI - A.M. Del Grosso - L. Spinazzè, *La galassia* Musisque Deoque: *storia e prospettive*, in *Paulo maiora canamus*, a cura di M. Manca e M. Venuti, Venezia 2021, pp. 405-419.

BRADLEY 2007 = K. BRADLEY, *Defining Digital Sustainability*, in *Library Trends*, 56, 1, 2007, pp. 148-163.

BRUNDTLAND 1987 = G.H. BRUNDTLAND, *Our Common Future. Report of the World Commission on Environment and Development*, UN Documents 1987.

BURKE-HSIA 2007 = P. BURKE - R. P.-C. HSIA, *Introduction*, in *Cultural Translation in Early Modern Europe*, eds. by P. Burke and R. P.C. Hsia, Cambridge 2007.

BURKE-PORTER 1995 ed. = *Languages and Jargons: Contributions to a Social History of Language*, eds. by P. BURKE and R. PORTER, Cambridge 1995.

BUSA 1974-1980 = R. BUSA, *Index Thomisticus*, Stuttgart-Bad Cannstatt 1974-1980.

CECCHINI *et al.* 2020 = F.M. CECCHINI - R. Sprugnoli - G. Moretti - M. Passarotti, *UDante: First Steps Towards the Universal Dependencies Treebank of Dante's Latin Works*, in *Proceedings of the Seventh Italian Conference on Computational Linguistics. CEUR Workshop Proceedings*, edited by J. Monti, F. Dell'Orletta, F. Tamburini, Aachen 2020, pp. 1-7.

CHIESA 1987 = P. CHIESA, *Ad verbum o ad sensum? Modelli e coscienza metodologica della traduzione tra tarda antichità e alto medioevo*, in *Medioevo e Rinascimento*, 1, 1987, pp. 1-51.

CIULA *et al.* 2018 = A. CIULA - Ø. Eide - C. Marras - P. Sahle, *Models and Modelling between Digital and Humanities. Models and Modelling between Digital and Humanities.*

Remarks from a Multidisciplinary Perspective, in *Historical Social Research/Historische Sozialforschung*, 43, 4, 2018, pp. 343-361.

COPELAND 1991 = R. COPELAND, *Rhetoric, Hermeneutics and Translation in the Middle Ages: Academic Traditions and Vernacular Texts*, Cambridge 1991.

CORNISH 2011 = A. CORNISH, *Vernacular Translation in Dante's Italy: Illiterate Literature*, Cambridge 2011.

DE JONG *et al.* 2018 = F. DE JONG - B. Maegaard - K. De Smedt - D. Fišer - D. Van Uytvanck, *CLARIN: Towards FAIR and Responsible Data Science Using Language Resources*, in *Proceedings of the Eleventh International Conference on Language Resources and Evaluation (LREC 2018)*, eds. by N. Calzolari (Conference chair), K. Choukri, C. Cieri, T. Declerck, S. Goggi, K. Hasida, H. Isahara *et al.*, Miyazaki 2018.

DELCORNO 1995 = C. DELCORNO, *La lingua dei predicatori. Tra latino e volgare*, in *La predicazione dei frati dalla metà del '200 alla fine del '300. Atti del XXII Convegno internazionale (Assisi, 13-15 ottobre 1994)*, Spoleto 1995, pp. 19-46.

EPIFANI 2020 = S. EPIFANI, *Sostenibilità digitale. Perché la sostenibilità non può prescindere dalla trasformazione digitale*, Roma 2020.

GERARD *et al.* 2021 = G. GERARD - R.K. Merrill - S. J.D. Schillebeeckx, *Digital Sustainability and Entrepreneurship: How Digital Innovations Are Helping Tackle Climate Change and Sustainable Development*, in *Entrepreneurship Theory and Practice*, 45, 5, 2021, pp. 999-1027.

LENCI *et al.* 2016 = A. LENCI - S. Montemagni - V. Pirrelli, *Testo e computer. Elementi di linguistica computazionale*, Roma 2016.

LEONARDI 1996 = L. LEONARDI, *«A volerla bene volgarizzare...»: teorie della traduzione biblica in Italia (con appunti sull'«Apocalisse»)*, in *Studi Medievali*, s. III, 37, 1, 1996, pp. 171-201.

LIN *et al.* 2020 = D. LIN - J. Crabtree - I. Dillo *et al.*, *The TRUST Principles for digital repositories*, in *Sci Data* 7, 144, 2020, https://doi.org/10.1038/s41597-020-0486-7.

MACCHIARELLI 2019 = A. MACCHIARELLI, *Iacopo Passavanti e la Theosophia. Nuove riflessioni sul ms. laur. San Marco 459*, in *Linguistica e Letteratura*, 44, 1-2, 2019, pp. 27-64.

MACCHIARELLI 2020 = A. MACCHIARELLI, *Per la biografia di fr. Iacopo Passavanti OP (1302 ca.-1357)*, in *Aevum*, 94, 2, 2020, pp. 341-68.

MACCHIARELLI 2021, tesi = A. Macchiarelli, *La "Theosophia" attribuibile a Iacopo Passavanti: edizione e studio della cosiddetta 'redazione latina' dello "Specchio della vera penitenzia"*, tesi di dottorato (XXXIII ciclo), tutor Prof. A. Montefusco, Università Ca' Foscari Venezia, a.a. 2020-2021, discussa il 7 giugno.

MANCA-VENUTI 2021 = M. MANCA - M. VENUTI, *Paulo Maiora Canamus Raccolta Di Studi per Paolo Mastandrea*, Venezia 2021.

MARRAS 2014 = C. MARRAS, *Esplorando gli ambienti digitali per la ricerca in filosofia: sostenibilità e modelli di sviluppo*, discorso pronunciato in occasione della Conferenza AIUCD2014, *La metodologia della ricerca umanistica nell'ecosistema digitale*, Bologna, 18-19 Settembre 2014.

MELIGHETTI 2022 = F. MELIGHETTI, *PhiloGraph: modelli per la rappresentazione dinamica della variantistica. Disposizioni multiple dei dati d'apparato in funzione dei requisiti d'analisi filologica*, tesi di laurea, tutor A.M. Del Grosso, F. Boschetti, S. Zenzaro, Università di Pisa, a.a. 2021-2022, discussa l'11 luglio.

MUGELLI *et al.* 2016 = G. MUGELLI - F. Boschetti - R. Del Gratta - A.M. Del Grosso - F. Khan - A. Taddei, *A User-Centred Design to Annotate Ritual Facts in Ancient Greek Tragedies*, in *Bulletin of the Institute of Classical Studies*, 59, 2, 2016, pp. 103-120.

PARR 2014 = T. PARR, *Language Implementatio Patterns: Create Your Own Domain-Specific and Genral Programming Languages*, Dallas (TX)-Raleigh (NC) 2014.

PASSAROTTI 2019 = M. PASSAROTTI, *The Project of the Index Thomisticus Treebank*, in *Digital Classical Philology: Ancient Greek and Latin in the Digital Revolution*, eds. by M. Berti, Berlin-Boston 2019, pp. 299-320, https://doi.org/10.1515/9783110599572-017.

PELIZZA 2022 ed. = *I secoli di Venezia. Dai documenti dell'Archivio di Stato*, a cura di A. PELIZZA, Venezia 2022, http://doi.org/10.30687/978-88-6969-668-8.

PYM 1993 = A. PYM, *Negotiation Theory as an Approach to Translation History: An inductive lesson from the 15th Century Castille*, in *Knowledge and Translation*, edited by Y. Gambier and J. Tommola, Turku 1993, pp. 27-39.

PYM 1998 = A. PYM, *Method in Translation History*, Manchester 1998.

SCHNEIDER *et al.* 2019 = F. SCHNEIDER - A. Kläy - A.B. Zimmermann - T. Buser - M. Ingalls - P. Messerli, *How can science support the 2030 Agenda for Sustainable Development? Four tasks to tackle the normative dimension of sustainability*, in *Sustain Sci*, 14, 1593-1604, 2019, https://doi.org/10.1007/s11625-019-00675-y.

SEGRE 1991 = C. SEGRE, *I volgarizzamenti del Due e Trecento*, in ID., *Lingua, stile e società*, Milano 1991, pp. 49-78.

STEINER 1975 = G. STEINER, *After babel. Aspects of Language and Translation*, Oxford 1975.

TIAGO *et al.* 2021 = F. TIAGO - A. Gil - S. Stemberger - T. Borges-Tiago, *Digital sustainability communication in tourism*, in *Journal of Innovation & Knowledge*, 6, 1, 2021, pp. 27-34.

VAGIONAKIS *et al.* 2022 = I. VAGIONAKIS - R. Del Gratta - F. Boschetti - P. Baroni - A.M. Del Grosso - T. Mancinelli - M. Monachini, *'Cretan Institutional Inscriptions' Meets CLARIN-IT*, in *Selected Papers from the CLARIN Annual Conference 2021. Virtual Event, 2021, 27–29 September*, edited by M. Monachini and M. Eskevich, 2022, pp. 139-150, https://doi.org/10.3384/9789179294441.

VENUTI 1995 = L. VENUTI, *The Translator's Invisibility: A History of Translation*, London 1995.

VITI 2004 ed. = Leonardo Bruni, *La perfetta traduzione*, edizione a cura di P. VITI, Napoli 2004.

WINDELBAND 1894 = W. WINDELBAND, *Geschichte und Naturwissenschaft*, Straßburg 1894.

YANG *et al.* 2020 = M. YANG - M. Wang - H. Wang - G. Yang - H. Liu, *Exploring the Transdisciplinary Nature of Digital Humanities*, in *Proceedings of the ACM/IEEE Joint Conference on Digital Libraries in 2020 (JCDL '20). Association for Computing Machinery*, New York 2020, pp. 553-554.

ANDREA BERNARDONI E IOLANDA ROLFO

La digitalizzazione del patrimonio culturale:
l'esperienza del Museo Galileo con un focus particolare sui progetti web
Il mappamondo di Fra Mauro *e* Leonardo//thek@

DOI 10.48255/9788891328373.10

Il Museo Galileo di Firenze conserva una delle collezioni di strumenti scientifici tra le più importanti al mondo raccolte nel periodo mediceo e in quello lorenese tra il XVI e il XIX secolo[1].

Le visite al museo, allestito nell'antico palazzo Castellani possono essere preparate o ricordate attraverso la ricostruzione virtuale delle sale che permettono la fruizione degli strumenti in grafica 3D insieme alle loro schede di approfondimento[2]. Le immagini di alcune sale dell'esposizione permanente servono a dare un po' un'idea di quali siano i tesori conservati a Palazzo Castellani. Di seguito alcune immagini: la sala 2 (fig. 1) dedicata all'astronomia e alla misura del tempo presenta una ricca selezione di strumenti: orologi solari, notturnali e astrolabi che consentivano di conoscere l'ora sia di giorno che di notte.

L'astronomia ha da sempre contribuito alla messa a punto di precisi strumenti cronometrici e nelle vetrine possiamo ammirare oggetti scientifici di uso comune accanto a raffinatissimi strumenti realizzati nelle botteghe artigiane che fiorirono a partire dal Cinquecento.

La terza sala (fig. 2) è dedicata alla rappresentazione del mondo con i globi terrestri e celesti sullo sfondo nelle vetrine, mentre al centro si trova la grande Sfera Armillare del Santucci. Questa non è solo un capolavoro dell'artigianato fiorentino, ma è anche un vero e proprio monumento al sistema geocentrico e alla concezione del mondo prima della rivoluzione scientifica[3].

---

[1] CAMEROTA 2010 e https://www.museogalileo.it/.

[2] Il museo virtuale è visionabile al seguente indirizzo: https://www.museogalileo.it/it/museo/esplora/esposizione-permanente.html.

[3] DUNN *et alii* 2018 ed., pp. 180-209.

Fig. 1. Museo Galileo, sala II - L'astronomia e il tempo.

A seguire, uno sguardo alla sala di Galileo, da cui il museo prende il nome, poiché conserva gli unici telescopi originali dello scienziato che sono giunti fino a noi e la lente con cui furono fatte le grandi scoperte narrate nel *Sidereus nuncius*, oltre ad altri cimeli galileiani.

Infine, la prima sala dedicata alle collezioni lorenesi (fig. 3), dove si trova al centro il banco chimico di Pietro Leopoldo, Granduca di Toscana, ma anche chimico più che dilettante e le cere commissionate alla fine del Settecento per il Museo di Fisica e Storia Naturale, e poi utilizzate per studio dalle allieve della scuola di ostetricia fiorentina[4].

Il Museo Galileo è anche la sede dell'Istituto di storia della scienza che mette a disposizione degli studiosi una biblioteca specialistica tra le più fornite al mondo che possiede circa 170.000 opere, tra fonti primarie e letteratura secondaria. L'istituto è inoltre affiancato da un laboratorio multimediale e negli anni si è formato un gruppo di lavoro con competenze multidisciplinari che progetta e sviluppa applicazioni web, *exhibit* digitali per mostre e ausili per la ricerca, la didattica e la divulgazione della storia della scienza.

[4] CONTARDI 2002.

Fig. 2. Museo Galileo, sala III - La rappresentazione del mondo.

Fig. 3. Museo Galileo, sala X - Il collezionismo lorenese.

Il modus operandi collegiale e multidisciplinare basato sul dialogo fra il personale tecnico ICT e gli studiosi, i redattori dei contenuti, il mondo della ricerca fa sì che i prodotti finali risultino qualitativamente migliori perché sottoposti a un costante processo di rilascio di versione, verifica e "aggiustamento del tiro"; questo con un progetto dato in *outsourcing* è molto più difficile.

Il Museo Galileo è stato un precursore nello sviluppo delle risorse web. Il primo sito risale infatti al 1994 e il primo catalogo multimediale è stato pubblicato nel 1997. L'allestimento attuale è stato realizzato nel 2010 e in questa occasione è stata rilasciata anche app-videoguida della quale sta per essere pubblicata una nuova versione. L'app, scaricabile gratuitamente dagli *stores* Android e Apple, mette a disposizione delle schede informative su tutti gli strumenti in esposizione; è possibile trovare video, testi e approfondimenti audio su tutto il patrimonio. Dunque, si è veramente accompagnati in una vera e propria visita guidata, anzi, vista la mole di materiale a disposizione, si potrebbe tornare al museo ripetutamente per approfondirne i diversi aspetti[5].

I video realizzati per il museo virtuale e per le numerose esposizioni temporanee hanno portato a sviluppare un'idea di digitalizzazione del patrimonio culturale incentrata non soltanto sulla trasposizione degli oggetti fisici in oggetti digitali ma principalmente sull'apparato di relazioni che li unisce per costruire delle narrazioni attraverso le quali restituire le opere nel loro contesto[6].

I numerosi progetti in cui il museo è coinvolto sono sia orientati alla divulgazione che di sostegno alla ricerca. A titolo esemplificativo vorremmo illustrare un prodotto per ognuna di queste due macrocategorie.

Il primo è il sito web sul mappamondo di Fra Mauro e il secondo è la *Leonardo//thek@*, un archivio digitale integrato dedicato ai manoscritti di Leonardo da Vinci, con i materiali relativi al Codice Atlantico e che è in via di popolamento per quanto riguarda le carte della Royal Collection[7].

Il mappamondo di Fra Mauro è un incredibile documento storico il cui originale è conservato presso la biblioteca Marciana di Venezia e di cui il Museo Galileo espone una riproduzione fotografica in dimensioni reali realizzata dai Fratelli Alinari nel 1942. Il sito web è frutto di un enorme lavoro di ricerca, curato nei contenuti dal professor Filippo Camerota, direttore scientifico del Museo Galileo, e dal dottor Angelo Cattaneo ricercatore del CNR. Si tratta di un'applicazione

---

[5] https://www.museogalileo.it/it/

[6] Il museo virtuale e le esposizioni virtuali sono visionabili ai seguenti indirizzi: https://catalogo.museogalileo.it/indice.html; https://www.museogalileo.it/it/museo/esplora/esposizioni-temporanee.html.

[7] L'applicazione dedicata al mappamondo di Fra Mauro e la *Leonardo//thek@* sono visionabili ai seguenti indirizzi: https://mostre.museogalileo.it/framauro/it/; https://teche.museogalileo.it/leonardo/home/.

che rende esplorabile un oggetto che altrimenti risulterebbe del tutto misterioso. L'enorme Mappa disegnata intorno al 1450 dal cosmografo veneziano noto come Fra Mauro appartenente all'ordine dei Camaldolesi propone centinaia di toponimi e annotazioni relative a luoghi geografici, storici, mitologici, oltre ad elementi etno-antropologici. Il mappamondo è realizzato all'interno di un cerchio di 196 cm di diametro che a sua volta è inscritto in una cornice quadrata di oltre 2 metri e 20, tanto per avere un'idea della materialità dell'oggetto.

Il sito è organizzato in sezioni nelle quali possiamo incontrare il contesto storico, l'esplorazione interattiva, la cosmografia e le fonti, la ricezione di questo documento, un capitolo ad altri mappamondi che consente la comparazione, uno dedicato al disegno, uno dedicato alle carte marine e, infine, una biblioteca digitale. Il tutto realizzato in lingua inglese e cinese (tradizionale e semplificato); essendo l'Oriente l'area geografica a cui guarda prevalentemente questa carta è stato scelto di renderlo leggibile anche al pubblico cinese.

All'interno del sito troviamo un enorme apparato audio visivo, oltre 100 video che raccontano moltissime storie e che costituiscono un approfondimento culturale molto piacevole, perché si viene letteralmente presi per mano e accompagnati a penetrare i segreti del mappamondo.

L'esplorazione interattiva è sicuramente un po' il cuore della dell'applicazione, nel senso che consente di visionare la mappa ad un'altissima risoluzione che ne rivela ogni minimo dettaglio. Addirittura, possiamo arrivare ad osservare la fisicità stessa dell'oggetto. Il mappamondo possiede un apparato iconografico molto ricco, vi troviamo centinaia di riferimenti topografici e di cartigli esplicativi, disegni di fiumi, montagne e isole, per questo motivo la persona che si trova di fronte a questo documento rimane completamente spaesata. Non è possibile affrontare questa enorme messe di informazioni senza una guida.

Ogni cartiglio racconta una storia in volgare veneziano e sul sito è possibile consultarne la traduzione in italiano, oltre che, come già detto, in inglese e cinese. Il mappamondo di Fra Mauro è poi legato a quelle che sono state le esplorazioni di Marco Polo e, dunque, sono stati identificati i luoghi da lui indicati nel *Milione* con il collegamento al sito moderno identificato su Google Maps.

Il sito web sul mappamondo di Fra Mauro rende accessibile al grande pubblico in modo comprensibile il frutto di oltre due anni di studi.

Il secondo progetto che esemplifica l'approccio del Museo Galileo alle *Digital Humanities* è la *Leonardo//thek@*. Come leggiamo nell'introduzione dell'archivio:

> *Leonardo//thek@* è un modello innovativo di biblioteca digitale che consente di consultare in rete le immagini e le trascrizioni dei 1119 fogli del Codice Atlantico, e, al tempo stesso, di accedere ai risultati di oltre due secoli di studi. Grazie alla molteplicità e varietà degli strumenti di ricerca, offre un contributo indispensabile per orientarsi nello smisurato e asistematico volume di dati di questa risorsa.

L'obiettivo finale di questa "teca" è quella di fornire uno strumento di consultazione assistita di tutte le opere di Leonardo. Al momento ci siamo concentrati sul Codice Atlantico perché rappresenta la raccolta di manoscritti più problematica da gestire e consultare. Oggi giorno il codice Atlantico è una raccolta di fogli sciolti ma in origine era una enorme "galleria portatile" nella quale lo scultore Pompeo Leoni aveva raccolto una serie di fogli sciolti e alcuni taccuini sfascicolati sui quali era intervenuto anche con le forbici per separare i disegni artistici da quelli tecnici e scientifici[8]. La consistenza frammentaria, asistematica e arbitraria di questa raccolta di fogli sciolti poneva problemi di riordine fisico, di correlazione tematica e di interpretazione. Per tutti questi motivi, che rendono questo Codice il più problematico da approcciare, abbiamo deciso di progettare la teca partendo dal Codice Atlantico.

La *Leonardo//thek@* offre i dati relativi ad ogni singola carta, recto e verso, mutuati dai repertori prodotti dai principali studiosi di questa opera in occasione del restauro e smontaggio del Codice: Carlo Pedretti, *Leonardo: da Vinci - The Codex Atlanticus of Leonardo da Vinci: a catalogue of its newly restored* [New York, Johnson Reprint Corporation, 1978-1979] e di Augusto Marinoni, *Leonardo da Vinci, Il Codice Atlantico della Biblioteca Ambrosiana di Milano* [Firenze, Giunti Barbèra, 1975-1980].

Ogni scheda presenta le note critiche relative alla singola carta, redatte da autori vari (Pedretti, Marinoni, Govi, gli autori dei cataloghi De Agostini a cura di Pietro Marani).

I dati strutturati presenti sono: le diverse numerazioni del singolo foglio; la datazione proposta dagli studiosi; il formato del foglio con l'indicazione di altezza e larghezza; la presenza o meno di piegature; il tipo di carta; l'indicazione del tipo di filigrana, quando presente; il contenuto (calcoli, diagrammi, disegni, mappe o testo); le tecniche; la presenza o meno di ritagli e lacune; la direzione di scrittura (da dx a sx o viceversa); la presenza o meno di altre mani oltre a quella di Leonardo.

Nella pagina web dedicata al foglio sono, inoltre, indicati i nomi di persona e di luogo citati nelle note critiche o presenti nelle trascrizioni delle carte stesse.

E, per finire, il collegamento ad altre carte correlate al foglio in esame se indicato dagli studiosi nelle note critiche oppure l'indicazione dei frammenti che vanno a costituire parte integrante della carta stessa. Nei casi in cui la ricomposizione foglio-frammenti sia risultata chiara si è proceduto al restauro virtuale dei fogli proponendo la ricostruzione della carta nel layout originario leonardiano.

Oltre a tutto ciò sono presenti, sempre puntualmente per ogni foglio, i riferimenti bibliografici citati nelle note critiche con accesso diretto, quando possibile, al volume digitalizzato consultabile attraverso la Teca Digitale del Museo Galileo.

---

[8] Per la storia del Codice Atlantico si veda il saggio di Andrea Bernardoni presente in questo volume e BAMBACH 2007.

Alle singole carte si può arrivare tramite diversi punti di accesso: la ricerca avanzata, gli indici tematici, il repertorio bibliografico.

La ricerca avanzata consente di combinare più campi, aggiungendoli progressivamente per raffinare i risultati, è possibile, inoltre, salvare le ricerche per un uso successivo, all'interno della stessa sessione di esplorazione del sito.

Il secondo accesso è dato dagli indici tematici, migliaia di lemmi estratti dagli indici e glossari di Guido Semenza-Roberto Marcolongo (1939), Giovanni Galbiati (1939) e Augusto Marinoni (2004). È possibile selezionare una singola parola e, così, accedere direttamente ai fogli nei quali questa è attestata.

Infine, anche la bibliografia offre la possibilità di consultare tutte le carte correlate alla singola voce del repertorio con un semplice clic.

All'interno della *Leonardo//thek@* sono ospitati anche alcuni progetti fondamentali per lo studio dei fogli vinciani come quello del Lessico, delle filigrane e delle lastre. Progetti questi ancora in fase di definizione e che saranno implementati successivamente; si tratta, di fatto, di tre "spin-off" dell'archivio iniziale che arricchiscono la singola carta che viene così a costituire una sorta di elemento atomico alla quale possono essere legati altri progetti.

Il lessico, sviluppato in collaborazione con l'Accademia della Crusca, prevede una nuova trascrizione del Codice Atlantico e la sua lemmatizzazione, in modo da rendere ricercabili tutti i testi sia per forme che per lemmi.

Una volta selezionato il risultato della ricerca è possibile visualizzare la trascrizione della porzione di testo in cui la parola cercata è presente, semplicemente aprendo delle finestre che lasciano sempre visibile l'immagine del manoscritto leonardiano[9].

Infine, la sezione dedicata alle lastre fotografiche realizzate alla fine del XIX secolo per la pubblicazione dell'editio princeps del Codice tra il 1894 e il 1904. In questo archivio è possibile mettere a confronto le foto del manoscritto attuale con quelle realizzate circa 150 anni fa e visionare i fogli nello stato di conservazione anteriore al restauro degli anni Sessanta del secolo scorso[10]. Le lastre costituiscono, di fatto, l'immagine dei manoscritti più antica in nostro possesso e, seppure in bianco e nero li restituiscono in una risoluzione migliore della versione a stampa. In alcuni casi esse vengono ad essere le uniche testimonianze di disegni che con il restauro furono danneggiati[11].

L'ultima funzionalità aggiunta di recente e che sarà operativa al momento della pubblicazione dell'archivio digitale è l'introduzione dello standard IIIF per la consultazione delle immagini. Attraverso il *viewer Mirador* questa tecnologia consente

---

[9] Fanini 2022.

[10] Per approfondire la storia dell'acquisizione fotografica dei manoscritti di Leonardo si veda: Bernardoni 2022, Barone 2022a, Barone 2022b, Peters-Carafa 2022.

[11] Per approfondire il tema della polemica scaturita sugli esiti del restauro si veda: Pedretti 1978-79, pp. 10-15; Marinoni 1972, p. 15.

di aprire più carte in un'unica *dashboard* facilitando enormemente il lavoro di ricerca, che richiede molto spesso di poter confrontare più carte contemporaneamente.

La *Leonardo//thek@* è frutto della collaborazione fra più istituzioni, ma è stata sviluppata tecnicamente all'interno del Museo Galileo dove è stato possibile sottoporre via via i diversi prototipi ad un continuo iter di revisione e miglioramento, fino ad ottenere il risultato più vicino alle esigenze degli studiosi di Leonardo[12].

BIBLIOGRAFIA

BAMBACH 2007 = C. BAMBACH, *Un'eredità difficile: i disegni ed i manoscritti di Leonardo tra mito e documento*, Firenze 2007.

BARONE 2022a = J. BARONE, *The lastre di vetro of the Codex Atlanticus in the Warburg institute and Hoepli edition*, in GALLUZZI-NOVA 2022 ed, pp. 233-243.

BARONE 2022b = J. BARONE, *The Codex Atlanticus in Glass: new visual documentary evidences*, in *Achademia Leonardi Vinci, Nuova Serie*, n. 2, 2022, pp. 177-201.

BERNARDONI 2022 = A. BERNARDONI, *Fotografare Leonardo tra la fine del XIX e l'inizio del XX secolo: studio preliminare sui negativi per la stampa dei facsimili dei manoscritti vinciani*, in GALLUZZI-NOVA 2022 ed., pp. 181-197.

CAMEROTA 2010 ed. = *Museo Galileo: capolavori della scienza*, a cura di F. CAMEROTA, Giunti 2010.

CONTARDI 2002 = S. CONTARDI, *La casa di Salomone a Firenze: l'Imperiale e reale museo di fisica e storia naturale, 1775-1801*, Firenze 2002.

DUNN *et alii* 2018 ed. = *Heaven and Earth united: instruments in astrological contexts*, eds. by R. Dunn, S. Ackermann, G. Strano, Leiden 2018.

FANINI 2022 = B. FANINI, *Dai Glossari alla* Leonardo//thek@: *nuovi strumenti e nuove prospettive d'indagine per il lessico vinciano*, in GALLUZZI-NOVA 2022 ed., pp. 263-275

GALLUZZI-NOVA 2022 ed. = *Decoding Leonardo's codices: compilation, dispersal and reproduction technologies*, eds. by P. Galluzzi, A. Nova, Venezia 2022.

MARINONI 1982 = A. MARINONI, *Sul restauro del Codice Atlantico*, in *Raccolta Vinciana*, XXI, 1982.

PEDRETTI 1978-79 = C. PEDRETTI, *The Codex Atlanticus of Leonardo da Vinci. A Catalogue of its newly restored sheets*, Johnson Reprint corporation 1978-79.

PETERS-CARAFA = D. PETERS - C. CARAFA, *Securing traces: the glass negative archive of the Commissione Vinciana*, in GALLUZZI-NOVA 2022 ed., pp. 199-232.

---

[12] *Leonardo//Thek@* è stata realizzata grazie al sostegno del Comitato Nazionale per la celebrazione dei 500 anni della nascita di Leonardo, della Commissione per l'Edizione Nazionale dei manoscritti e dei disegni di Leonardo da Vinci, della Biblioteca Ambrosiana di Milano, della Royal Library di Windsor e della Biblioteca Leonardiana di Vinci.

ELISA BASTIANELLO

Dalla digitalizzazione all'edizione digitale: i progetti Digital Publishing *della Bibliotheca Hertziana*

DOI 10.48255/9788891328373.11

1. *Introduzione*

Negli ultimi anni la digitalizzazione delle fonti testuali, intesa come la scansione di manoscritti e testi a stampa, ha avuto una continua progressione. Il miglioramento delle tecnologie di scansione, insieme a nuovi protocolli di distribuzione online delle immagini ad alta risoluzione, ha reso possibile la consultazione domestica di codici che in un passato anche recente avrebbero richiesto agli studiosi lunghe peregrinazioni tra gli istituti di conservazione. Queste opportunità si sono rivelate fondamentali per la ricerca, in particolare quella di stampo umanistico, nel corso della recente pandemia di Covid-19 che ha visto numerosi istituti chiudere al pubblico per molti mesi e riaprire con grosse limitazioni alla consultazione dei materiali e alla frequenza e permanenza nelle sale di lettura e consultazione.

Se alla fine del XX secolo la qualità delle immagini messe a disposizione era molto bassa, a malapena sufficiente per la lettura in una rete internet dalle ridotte capacità, il progresso delle tecniche di scansione e passaggio alla rete ad alta velocità ha reso molto più facile lo scambio di documenti di grandi dimensioni. Grandi colossi tecnologici, come Google, hanno affiancato molti istituti nelle operazioni di scansione dei documenti a stampa, mettendo a disposizione tanto la strumentazione per l'acquisizione che l'interfaccia di consultazione. Negli ultimi anni però ha preso sempre più piede da parte degli enti di conservazione l'adozione di tecnologie di distribuzione orientate più verso la libera circolazione dei contenuti, come il IIIF[1], che permettono di visualizzare in modo ottimizzato immagini piramidali, con la possibilità di ingrandire fino alla massima risoluzione scaricando localmente solo il dettaglio ingrandito e non l'intera immagine[2].

---

[1] International Image Interoperability Framework, https://iiif.io/.
[2] KELLI-DI CRESCE 2019.

La rappresentazione digitale ad alta risoluzione delle pagine delle fonti corrisponde ad una versione avanzata delle pubblicazioni anastatiche del passato, dove alla ristampa delle foto sgranate corrisponde l'immagine digitale. Ma, salvo casi eccezionali, queste digitalizzazioni non includono nessun tipo di studio specifico dei contenuti del documento, saggi introduttivi o approfondimenti. Per quanto la maggiore definizione possa aumentare la leggibilità del contenuto, la sua accessibilità resta limitata alla capacità di decodifica del lettore.

Se questo sembra un problema minore per i libri a stampa rispetto ai manoscritti, la realtà ci dimostra che spesso i testi stampati agli albori della tipografia, fino anche al XIX secolo, mantengono tutta una serie di convenzioni, legature e abbreviature mutuate dalla pratica scribale del passato. L'uso della lettera "u" con suono consonantico al posto della "v", la presenza della "s" lunga (ſ), così simile alla "f" riducono fortemente la leggibilità, anche in caso di riconoscimento ottico dei caratteri (OCR). Gli stessi caratteri tipografici, per esempio nel caso del gotico, non agevolano la lettura per il lettore contemporaneo che non abbia sviluppato una pratica specifica. Infine le immagini non sono "ricercabili", ovvero non posso chiedere all'elaboratore di individuare una particolare parola nel testo, come invece è nella prassi del lettore di testi digitali e non sono accessibili per gli strumenti di ausilio utilizzati da persone con deficit visivi o alla lettura (figg. 1 e 2). Per ovviare a queste limitazioni si rende dunque necessaria una trascrizione dei contenuti, che finora ha sempre richiesto un enorme dispendio di tempo e risorse, facendo naufragare alcuni dei progetti passati[3].

Un secondo ordine di problemi nasce quando si tenta di citare questi documenti digitali. In passato la difficoltà oggettiva

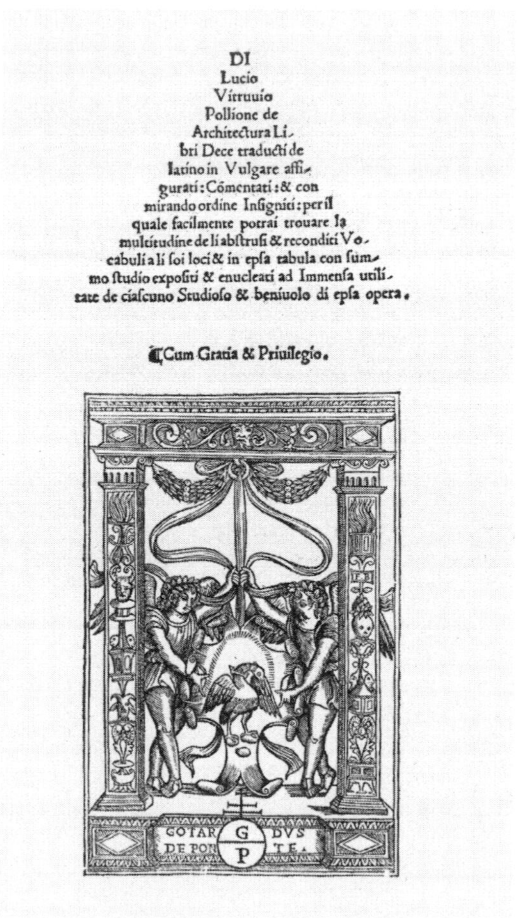
DI
Lucio
Vitruuio
Pollione de
Architectura Li-
bri Dece traducti de
latino in Vulgare affi-
gurati: Cōmentati: & con
mirando ordine Insigniti: per il
quale facilmente potrai trouare la
multitudine de li abstrusi & reconditi Vo-
cabuli a li soi loci & in epsa tabula con sum-
mo studio expositi & enucleati ad Immensa utili-
tate de ciascuno Studioso & beniuolo di epsa opera.

¶ Cum Gratia & Priuilegio.

Fig. 1. Frontespizio del Vitruvius [Pollio] 1521 (Per gentile concessione della Bibliotheca Hertziana – Istituto Max Planck per la storia dell'arte).

[3] Mi riferisco per esempio al progetto ECHO (https://echo.mpiwg-berlin.mpg.de/) di cui la Bibliotheca Hertziana era parte e per il quale solo una parte dei testi ha potuto avere trascrizioni controllate e attualmente disponibile con grosse limitazioni nella ricerca.

```
w 1

DI

Lucio
Vi'truui'o
PolHonc  de
Archi'tefluraLi'^
bri  Dece  traducftide
latino  in  Vulgate  affi^
gurati :  Cómcntaii :  SC  con
mirando  ordine  Infigniti:pcril
quale  facilmente  potrai  trouarc  la
multitudine  de  li  abftrufi  8C  reconditi  Vo^
cabuliali  foi  loci  8t  in  epfa  tabula  con  fum^
mo  ftudio  expoGu  SC  enucleati  ad  Immenfa  utiH^
tate  de  ei'afcuno  Studiofo  SI  beniuolo  di  epfa  opera»


iJCum  Gratja  K.  PriuJlegi'oj


CLEOiPAPA.X.


I  NIVERSIS  K  Gnguli's  praifentcs  Ii'ttcras  l'nfpcftum's  falutem  &  apoftoli'cam  bn,
Cum  ficut  accrpi'mus  dilciSus  filius  Auguftinus  Gallus  Comcn  opus  Vitruuh'  de
Architccftuia  figiiratuminungantea  Cmilibus  figuris  l'mprcflum  ^comuni  omnffi
utilitatc  de  latino  ia  uuigsn'  Italico  nouiffimc  traridatu :  Si  per  cu  accuratiffimc  cor,»
rc(ftum:cirifndatum:K  diligcntcr  figuratum  i'mprcflioin'tradcrcfluducric:acmco  ■
tiaduccndo  non  mcdi'ocrcs :  qui'nm'mno  maxi'inos  fubi'cn't  fumptus  4ilabores:ue>
-  rcturnccjui'frucfluscx  coprrcipipoffcnt:hi  l'ntcrci'pi'antur  abaliisiqui  nihil  l'nhac
relabon'si'mpendcrunt.Nosi'pGiisAuguftiniindcnm'tati'  confulcrc  uolcntes:Motu  propn'oéCex  certa
fcicnti'a ;  omnibus  5C  Gngulis  imprcnToribus ;  ac  cxtcris  ubilibct  confti'tuti's ;  eti'am  in  noftn's  8d ,  S .  R .  E .
Ciuitatibus  terri's  ac  oppidis  nobi5  SC  cidcm  cccIcGx  mediate  ucl  immediate  fubic<fi;is  dcgétibus  perfonis :
ad  quos  prxfentes  peruncn'nt  in  uirtutc  fandlc  obedicntie :  Ac  f  ub  cxcomunicati'onis  fententia  Si  confiL
cationislibrorumhuiufmodiincontemptuminhibitionis  noftre  imprimi  attemptatorum:  nccnon  mille
Ducatorij  auri  de  camera  prò  qualibctapothcca;8i  pcreorum  quélibct  irrcmiflibiliter  incurrcndis:K
Camere  apoflolice  prò  una:  diilo  Auguftinoproal'a:pro  tertia  uero  medietatibusn'udicibus  Gucofti^
ci'alibus  loci  in  quo  Si  quotics  dcliciil  cómircrint :  applicandispoenis  inhibcmus :  ne  opus  Vitruuiiper  dix
(itumAuguftinumutprxfcrturnoui'tcr  8C  accuratefiguratum  de  licentia  noftra  imprcflum  huiufmodi
infrnDcccnnium  a  die  quo  opusipfumin  totumi'mpre{rumfucn't:nc!jin  lan'num  ncq?  in  uuIgarejtauL.
dclicct  figuracum  imprimere :  aut  imprimi  facerc :  leu  g^ab  aliis  imprimatur  pcrmittcrc :  aut  imprimenti,»
bus  confilium  auxiliuraucl  tauorem  pra;ftarc:fcuimprcfrumullisinlocisd]flo  durate  decennio  iicnuH
d3ri:aut  ucnundari  facere  quoquomodo  prxfumant  in  contrarium  faciti?  non  obftaif  quibufcunq;.
Da^  R.omx  apud  Sanclum  Petrum  fub  annulo  Pifcatoris  Die ,  xxiii .  lunii ,M.D. XXI .  Pontificatus .

Boftr»  Arni»  Nono.
```

Fig. 2. Trascrizione mediante OCR di frontespizio e dedica del VITRUVIUS [POLLIO] 1521 pubblicata su https://archive.org/stream/gri_33125008262210/gri_33125008262210_djvu.txt.

di consultazione delle fonti rendeva accettabile demandare alla letteratura critica l'onere della verifica. Lo sviluppo di biblioteche digitali di grande qualità dove le scansioni di libri rari sono facilmente consultabili, permette ora di controllare puntualmente le fonti, ma non sempre consente una citazione puntuale a livello della singola pagina. Sfogliare un libro digitale, attendendo i tempi di caricamento di ogni pagina, può rivelarsi estremamente tedioso, senza contare che in caso di libri privi di cartulazione o paginazione, o nel caso di miscellanee, non è sempre intuitivo trovare la pagina citata. È con questa consapevolezza che la Bibliotheca Hertziana sta cercando di coordinare gli sforzi in ambito di edizioni digitali.

2. *HumanitiesConnect*

Il progetto *HumanitiesConnect* della Bibliotheca Hertziana – Istituto Max Planck per la storia dell'arte (in seguito Bibliotheca Hertziana) – nasce attorno all'idea del prof. Tristan Weddigen di rafforzare gli sforzi dell'istituto in ambito di pubblicazioni digitali e creare una rivista digitale innovativa di ambito umanistico, con la possibilità di integrare annotazioni semantiche e connessioni tra i contenuti di articoli e basi di dati aperte (*Linked Open Data*). Durante lo studio della fattibilità è però emerso che una nuova rivista con questi prerequisiti richiede un intero "ecosistema" mirato a migliorare, per esempio, la citabilità delle fonti digitali, il loro uso e annotazione direttamente all'interno delle pubblicazioni, i riferimenti bibliografici incrociati al di fuori delle limitazioni del "DOI-to-DOI"[4], l'annotazione semantica delle entità presenti nel testo.

3. *Trascrizione dei testi antichi*

L'istituto cura da anni il progetto della digitalizzazione dei libri antichi (Rara) in suo possesso, che da alcuni anni si trovano a disposizione nella *Digital Library*[5]. Per questa ragione, invece di impostare un progetto nuovo, la prima proposta ha riguardato la trascrizione di tutti i libri già scansionati, ma con l'ausilio dell'intelligenza artificiale al posto della trascrizione manuale, giustificabile nel caso di edizioni critiche di pregio di singole opere, ma non applicabile su larga scala. Le tecnologie normalmente applicate per il riconoscimento automatico dei testi a stampa, cioè l'OCR[6], richiedono un training tedioso per essere adattate ad ogni singolo font antico e raramente riescono a produrre trascrizioni sensate. Questo perché l'OCR opera riconoscendo i singoli caratteri e per migliorare l'accuratezza delle trascrizioni e ridurre gli errori di lettura, legati per esempio ai difetti di stampa o di scansione, con l'ausilio di un vocabolario linguistico. Questa tecnologia si presta quindi poco alla tipografia antica, ricca di abbreviature e legature, e ancora meno a contenuti la cui ortografia, come l'italiano fino almeno al XIX secolo, non è ancora stabilizzata, nemmeno all'interno dello stesso testo. Se per un libro recente possiamo attenderci dall'OCR una accuratezza ben sopra il 90-95%, essa scende drasticamente nel caso di testi pubblicati prima del XVIII secolo, rendendo la trascrizione inutile non solo ai fini dell'accessibilità, ma perfino della più basilare ricercabilità di parole del testo[7].

Al contrario l'applicazione dell'apprendimento automatico (*machine learning*) al riconoscimento della scrittura (HTR)[8] permette di superare le limitazioni della qualità della

---

[4] Con DOI-to-DOI si indicano le referenze incrociate che vanno da un articolo identificato da un DOI (*Digital Object Identifier*, https://www.doi.org/) ad altri saggi e articoli dotati di DOI, permettendo di conoscere chi ha citato un determinato articolo nelle ricerche. Questo sistema è poco funzionale in ambito umanistico dove buona parte delle referenze bibliografiche interessa testi privi di identificativi, sia perché riguardano monografie o pubblicazioni cartacee, che perché la bibliografia critica non si limita quasi mai ai pochi decenni recenti in cui si è affermata la pratica dell'assegnazione del DOI agli articoli presenti online.

[5] DLib https://dlib.biblhertz.it.

[6] *Optical Character Recognition*.

[7] CORDELL 2017.

[8] Handwritten Text Recognition.

stampa e dell'ortografia che affliggono la tecnologia del riconoscimento del singolo carattere con l'analisi dell'intera riga di scrittura e del contesto. Sebbene la tecnologia HTR nasca
per i testi manoscritti[9] (per esempio per prendere appunti su notebook digitali), essa si presta perfettamente anche ai contenuti a stampa, dove anzi sta soppiantando l'OCR come
standard industriale del riconoscimento dei testi antichi[10]. Con la tecnologia HTR diventa possibile non solo trascrivere le legature, ma anche espandere in qualche misura le abbreviature e molto altro, dato che è possibile addestrare le macchine affinché trascrivano nel
modo desiderato semplicemente fornendo il testo di riferimento, il *Ground Truth*, perché
venga generato uno specifico modello.

Per questo progetto la Bibliotheca Hertziana collabora con la cooperativa sociale europea READ-COOP[11], che cura lo sviluppo della piattaforma Transkribus[12]. Si tratta di
una piattaforma che permette agli utenti di utilizzare modelli di riconoscimento esistenti e crearne di nuovi su misura sia per il riconoscimento dei testi che della struttura degli impaginati, permettendo il lavoro di gruppo. Grazie a questa piattaforma è stato possibile generare una prima trascrizione del contenuto di tutte le digitalizzazioni esistenti
(fino al 2020) appartenenti alle collezioni digitali della Bibliotheca Hertziana di Roma,
del Kunsthistorisches Institut in Florenz (KHI) e dell'Istituto Max Planck per la Storia
della Scienza di Berlino (MPIWG)[13]. Si tratta di più di 3800 volumi di storia dell'arte e
della scienza, per un totale di oltre 1.300.000 pagine. Sono stati utilizzati modelli diversi, ottimizzati rispetto al contenuto (in particolare i testi con abbreviature e quelli in caratteri gotici o Fraktur) per le trascrizioni, in formato PAGE XML[14], che sono consultabili sulla speciale interfaccia di lettura e ricerca *Read&Search*[15]. La piattaforma, in fase di
beta testing, è disponibile all'indirizzo https://transkribus.humanitiesconnect.pub ed è
predisposta per espandersi con l'inclusione di nuove collezioni curate da ricercatori o da
biblioteche e istituti (fig. 3).

Per questo progetto è stato necessario provvedere allo sviluppo sia di modelli di riconoscimento del testo che della piattaforma di consultazione. I modelli pubblici già esistenti per

---

[9] Va osservato che nel caso di notebook dotati di penna digitale, l'analisi della scrittura può
essere fatta anche tenendo conto dell'ordine di tracciamento dei tratti di scrittura, mentre nel caso
di documenti antichi si possono solo analizzare solo attraverso le immagini digitalizzate e inferen-
do tutte le altre informazioni.

[10] Ströbel-Clematide 2019 e Ströbel-Clematide-Volk 2020.

[11] https://readcoop.eu/.

[12] https://transkribus.eu/Transkribus.Vedi Kahle *et al.* 2017, per una visione generale dell'impatto di Transkribus in ambito accademico Nockels *et al.* 2022 . Un altro esempio di uso delle
macchine neurali applicate all'HTR è il progetto è eScriptorium https://escriptorium.fr/, che a differenza di Transkribus è open source.

[13] Per questi due ultimi istituti l'indirizzo della biblioteca digitale è https://dlc.mpg.de/.

[14] https://github.com/PRImA-Research-Lab/PAGE-XML. Per approfondimenti Pletschacher-
Antonacopoulos 2010.

[15] https://readcoop.eu/readsearch/.

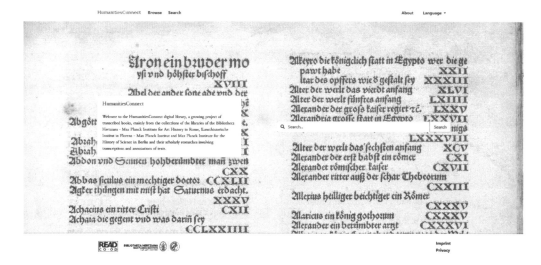

Fig. 3. Schermata di partenza della piattaforma Read&Search del progetto HumanitiesConnect https://transkribus.humanitiesconnect.pub.

la stampa, come Noscemus[16] e Transkribus Print[17], infatti, hanno un approccio alla trascrizione focalizzato sui lettori e per la ricerca a testo intero, e preferiscono perciò sciogliere le abbreviature e i compendi in modo da agevolare la comprensione (per esempio sciogliendo ꝑ con per, ꝙ con quod). Questo però implica la perdita di informazioni importanti per lo studio filologico dei testi, a partire proprio dalla frequenza e dal tipo delle abbreviature. Transkribus permette, nelle trascrizioni manuali, di annotare la presenza di abbreviature trascrivendole e marcando le espansioni suggerite come nel TEI XML, ma non era possibile aggiungere queste informazioni al modello. È stato perciò necessario anzitutto modificare la macchina neurale in modo che permettesse di aggiungere in fase di addestramento le informazioni delle annotazioni al testo ed è stato generato un primo modello sperimentale in grado di mantenere le abbreviature esistenti e annotare al contempo le espansioni (fig. 4). Per quel che riguarda la piattaforma, il principale limite era dato dalla natura libraria dei contenuti, dato che le maschere di presentazione e ricerca riguardavano principalmente contenuti di tipo archivistico, privi perciò di metadati come titolo, autore, anno di edizione e molto altro. Al momento questi metadati non sono ancora visibili nell'interfaccia dei singoli documenti, ma è comunque possibile utilizzarli per filtrare le ricerche e selezionare i contenuti (fig. 5).

In questa fase non sono stati creati i modelli per il riconoscimento del layout di pagina e della struttura del documento, in grado cioè di individuare i titoli, le note a piè di pagina, ma è già in corso una seconda fase del progetto che aiuterà a restituire informazioni sempre più precise e filtrare, per esempio, il testo dei titoli in modo separato da quello dei paragrafi (fig. 6).

---

[16] Zathammer 2022.
[17] Transkribus Team 2022.

Fig. 4. Schermata da https://transkribus.humanitiesconnect.pub/#/documents/869584/pages/13 con le abbreviature annotate e un esempio di espansione.

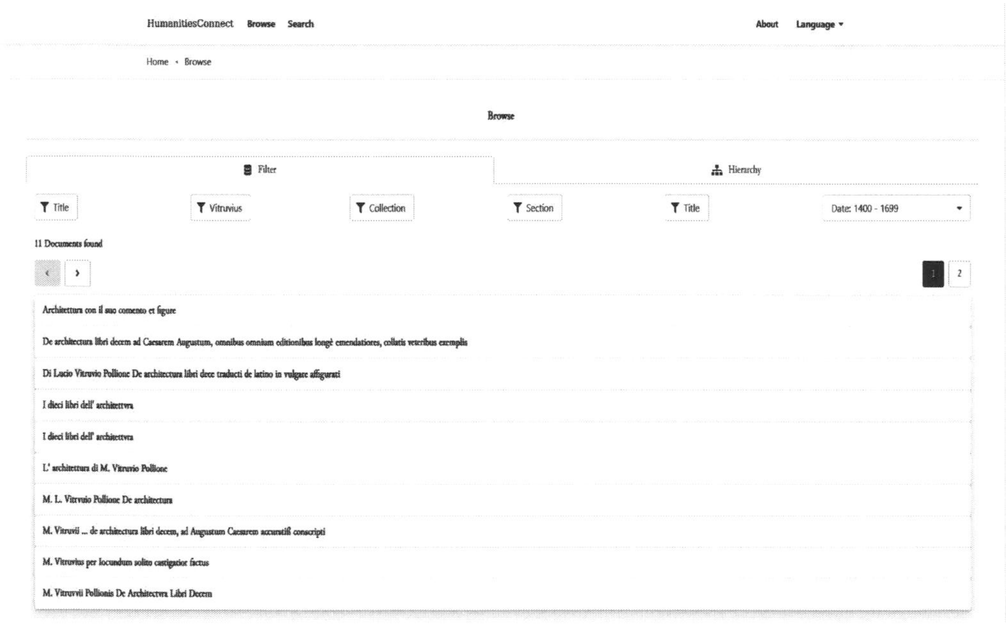

Fig. 5. Schermata di ricerca della piattaforma https://transkribus.humanitiesconnect.pub con i filtri sui metadati.

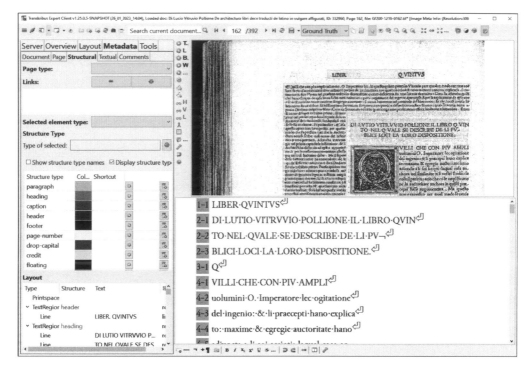

Fig. 6. Segmentazione di una pagina di Vitruvius [Pollio] 1521 in Transkribus.

4. *Supporto alle trascrizioni di manoscritti: Leosini e Ligorio digitali*

Uno dei vantaggi dell'uso della piattaforma Transkribus è inoltre la possibilità di annotare direttamente i testi, sia nell'interfaccia del client desktop (*expert client*) che attraverso la nuova interfaccia online *Transkribus Lite*[18]. Questo approccio ha permesso, per esempio, di utilizzare la trascrizione della copia della Bibliotheca Hertziana dei *Monumenti storici e artistici della città dell'Aquila e suoi contorni*[19] e utilizzarla come base per la trascrizione delle glosse manoscritte della copia autografa, in preparazione della edizione digitale della stessa coordinata da Cristiana Pasqualetti[20] (fig. 7).

Dall'autunno 2021 è in corso un progetto congiunto con l'Universität Freiburg, l'Università di Napoli, l'Université de Rouen-Normandie, l'Archivio di Stato di Torino e altri istituti per creare un'edizione digitale dei manoscritti dell'*Enciclopedia del Mondo Antico*

---

[18] https://transkribus.eu/lite/.

[19] Leosini 1848 https://transkribus.humanitiesconnect.pub/#/documents/856749.

[20] L'autografo è conservato alla Biblioteca Salvatore Tommasi, L'Aquila, Coll. Rari 44/a. La trascrizione è a cura di Diana Sainz Camayd. Sul progetto vedi in dettaglio Pasqualetti 2022 e il suo contributo in questo volume.

dell'architetto e antiquario rinascimentale Pirro Ligorio[21]. In questo caso la piattaforma Transkribus è stata utilizzata dal team per impostare la trascrizione del testo e l'annotazione dei contenuti. In particolare, grazie all'opera di Giorgia Agostini, è stato creato e reso pubblico il primo modello neurale per il riconoscimento della mano di Ligorio[22], che verrà utilizzato per semplificare la fase di prima trascrizione dei volumi. Le trascrizioni automatiche hanno come scopo primario di rendere accessibili contenuti, che saranno disponibili su una sezione dedicata della piattaforma Read&Search, mentre specifici approfondimenti curati dai ricercatori del progetto saranno esportati in formato TEI XML[23].

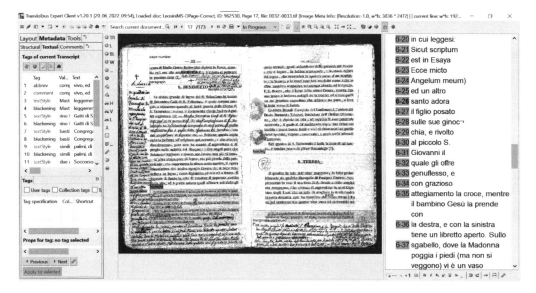

Fig. 7. Pagina dalla copia autografa di Leosini 1848 in fase di annotazione.

5. *Raphael in Early Modern Sources (REMS)*

Proprio utilizzando Transkribus e la conversione a TEI è stata resa disponibile una ristampa digitale del volume *Raphael in Early Modern Sources – 1483-1602* di John Shearman[24]. Benché si tratti di due volumi di pubblicazione recente, la prima tiratura è andata

[21] Il progetto nasce dalla conferenza "Ligorio Digitale. Idee e prospettive per un'edizione digitale dei manoscritti di Pirro Ligorio" a cura di Federico Rausa, Anna Schreurs-Morét e Ginette Vagenheim, Roma, Bibliotheca Hertziana – Istituto Max Planck per la storia dell'arte, 26-27 ottobre 2020.

[22] Agostini 2022.

[23] Text Encoding Initiative, https://tei-c.org/.

[24] Shearman 2003.

esaurita ormai da alcuni anni e purtroppo non è stato possibile rintracciare i file originali di stampa da cui ricavare direttamente l'edizione digitale. Per realizzare una ristampa digitale è stato quindi necessario provvedere per prima cosa alla scansione delle oltre 1700 pagine dei volumi e all'estrazione del testo. La scelta di usare anche in questo caso Transkribus, piuttosto che un'applicazione OCR industriale, è legata non tanto al riconoscimento delle parole del contenuto, che per testi così recenti non presenterebbe particolari problematiche, quanto alla possibilità di sfruttare una macchina neurale per l'analisi del layout di pagina detta P2PaLA[25], anch'essa disponibile per l'addestramento attraverso l'interfaccia di Transkribus. Dato che si tratta di un corpus di oltre mille documenti storici trascritti, commentati e dotati di informazioni di corredo, lo sforzo per la marcatura (*tagging*) manuale di una trentina di documenti come GT era ampiamente giustificato dai vantaggi derivati dalla creazione di un modello in grado di distinguere, per esempio titolo, abstract, trascrizione, segnatura, commento critico, nota bibliografica e note a piè di pagina di ogni singolo documento. Sebbene la complessità della struttura abbia richiesto una correzione manuale delle marcature dei paragrafi assegnate automaticamente dalla intelligenza artificiale, in particolare per identificare i paragrafi che continuavano attraverso le pagine, i tre mesi di revisione si sono rivelati una frazione del tempo che sarebbe stato necessario per realizzare lo stesso lavoro manualmente su così tante pagine[26] (fig. 8). Per quanto riguarda il riconoscimento del testo vero e proprio, l'uso delle macchine neurali attraverso Transkribus ha richiesto del lavoro ulteriore dato che non era possibile addestrare direttamente un modello in grado di distinguere tra testo normale e testo in corsivo, in grassetto, in apice (in particolare i rimandi alle note a piè di pagina e i riferimenti nelle note stesse) o in maiuscoletto, per citarne alcuni. Per ovviare alla limitazione, che peraltro non è pienamente risolta nemmeno dall'OCR, si è sfruttata la capacità dell'HTR di espandere le abbreviature con l'aggiunta di glifi, segnalando nel Ground Truth la presenza di queste 'alterazioni' del font con l'inserimento di simboli di marcatura all'inizio e alla fine del testo alterato in ogni riga (fig. 9). L'HTR infatti lavora a righe di testo e non è in grado di tenere conto di informazioni, come lunghe frasi in corsivo che vanno a capo per più righe. Il modello di riconoscimento del testo si è rivelato particolarmente efficace al punto che è stato possibile utilizzarlo anche su altri documenti. La marcatura del testo e della struttura è un passaggio fondamentale per poter convertire il contenuto in TEI XML. È stato infatti messo a punto un flusso di lavoro per ottenere il documento TEI strutturato, con suddivisione dei capitoli, riallineamento delle note a piè di pagina con i rispettivi numeri di riferimento nel testo, formattazione corretta degli stili di carattere, direttamente dal PAGE XML della pagina tramite trasformazioni XSLT, a partire da una versione personalizzata di PAGE2TEI[27]. La piattaforma di visualizzazione del testo

---

[25] Page to PAGE Layout Analysis, sviluppato dal progetto https://github.com/lquirosd/P2PaLA.

[26] Vorrei qui ringraziare Viviana Nocerino, Iolanda Pagano e Andrea Pecorella per aver brillantemente completato questo tedioso compito.

[27] Dario Kampkaspar https://github.com/dariok/page2tei. Il processo di conversione è stato messo a punto in collaborazione con Reto Baumgartner e sarà anch'esso disponibile open source come *repository* GIT.

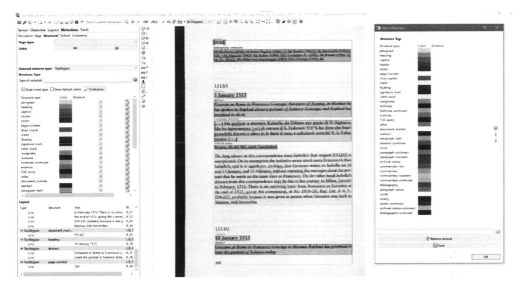

Fig. 8. La complessa segmentazione strutturale dei documenti trascritti in SHEARMAN 2003.

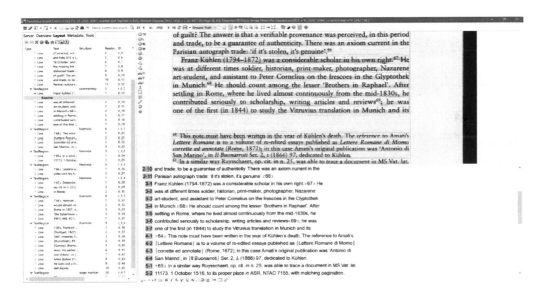

Fig. 9. Trascrizione con marcatura degli stili di testo in SHEARMAN 2003.

è disponibile online in anteprima[28] ed è stata basata su TEI Publisher[29], su cui tornerò a breve. Il vantaggio principale di questa trasformazione è la possibilità di sfruttare la ricerca

---

[28] http://rems.humanitiesconnect.pub (BETA).

[29] https://www.teipublisher.com.

a testo intero, selezionando però l'ambito della struttura (solo le trascrizioni o solo il commento) ed utilizzando stringhe avanzate o ricerca di prossimità (*fuzzy search*), cosa che non sarebbe stata possibile con un PDF reso ricercabile con OCR. Sarà inoltre possibile integrare correzioni e ulteriori pubblicazioni, mantenendo i contenuti aggiornati. Il progetto fatti si prospetta come prototipo per altre edizioni digitali che prevedano la conversione da Transkribus a TEI Publisher (figg. 10a-d).

10a.

10b.

10c.

10d.

Fig. 10. Schermate della ristampa digitale di Shearman 2003: (a) frontespizio e struttura, (b) testo del commento e note, (c) testo del documento, (d) ricerca avanzata.

6. Heinrich Wölfflin Gesammelte Werke (HWGW)

Un passaggio ulteriore rispetto alla trascrizione dei testi e alla ristampa digitale è rappresentato dalle edizioni critiche. In questo caso parliamo del progetto per l'opera omnia di Heinrich Wölfflin, *Heinrich Wölfflin Gesammelte Werke*, che la Bibliotheca Herziana sta portando avanti insieme con l'Universität Zürich UZH[30]. Il progetto è nato prevedendo sin dall'origine la presenza di volumi stampa a cui affiancare, in un secondo tempo, l'edizione digitale. Per questo motivo le trascrizioni, realizzate con un tradizionale OCR corretto manualmente, sono state annotate dai curatori con note a fine testo in un normale editor di testi. Purtroppo, questo sistema ha posto numerose limitazioni ai curatori, in particolare ha richiesto l'utilizzo di escamotage, come l'inserimento tra parentesi graffe di tutti i commenti e le note bibliografiche relativi alle note a piè di pagina del testo originale. I normali programmi di elaborazione testi, infatti, non permettono di inserire note a fine testo all'interno delle note a piè di pagina. Purtroppo, la decisione di utilizzare le parentesi graffe non si è rivelata ottimale, dato che sono state usate anche per indicare la posizione dei salti pagina nel volume originale, la posizione delle immagini e le loro didascalie, ma anche informazioni critiche (come per esempio *sic!*) che dovevano restare tra parentesi graffe nell'edizione finale. In alcuni casi si sono formate delle piccole serie di parentesi nidificate. Già in fase di preparazione per la stampa era emerso che questa molteplicità di significati rendeva difficoltosa l'opera di impaginazione. Questa difficoltà si è amplificata nella conversione a digitale, anche per l'assenza di una struttura negli stili di paragrafo del contenuto, fino a che non è stato messo a punto un modello di documento Word ottimizzato. Il problema dei commenti nelle note a piè di pagina è stato risolto invertendo la marcatura e selezionando dei simboli univoci. Con l'ausilio di macro VBA appositamente create, sono state spostate tutte le note a piè di pagina in note in linea nel testo precedute e seguite da simboli matematici (⌈ | ⌉) (fig. 11). A questo punto è stato possibile spostare i commenti tra parentesi graffe in normali note a fine testo. Similmente sono stati marcati i numeri di pagina e le didascalie delle immagini in modo univoco per poter passare il contenuto in formato TEI XML. La conversione avviene grazie ad una serie di trasformazioni XSLT direttamente sul documento XML contenuto nel file docx, combinate con semplici sostituzioni controllate da espressioni regolari. Il *workflow*, messo a punto con l'intento di essere riutilizzabile anche in altri progetti di edizioni critiche digitali, sarà reso disponibile come *repository* GIT open source[31].

La piattaforma di pubblicazione della collana è, come per REMS, TEI Publisher[32] (fig. 12). Si tratta di una applicazione open source per eXist-db[33] che permette di presentare i documenti in formato XML, ed in particolare TEI XML, in modo nativo senza necessità di conversione ad altri formati (come HTML). Questa piattaforma, a partire dalla versione 7.1, consente inoltre di annotare le entità (named entities) consultando in tempo reale i

---

[30] Per una descrizione del progetto https://www.biblhertz.it/it/dept-weddigen/woelfflin, il piano completo della serie è disponibile su https://www.woelfflin.uzh.ch/de.html.

[31] Lo sviluppo è stato coordinato da Reto Baumgartner (UZH).

[32] http://hwgw.humanitiesconnect.pub (BETA).

[33] http://exist-db.org/.

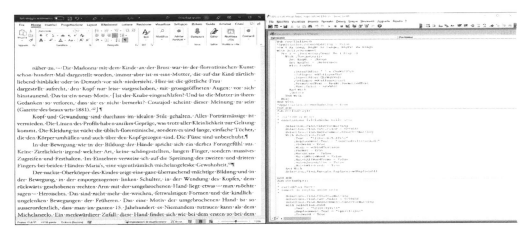

Fig. 11. Esempio di macro e marcatura nell'editor di testo.

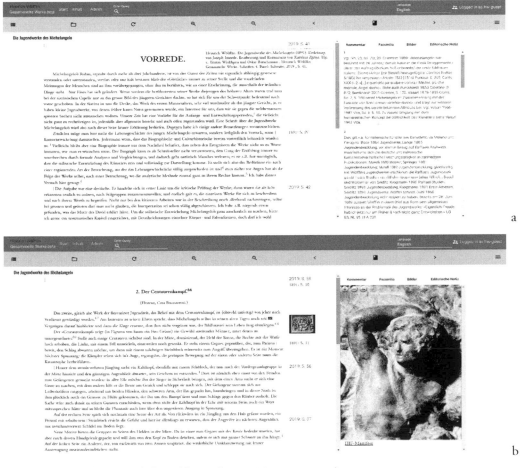

Fig. 12. (a/b) Schermate da http://hwgw.humanitiesconnect.pub.

principali controlli di autorità, come GND[34], GeoNames[35], Wikidata[36], per assegnare a ciascuna identificatori univoci risolvibili. Per i volumi della collana che ancora non sono stati trascritti con OCR, è in fase di sviluppo un processo integrato con Transkribus che dovrebbe permettere ai curatori di lavorare ai commenti direttamente sull'interfaccia di TEI Publisher, evitando la doppia trasformazione nell'editor di testo (fig. 13). Sempre su Transkribus e in vista della pubblicazione digitale è in corso d'opera la trascrizione degli appunti manoscritti dell'autore, per la sezione *Archivalien* della collana (fig. 14). L'interfaccia online di consultazione è in fase di ridisegno e sarà ufficializzata per la metà del 2023.

Fig. 13. Esempio di annotazione delle entità in TEI Publisher.

Fig. 14. Trascrizione di un manoscritto di Heinrich Wölfflin con annotazioni in Transkribus.

---

[34] Gemeinsame Normdatei (https://www.dnb.de/EN/Professionell/Standardisierung/GND/gnd_node.html.)

[35] http://www.geonames.org/.

[36] https://www.wikidata.org/.

7. Conclusioni

I progetti di pubblicazioni digitale impongono una continua collaborazione tra i ricercatori e gli sviluppatori, per ottimizzare lo scambio di procedure, idee e piattaforme. L'esperienza dei numerosi progetti del passato non più accessibili perché resi insicuri o difficilmente mantenibili dall'obsolescenza ha dimostrato che non è sostenibile, anzi è controproducente nel lungo periodo, la creazione di piattaforme online *ad hoc*. L'evoluzione continua delle tecnologie impone infatti un continuo aggiornamento e manutenzione, impossibile se non all'interno di progetti condivisi da molti, come nel caso dei progetti open source. Questo non significa ridurre o annullare le specificità di ogni progetto di editori digitale, ma di riconoscere le basi comuni su cui andare a costruire.

In questa ottica, come già accennato, tutti i progetti sono stati documentati in *repository* GIT, sebbene non siano ancora disponibili pubblicamente, per permettere in futuro ad altri ricercatori di riutilizzare anche solo parti dei processi.

BIBLIOGRAFIA

AGOSTINI 2022 = G. AGOSTINI, *Ligorio 0.3 [42105]*, in *Transkribus - Pylaia text recognition*, 2022, https://readcoop.eu/model/ligorio-0-3/.

CORDELL 2017 = R. CORDELL, *"Q i-jtb the Raven": Taking Dirty OCR Seriously*, in *Book History* 2017. doi: 10.1353/bh.2017.0006.

KAHLE *et al.* 2017 = P. KAHLE - S. COLUTTO - G. HACKL - G. MÜHLBERGER, *Transkribus - A Service Platform for Transcription, Recognition and Retrieval of Historical Documents*, in *2017 14th IAPR International Conference on Document Analysis and Recognition (ICDAR)*, 09/11/2017 - 15/11/2017 2017, pp. 19-24.

KELLI-DI CRESCE 2019 = B. KELLI - R. DI CRESCE, *Impact of International Image Interoperability Framework (IIIF) on Digital Repositories*, in K. J. VARNUM (ed.), New Top Technologies Every Librarian Needs to Know. A LITA Guide, Chicago 2019, pp. 181-196.

LEOSINI 1848 = A. LEOSINI, *Monumenti storici artistici della città di Aquila e suoi contorni: Colle notizie de' pittori, scultori, architetti ed artefici che vi fiorirono*, Aquila 1848.

NOCKELS *et al.* 2022 = J. NOCKELS - P. GOODING - S. AMES - M. TERRAS, *Understanding the application of handwritten text recognition technology in heritage contexts: A systematic review of transkribus in published research*, in *Archival Science* 2022. doi: 10.1007/s10502-022-09397-0.

PASQUALETTI 2022 = C. PASQUALETTI, Monumenti storici e artistici della città dell'Aquila e suoi contorni *by Angelo Leosini (1848) as an online semantic digital corpus*, in *Journal of Art Historiography* 27 December, 2022. https://doi.org/10.48352/uobxjah.00004201.

PLETSCHACHER-ANTONACOPOULOS 2010 = S. PLETSCHACHER - A. ANTONACOPOULOS, *The PAGE (Page Analysis and Ground-Truth Elements) Format Framework*, in *2010 20th International Conference on Pattern Recognition*, 23/08/2010 - 26/08/2010 2010, pp. 257-260.

Shearman 2003 = J. K. G. Shearman, *Raphael in Early Modern Sources: (1483 - 1602)*, in *Römische Forschungen Der Bibliotheca Hertziana* XXX/XXXI, New Haven u.a. 2003.

Ströbel-Clematide 2019 = P. B. Ströbel - S. Clematide, *Improving OCR of Black Letter in Historical Newspapers. The Unreasonable Effectiveness of HTR Models on Low-Resolution Images*, 2019. doi: 10.5167/UZH-177164.

Ströbel-Clematide-Volk 2020 = P. B. Ströbel - S. Clematide - M. Volk, *How Much Data Do You Need? About the Creation of a Ground Truth for Black Letter and the Effectiveness of Neural OCR*, in N. Calzolari - F. Bechet - P. Blache - K. Choukri - Christopher Cieri - Thierry Declerck - Sara Goggi - Hitoshi Isahara - Bente Maegaard - Joseph Mariani - Hélène Mazo - Asunción Moreno - Jan Odijk - Stelios Piperidis (eds.), *Proceedings of the Twelfth Language Resources and Evaluation Conference*, Marseille 2020, pp. 3551-3559.

Transkribus Team 2022 = Transkribus Team, *Transkribus Print M1 [ID 39995]*, in *Transkribus - Pylaia text recognition*, 2022, https://readcoop.eu/model/transkribus-print-multi-language-dutch-german-english-finnish-french-swedish-etc/.

Vitruvius [Pollio] 1521 = Vitruvius [Pollio], *Di Lucio Vitruvio Pollione de architectura libri dece: Translato in vulgare sermone commentato et affigurato da Caesare Caesariano*, [Como] 1521.

Zathammer 2022 = S. Zathammer, *Noscemus GM 5 [ID 37664]*, in *Transkribus - Pylaia text recognition*, 2022, https://www.uibk.ac.at/projects/noscemus/.

MAGDALENA LEÓN GÓMEZ

Recursos digitales dedicados a la literatura española con apuntes de recursos lingüísticos

DOI 10.48255/9788891328373.12

La digitalización de las Humanidades es una realidad cuya transcendencia es inútil negar. Como investigadores y como docentes estamos llamados a conocer las fuentes de información, los portales y plataformas que contribuyan a la mejora y al progreso tanto de nuestra actividad científica, como de la académica y de la educativa.

En calidad de investigadores, hemos de saber acudir a los sitios que proporcionan fuentes primarias y textos de literatura científica. Como profesores, debemos dar a nuestros alumnos las directrices correctas para que puedan construir su formación, basándonos, tanto en un caso como en otro, en el buen hacer de todos aquellos que se ocupan de realizar los portales, las bases de datos y las bibliotecas digitales que tienen como objeto las áreas de lengua y literatura hispánicas.

Las líneas que ahora siguen nacen de esta doble intención: ofrecer al investigador una lista (que nunca será completa) de recursos informáticos de los que dispone todo aquel que se acerca al estudio de la lengua y la literatura española y, en segundo lugar, pero no menos importante, dar a los alumnos (y al público apasionado en general) unas pautas para no perderse en la Red entre los variados recursos informáticos del mundo del hispanismo.

El panorama ha sido trazado siguiendo el trabajo de distintos grupos de investigación universitaria españoles: la UNED, Santiago de Compostela, Barcelona, Valencia, Salamanca, Madrid, Córdoba, Granada, Cádiz, Zaragoza, por citar solo algunos. El prestigio científico de estos profesionales dará fiabilidad al material que proporcione cada portal. Además de revisar el quehacer de estos equipos hemos repasado con atención las iniciativas culturales del Ministerio de Cultura y Deporte, así como de instituciones como la Real Academia Española o la Biblioteca Nacional de España.

Para presentar el material revisado, lejos de querer dar un orden exhaustivo, hemos optado por una división en tres macrosecciones:

1.- Portales de interés general para las Humanidades digitales hispánicas;

2.- Bibliotecas digitales y Bases de datos de literatura española y de las otras literaturas de España, y

3.- Bibliotecas digitales, Bases de datos, Diccionarios y Corpus de interés para la lengua y la lingüística hispánica.

Esta división nace de la pregunta de qué nos habría gustado encontrar como investigadores y como docentes en una revisión como la que ahora estamos emprendiendo. No dejamos nunca de lado al alumno, pues estamos firmemente convencidos de que un profesor que domina las fuentes de información llevará tal destreza a sus aulas y esta será aprovechada por los estudiantes de la manera más productiva posible. Hemos tenido igualmente en consideración que el acceso al material fuera libre y gratuito.

La descripción del contenido y de los objetivos de los distintos proyectos que presentamos a continuación proceden de las páginas web consultadas. La selección, la distribución y la clasificación de las mismas se deben, en cambio, a la que firma estas líneas.

1. *Portales de interés general para las Humanidades digitales hispánicas*

1.1. *Humanidades Digitales ¿y/o? Humanidades Digitales Hispánicas*[1]

El mundo de las Humanidades digitales hispánicas parece tener un doble portavoz en la Red, pues nos encontramos ante un portal llamado Humanidades Digitales. *Repositorio de fuentes de información y de herramientas para el estudio y desarrollo de la Humanidades digitales* (https://repositoriohd.com/), junto a otro denominado Humanidades Digitales Hispánicas (https://humanidadesdigitaleshispanicas.es/), que se presenta como una Asociación académica que tiene como objetivo, entre otros, favorecer el intercambio de experiencias científicas en relación con las Humanidades Digitales.

Para el cometido de este artículo poco importa si estamos ante entidades culturales paralelas o completarias, lo que nos interesa es que estas dos iniciativas hablan de la buena salud de los estudios de las Humanidades digitales hispánicas. Además de eso, nos proporcionan listas de enlaces de interés, junto con las Actas de sus Congresos, que suelen ser la sede para el descubrimiento de nuevos productos digitales, ya sean ediciones de textos, bases de datos o corpus lingüísticos.

A continuación presentamos algo más de una docena de portales que van desde los que nacen en el seno de proyectos universitarios (1-3), pasando por aquellos

---

[1] CANET 2014.

que pueden considerarse más generalistas y tienen detrás el empeño de algún organismo oficial (4-9), para terminar con los que se posicionan en una línea marcadamente lingüística (10-14).

1.2. *Parnaseo*[2]

La Universidad de Valencia puede considerarse una de las pioneras en el deseo de hacer que las Humanidades digitales hispánicas tengan un portal humanístico. Nace en 1996 el proyecto *Parnaseo*, cuyo subtítulo reza: *Servidor web de Literatura española*. El portal ofrece ediciones digitales, bases de datos, revistas electrónicas, herramientas y recursos en sus más de diez secciones. Es, sin duda, uno de los portales digitales más importantes en el ámbito de la hispanística. Encuentran, como no podía ser de otra forma, lugar destacado materiales muy relacionados con la literatura escrita en valenciano. Accesible en: https://parnaseo.uv.es.

1.3. *Aracne*[3]

Estamos ante una Red de Humanidades Digitales y Letras Hispánicas que surge de la unión del trabajo de varios grupos de investigación universitarios (UCO, UNED, UCM, UNIZAR, UDC) en el ámbito de proyectos digitales que vieron necesario unirse con el fin de crear redes cada vez más eficaces y menos dispersivas. Así *Aracne* se concibe como un "metabuscador". En la actualidad bajo su paraguas se cobijan once grupos de investigación, algunos de los cuales serán objeto de nuestra revisión en el apartado 2.1.1. Accesible en: https://www.red-aracne.es/presentacion.

1.4. *Dialnet*

Es uno de los mayores portales bibliográficos del mundo cuyo principal cometido es dar mayor visibilidad a la literatura científica hispana, tanto en ámbito literario como en el lingüístico. Permite la descarga de material bibliográfico siempre que sea de descarga libre. Accesible en: https://dialnet.unirioja.es.

1.5. *Hispana*

Se trata de un portal de acceso en línea al patrimonio cultural español digitalizado. Reúne colecciones digitales de archivos, bibliotecas y museos españoles. Incluye, entre otros, repositorios institucionales universitarios españoles y bibliotecas digitales de las distintas Comunidades autónomas. En efecto, echando un vistazo en su pestaña *Directorio de colecciones* podremos comprobar que sus fondos se da cumplida cuenta de la diversidad cultural de la Península Ibérica. Accesible en: https://hispana.mcu.es/es/inicio/inicio.do.

---

[2] Vd. Haro Cortés 2019a; Haro Cortés 2019b.
[3] Vd. Baranda-Rodríguez 2014; Pena Sueiro-Saavedra Places 2019.

1.6. *El portal del Hispanismo*

Portal promovido por el Instituto Cervantes y por el Ministerio de Cultura y Deporte, tiene en su interior tres grandes bases de datos del hispanismo internacional: Hispanistas, Deparmentos y Asociaciones. Accesible en: https://hispanismo.cervantes.es.

1.7. *Pares*

De la mano de la Subdirección General de los Archivos Estatales, estamos ante, un continente que hace referencia al contenido, pues es un Portal de ARchivos ESpañoles. Proporciona información sobre los Archivos y Centros Estatales gestionados por el Ministerio. El acceso a los archivos es libre y gratuito para todas las personas que quieran realizar trabajos de investigación. El apartado "MetaPares" (en http://pares.cultura.gob.es/metapares/inicio) permite una búsqueda exhaustiva de material original de Archivo y de estudios entorno a este material. Accesible en: https://pares.culturaydeporte.gob.es.

1.8. *CSIC*

El Consejo Superior de Investigaciones Científicas ofrece el acceso a sus fondos patrimoniales, que incluyen monografías, manuscritos y partituras. Destacan las bibliotecas de Tomás Navarro Tomás y la de la Escuela de Estudios Hispanoamericanos, así como el Fondo antiguo Milá y Fontanals. Además ofrece la entrada a los repertorios en humanidades de la Institución Milá y Fontanals y una librería con descarga de ebooks gratuitos. Accesible en: http://simurg.bibliotecas.csic.es.

1.9. *TESEO*

Conecta con los títulos o con los textos completos de las Tesis de Doctorado presentadas en las Universidades españolas. Accesible en: https://www.educacion.gob.es/teseo.

1.10. *Centro Virtual Cervantes*

Se trata de un sitio creado y mantenido por el Instituto Cervantes que contribuye a la difusión de la lengua española y las culturas hispánicas. Ofrece materiales y servicios tanto para profesores de español, como para estudiantes y traductores que trabajan con la lengua, y para investigadores hispanistas. El sitio está organizado en cinco secciones: enseñanza, literatura, lengua, artes y ciencia. El Centro Virtual Cervantes tiene otros dos portales asociados: el Aula Virtual de Español y el portal de los Congresos Internacionales de la Lengua Española. Accesible en: https://cvc.cervantes.es.

1.11. *Joaquim Llisterri*

Pese a no tratarse de un portal, merece la pena que nos detengamos en la página coordinada por el prof. Joaquim Llisterri de la Universitat Autònoma de Barcelona, pues en la pestaña dedicada a la Lingüística general proporciona una lista completa y ordenada por unidades temáticas de *Recursos en línia* de enorme interés para todo aquel que se acerque a las lenguas de España. Accesible en: http://joaquimllisterri.cat.

1.12. El *Portal de lingüística hispánica*

Aunque se presenta como un proyecto cuyo objetivo es contribuir a la difusión e investigación de la lingüística hispánica, se trata de la versión digital ampliada de Muñoz Basols (dir.) 2016. Accesible en: http://hispaniclinguistics.com.

1.13. *CONTRASTIVA*

Este Portal de lingüística contrastiva español-italiano tiene como objetivo profundizar en la historia de las gramáticas y vocabularios destinados al aprendizaje del español e italiano desde sus orígenes (siglo XVI) hasta nuestro días, y ofrecer una bibliografía actualizada de la crítica lingüística destinada a la comparación entre ambas lenguas. Accesible en: http://www.contrastiva.it/wp.

2. *Bibliotecas digitales y Bases de datos de literatura española y de las otras literaturas de España*

En estos portales se recogen textos, manuscritos, impresos, ediciones críticas, ediciones digitales, etc. Veremos a continuación qué tipo de fondo presenta cada uno de ellos.

2.1.1. *Bibliotecas digitales*

2.1.1.1. *BDH*

Brazo armado de textos del Ministerio de Cultura y Deporte es la Biblioteca Nacional de España que, a través de la página *Biblioteca Digital Hispánica*, proporciona acceso libre y gratuito a miles de documentos digitalizados, entre los que se cuentan libros impresos entre los siglos XV y XX, manuscritos, dibujos, grabados, folletos, carteles, fotografías, mapas, atlas, partituras, prensa histórica y grabaciones sonoras. Accesible en: https://www.bne.es/es/catalogos/biblioteca-digital-hispanica.

Asimismo entre las páginas del portal de la BNE encontramos el *Archivo de la Palabra*, una serie de documentos que registran las voces del pasado y del presente de personalidades destacadas (políticos, científicos, artistas y literatos), así como conferencias, recitales, cursos de idiomas, cuentos, etc. Este repertorio se creó para controlar, mantener y difundir los documentos sonoros que registran la palabra hablada. Accesible en: https://www.bne.es/es/colecciones/archivo-palabra.

2.1.1.2. *Biblioteca Virtual Miguel de Cervantes*

Esta Biblioteca, que ancla sus pasos en un proyecto de digitalización de la Universidad de Alicante en los albores del segundo milenio, constituye hoy en día uno de los pilares fundamentales tanto para estudiantes como para estudiosos que se acercan al mundo del hispanismo. Entre sus objetivos básicos están impulsar la investigación, la transferencia de conocimiento, el diseño y el desarrollo de las tecnologías relacionadas con las humanidades y las bibliotecas digitales. Pone al alcance de cualquier usuario de la Red obras relevantes de la cultura de las distintas variantes del español de forma libre y gratuita, además de las investigaciones y los estudios más importantes sobre algunas de ellas. Contiene entre otros muchos fondos de interés, la Biblioteca de Autores Clásicos, que permite el acceso a los materiales digitalizados de la Biblioteca Nacional de España de los grandes clásicos de la literatura española. Accesible en: https://www.cervantesvirtual.com.

2.1.1.3. *Biblioteca Digital del Patrimonio Iberoamericano*

Se trata del resultado de un proyecto impulsado por la Asociación de Bibliotecas Nacionales de Iberoamérica (ABINIA) que tiene como objetivo la creación de un portal que permita el acceso desde un único punto de consulta a los recursos digitales de todas las Bibliotecas participantes. Es necesario señalar que la *BDPI* no almacena objetos digitales sino solo descripciones bibliográficas (metadatos) y que el acceso a la documentación dependerá de lo que hayan digitalizado cada una de las bibliotecas participantes en el proyecto. Accesible en: http://www.iberoamericadigital.net/BDPI/Inicio.do.

2.1.1.4. *Biblioteca Virtual del Patrimonio Bibliográfico*

Se ofrece una valiosa y creciente colección de reproducciones facsímiles digitales de manuscritos, libros impresos, fotografías históricas, materiales cartográficos, partituras y demás materiales que se conservan en instituciones de la memoria (archivos, bibliotecas y museos) y forman parte del Patrimonio Bibliográfico Español. Accesible en: https://bvpb.mcu.es/es/inicio/inicio.do.

2.1.1.5. *Biblioteca Virtual del Prensa Histórica*

Hemeroteca digital en la que se ofrece un extenso repertorio de prensa histórica y revistas culturales. Esta hemeroteca constituye uno de los principales proyectos de digitalización de prensa que se han realizado en España. Accesible en: https://prensahistorica.mcu.es/es/inicio/inicio.do

2.1.1.6. *Biblioteca Saavedra Fajardo*

Esta plataforma conta con cuatro núcleos fundamentales: la Biblioteca, la Hemeroteca, el Centro de Documentación y la Tribuna. Se presenta como una herramienta de investigación abierta, cómoda, ágil e integrada del pensamiento en español. Ofrece documentación biográfica y bibliográfica, edita fuentes de la historia del pensamiento hispánico y pone en la Red artículos y trabajos de investigación sobre filosofía y pensamiento español de todas las épocas. Accesible en: https://saavedrafajardo.org.

2.1.1.7. *Biblioteca Virtual de Polígrafos*

La encontramos contenida en la página web de la Fundación Ignacio Larramendi, que ideó este proyecto en los años 90 del siglo XX con la intención de aprovechar las posibilidades que las nuevas tecnologías ofrecían para conservar y difundir el conocimiento. Larramendi dividió esta Biblioteca Virtual en cuatro colecciones que recibieron el nombre de uno de los polígrafos más importantes de cada una de ellas: Marcelino Menéndez Pelayo, para la colección de polígrafos españoles, José de Anchieta, para la de brasileños, Francisco Manuel de Melo, para la de portugueses, y Andrés Bello, para la de hispanoamericanos. Se puede consultar en el siguiente enlace: https://www.larramendi.es/es/inicio/inicio.do.

2.1.1.8. *BiDTEA. Biblioteca Digital de Textos del Español Antiguo*

De la mano del *Hispanic Seminary of Medieval Studies* se presentan en línea gratuitamente textos españoles medievales y del Renacimiento español. Accesible en: http://www.hispanicseminary.org.

2.1.1.9. *BECLaR. Biblioteca de Ediciones de Clásicos Latinos en el Renacimiento*

A través de este Biblioteca se tiene acceso a repertorios digitales como: el *Corpus de Incunables de Clásicos Latinos en España* (CICLE), el *Corpus de Ediciones de Clásicos Latinos en España, 1501-1550* (CECLE) y el *Corpus de Incunables de Clásicos Latinos en Portugal* (CICLPor). Está a disposición una herramienta que permite la búsqueda de paratextos integrados en estas bases de datos. Accesible en http://www.incunabula.uned.es.

2.1.1.10. *TECER. TExtos, Contextos, Ecos y Relecturas*

Es la biblioteca digital creada para abordar las relecturas y reescrituras (literarias, artísticas, audiovisuales) de que han sido objeto los textos del *Cancionero de Baena* y su contexto, desde su creación hasta la actualidad. El fin último de este proyecto es favorecer el estudio del delicado y complejo tejido que conforma la primera poesía cancioneril castellana desde una perspectiva diacrónica. Accesible en https://te-cer.es.

2.1.1.11. *BIDISO. Biblioteca Digital Siglo de Oro*[4]

Entre otros aspectos de interés encontramos en la pestaña *Inventarios*, el acceso a *IBSO*[5], cuyo equipo trabaja desde 2007 en el diseño e implementación de una base de datos relacional capaz de almacenar una profusa información que, cruzada convenientemente, puede dar respuesta a muchas preguntas y necesidades de los investigadores sobre cultura europea de la Edad Moderna, o de quienes realizan trabajos de edición filológica de obras del Siglo de Oro. Accesible en la dirección: http://www.bidiso.es/index.htm.

2.1.1.12. *Mnemosine. Biblioteca digital de La otra Edad de Plata*[6]

Esta Biblioteca tiene como objetivo recuperar autores de finales del siglo XIX y primer tercio del siglo XX, obras, temas, géneros, publicaciones periódicas, etc. que han venido siendo excluidos del canon de la historia de la literatura. Accesible en: http://repositorios.fdi.ucm.es/mnemosine.

2.1.1.13. *Galiciana. Biblioteca Digital de Galicia*

Pretende la digitalización de los fondos bibliográficos más relevantes de Galicia. En esta Biblioteca se pueden consultar recursos digitalizados procedentes de instituciones culturales tan importantes como la Universidad de Santiago de Compostela, el Museo do Pobo Galego, la Real Academia Galega, entre otros. Accesible en: https://biblioteca.galiciana.gal/es/inicio/inicio.do.

En el seno de la Universidad de Santiago ve la luz la *Base de datos de la Lírica Profana Galego-Portuguesa* (*MedDB*) que pone a disposición de los especialistas y del público interesado el corpus completo de las Cantigas de los trovadores gallego-portugueses. En la pestaña *Ligazóns de interese* se elencan una serie de enlaces que permitirán un estudio profundo de este tipo de literatura. Accesible en: http://bernal.cirp.gal/ords/f?p=129:2.

2.1.1.14. *Corpus Literari Digital*

Plataforma virtual que pretende recoger las digitalizaciones de los materiales que constituyen el patrimonio literario contemporáneo en lengua catalana, especialmente del siglo XX, con el fin de contribuir a su recuperación, preservación y difusión, y de fomentar su estudio. Accesible en: http://www.catedramariustorres.udl.cat/materials.

Sin salir del ámbito del catalán, citamos a continuación dos iniciativas de interés que nacen de sendos grupos de investigación universitaria. En el portal *NISE*,

---

[4] LÓPEZ POZA-SAAVEDRA PLACES 2014.
[5] FERNÁNDEZ TRAVIESO 2014.
[6] ROMERO LÓPEZ 2014.

la litcratura catalana de la Edad moderna tiene otro gran baluarte. De la mano de un grupo de investigación de la Universitat de Girona, la página contiene una biblioteca digital con publicaciones del grupo a texto completo y textos literarios modernos. Así mismo, incluye también una base de datos que ofrece el inventario la producción poética barroca catalana reunida en manuscritos. Se puede consultar en el siguiente enlace: https://www.nise.cat/ca-es. De la suma de los esfuerzos de tres universidades catalanas, Universitat Autònoma de Barcelona, Universitat de Barcelona y Universitat de Girona, surge el portal *NARPAN*, cuyo ámbito de interés es la cultura y la literatura de la baja Edad Media. Este página contiene una biblioteca digital que ofrece artículos de investigación y textos en edición electrónica. Puede considerarse un buen punto de partida para todo aquel que estudie la literatura medieval catalana o esté interesado en la lectura de este tipo de texto. Accesible en: https://www.narpan.net.

Dejando de lado la Península, pero siguiendo en el ámbito de la literatura medieval catalana, recogemos aquí la labor de un grupo de investigación coordinado desde la Università Federico II de Nápoles que presenta en *RIALC* un *Repertorio informatizzato dell'antica letteratura catalana*, es decir, un inventario crítico de la poesía catalana de los siglos XIV y XV y la edición digital de sus textos. Accesible en: http://www.rialc.unina.it/sommario.htm.

2.1.1.15. *Liburuklik. Biblioteca Digital Vasca*

Liburuklik es un proyecto cooperativo entre las instituciones o bibliotecas que tienen fondos de interés patrimonial y el Departamento de Cultura del Gobierno Vasco. Es un repositorio que garantiza la conservación y difusión del patrimonio digital vasco, facilitando que cualquier persona interesada en la lengua y la cultura vasca pueda consultarlo. Accesible en: http://www.liburuklik.euskadi.eus/jspui.

2.1.1.16. *Biblioteca digitales de autores*

a) *Biblioteca Digital Ovidiana*[7]: esta Biblioteca se concentra en la obra ilustrada del poeta romano Publio Ovidio Nasón y se ocupa de recopilar, estudiar y digitalizar los ejemplares de las ediciones ilustradas de sus obras, impresas entre los siglos XV y XIX, presentes en las bibliotecas españolas públicas y privadas. Esta tarea facilitará el cotejo y el estudio en conjunto la obra figurada de Ovidio. Accesible en: http://www.ovidiuspictus.es/bdo.php.

b) *Biblioteca Petrarca*: portal dedicado a la difusión de la obra de Petrarca en la Península Ibérica (siglos XV-XVII). Aquí tendremos oportunidad de hojear y examinar virtualmente impresos petrarquescos, acompañados de información tipobibliográfica e histórica. Accesible en: https://bibliotecapetrarca.net.

---

[7] CENTENERA CENTENERA-DÍEZ PLATAS 2014.

c) *Biblioteca Cartagena*: en ella se recogen textos del humanista Alfonso de Cartagena (1385-1456) y estudios sobre su obra. En esta Biblioteca se puede entrar virtualmente en manuscritos e impresos del humanista. Este viaje por la materialidad del texto se hará acompañado de información sobre los códices y la historia tipobibliográfica de los mismos. Accesible en la dirección: https://bibliotecacartagena.net.

d) *Biblioteca Bodoni*: portal dedicado a la difusión y al conocimiento de la obra del tipógrafo Giambattista Bodoni (1740-1813). Accesible en: https://bibliotecabodoni.net.

e) *Archivo digital Valle-Inclán*: es el resultado de más de veinte años de trabajo realizado por el Grupo de Investigación Valle-Inclán de la Universidad de Santiago de Compostela (*GIVIUS*). No es simplemente un repositorio o biblioteca digital de la obra del escritor, sino que constituye un potente recurso de investigación que permite obtener en una consulta la historia textual de una obra, rastrear concordancias o visualizar la red de relaciones tejida por Valle Inclán con los intelectuales y personajes de relieve de su época. Accesible en: https://www.archivodigitalvalleinclan.es/publica/principal.htm.

2.1.1.17. *Otros repositorios de interés literario*

a) *CIM. Cancioneros Impresos y Manuscritos*: contiene trabajos científicos que miran al estudio de las fuentes poéticas impresas, de cancionero y romancero, desde el período incunable hasta mediados del siglo XVI, con el fin de generar un espacio científico. Los trabajos publicados en este catálogo representan aproximaciones monográficas a cada una de estas fuentes poéticas, desde una perspectiva material, interna, socioliteraria y ecdótica. Accesible en: https://cancioneros.org.

b) *La casa di Lope*: lugar de encuentro entre estudiosos y estudiantes interesados en el teatro áureo español, *La casa de Lope* nace del buen hacer de la hispanista italiana Fausta Antonucci (tomando el relevo de Stefano Arata). La página proporciona información actualizada sobre Bibliografía crítica, Enlaces de interés, Congresos y seminarios sobre el Teatro de los Siglos de Oro. Para entrar en la página es necesario acudir a la siguiente dirección: https://www.casadilope.it.

En la misma línea teatral, citaremos otra iniciativa de interés. En esta ocasión Calderón de Barca es el dramaturgo objeto de estudio de un grupo de investigación, dirigido por el prof. Fernández Mosquera de la Universidad de Santiago. En la página https://www.calderondelabarca.org/, además de algunas ediciones críticas de obras dramáticas del genio barroco, podemos encontrar un motor de búsqueda de metadatos relativos a las comedias indexadas (título, fecha de composición, porcentaje de versos) y una pestaña de búsqueda que permite obtener datos sobre las palabras usadas por el dramaturgo español.

c) *Poesía en español*: además de presentar una lista bastante exhaustiva de textos poéticos, ofrece en no pocas ocasiones estas mismas poesías leídas por sus autores. La lista va desde la Edad Media hasta poetas de nuestros días. Accesible en: https://www.poesi.as.

d) *Recitario de la APE*: la Asociación de Profesores de Español 'Francisco de Quevedo' ofrece a los amantes de la cultura española un instrumento que tiene un valor didáctico incalculable. Se trata de un *Recitario* que reúne una colección de materiales educativos con recitaciones de cuentos y de poesías en español. Gracias a este *Recitario* podemos llevar al aula desde un espléndido fragmento de Alfonso X en el que da cuenta de las bondades de un rey que sepa leer («Como el rey debe ser acucioso en aprender leer»,) hasta un fragmento inicial de *Tu rostro mañana* del recientemente fallecido Javier Marías, sin olvidarse del lado atlántico del español. Accesible en: https://apequevedo.com.

2.1.2. *Bases de datos y catálogos*

Presentamos a continuación en riguroso orden alfabético algunas Bases de datos acompañadas de una breve descripción que dará cuenta del contenido de las mismas.

2.1.2.1. *ASODAT*[8].

Esta base de datos es el resultado de los esfuerzos de varios grupos de investigación coordinados por la Universidad de Valencia. Tiene como finalidad la articulación de la información contenida en bases de datos relacionadas con el teatro clásico español y su documentación. Accesible en: https://asodat.uv.es.

2.1.2.2. *BDDH*[9]. *Biblioteca Digital de Diálogo Hispánico*

Dialogyca aspira a ofrecer el corpus de todos los diálogos literarios hispánicos escritos en las distintas lenguas peninsulares, incluidos los latinos, hispano-hebreos e hispano-moriscos. El trabajo realizado hasta el momento puede consultarse en el siguiente enlace: http://www.dialogycabddh.es.

2.1.2.3. *BIESES*

La Bibliografía de Escritoras Españolas nace de la necesidad de completar, recopilar y sistematizar las fuentes informativas de que disponemos para el estudio de la escritura femenina. Accesible en: https://www.bieses.net.

---

[8] Vd. FERRER VALLS *et alii* 2021.
[9] Vd. REDONDO PÉREZ 2019.

2.1.2.4. *BIPROSA*

Se trata de una base de datos digital de la prosa hispánica de los siglos XVI y XVII, recogida en fuentes impresas y manuscritas. Además, contiene ediciones críticas las obras de los novelistas y oradores del Seiscientos español, junto con volúmenes de ensayo. Accesible en: http://www.prosabarroca.es.

2.1.2.5. *CHTAC. Catálogo Hipertextual de Traducciones Anónimas*

En el marco del proyecto DHuMAR (*Digital Humanities, Middle Ages & Renaissance*) que tiene como fin, entre otros, el de dar a conocer las últimas investigaciones sobre traducción medieval y renacentista, destaca el *Catálogo Hipertextual de Traducciones Castellanas Medievales y Renacentistas*. En este tendremos acceso a los datos de los numerosos testimonios de literatura traducida durante la época medieval. Accesible en: http://www.catalogomedieval.com.

2.1.2.6. *CLARISEL*

Comprende tres bases bibliográficas dedicadas respectivamente a los libros de caballerías (*Amadís*), al cuento medieval (*Sendebar*) y a la literatura escrita en Aragón (*Heredia*). Junto a *CLARISEL*, y de la mano del mismo grupo de investigación de la Universidad de Zaragoza, aparecen en esta página: *COMEDIC*, Catálogo de obras medievales impresas en castellano, que reúne una base de datos de las obras medievales impresas en castellano desde las últimas décadas del siglo XV hasta finales del siglo XVI para facilitar su estudio desde una perspectiva literaria (http://comedic.unizar.es/) y *DINAM*, Diccionario de nombres del ciclo amadisiano, que, como su nombre indica, reúne a todos los personajes de la serie de los Amadises que portan un nombre o sobrenombre, y proporciona informaciones diversas de cada uno de ellos en forma de fichas (http://dinam.unizar.es/). Accesible en: https://grupoclarisel.unizar.es.

2.1.2.7. *PHEBO*

Este proyecto de investigación, capitaneado desde la Universidad de Córdoba, persigue proporcionar herramientas básicas para el análisis, estudio y valoración de la práctica poética de Bajo Barroco dando detalles sobre su creación y editando textos. Además, se facilita una base de datos de libros de poesía e impresos poéticos editados entre 1650 y 1750. Accesible en: http://www.uco.es/phebo/es.

2.1.2.8. *PhiloBiblon*

Una base de datos bio-bibliográfica sobre textos romances escritos en la Península Ibérica en la Edad Media y temprano Renacimiento. También es un instrumento de gestión de información para catalogar fuentes primarias, tanto impresas como manuscritas, los textos que contienen, las personas involucradas en el proccso dc producción y/o transmisión literaria y las bibliotecas que custodian los materiales analizados, junto con la bibliografía secundaria más relevante para el estudio de las fuentes, personas, lugares e instituciones. Se puede consultar en el siguiente enlace: https://bancroft.berkeley.edu/philobiblon/index_es.html.

3. *Bibliotecas digitales, Bases de datos, Diccionarios y Corpus de interés para la lengua y la lingüística hispánica*

3.1.1. *Bibliotecas digitales*

3.1.1.1. *Biblioteca Virtual de Filología Española*[10]

Desde la Universidad Complutense de Madrid, esta Biblioteca pone a disposición de los usuarios obras de historiografía de la lingüística del español del pasado que se pueden encontrar digitalizadas en la Red, aunque dispersas en multitud de lugares diferentes. Accesible en: https://www.bvfe.es.

3.1.2. *Bases de datos*

3.1.2.1. *BiTe. Bibliografía Temática de la Lingüística Española* - Apéndice 1 (Bite-Ap1)

Se trata de una base de datos que almacena y organiza fuentes secundarias relativas a la historia de la lingüística hispánica. Uno de sus objetivos es facilitar al investigador un material bibliográfico controlado y organizado. Accesible en https://biteap1.com/es.

3.1.2.2. *BDS. Base de Datos Sintácticos del español actual*

Esta base de datos contiene el resultado de analizar manualmente las aproximadamente 160.000 cláusulas de que consta la parte contemporánea del Archivo de Textos Hispánicos de la Universidad de Santiago. Accesible en: https://www.bds.usc.es.

3.1.2.3. *BibTIC*

La Universidad Pompeu Fabra ofrece en sus *GuiesBibTIC* una sección dedicada a la *Traducció i Ciències del Llenguatge*, dentro de la cual merece la pena señalar la pestaña dedicada a las Bases de datos. Accesible en: https://guiesbibtic.upf.edu/trad.

3.1.3. *Diccionarios*

---

[10] García Aranda 2021.

3.1.3.1. *RAE*

a) *DRAE*: Diccionario de la lengua española, en su versión del 2022 puede consultarse gratuitamente en el enlace: https://dle.rae.es. Existe también una aplicación para teléfono móvil totalmente gratuita (DLE).

b) *Diccionario panhispánico de dudas*: obra de consulta en las que se da respuesta, de forma clara y argumentada, a las dudas más habituales que plantea hoy el uso del español, sean de carácter fonográfico, morfológico, sintáctico o lexicosemántico. Accesible en https://www.rae.es/dpd.

c) *Diccionario de americanismos*: constituye un repertorio léxico que pretende recoger todas las palabras propias del español de América. Accesible en https://www.asale.org/damer.

d) *Diccionario histórico de la Lengua española*: persigue describir en su integridad (en el eje diatópico, diastrático y cronológico) la historia del léxico de la lengua española. Accesible en https://www.rae.es/dhle.

e) *Diccionario panhispánico del español jurídico*: su principal objetivo radica en la mejora del conocimiento del lenguaje jurídico, lo que repercutirá en su claridad y accesibilidad, así como en su más correcto empleo por los operadores jurídicos. Accesible en https://dpej.rae.es.

j) *Nuevo Tesoro lexicográfico de la lengua española*: es un diccionario de diccionarios, un diccionario que contiene todo el léxico de la lengua española desde el siglo XV hasta el XX. Accesible en https://apps.rae.es/ntlle/SrvltGUILoginNtlle.

i) Mapa de diccionarios: herramienta que permite, en la actualidad, consultar simultáneamente seis ediciones representativas del Diccionario académico: 1780, 1817, 1884, 1925, 1992 y 2001. Su finalidad radica en ofrecer una visión evolutiva del léxico moderno. Accesible en: https://apps2.rae.es/ntllet/SrvltGUILoginNtlletPub.

3.1.3.2. *Otros diccionarios de interés*

a) *DEMel. El Diccionario del Español Medieval electrónico*: se basa en un archivo de datos del *Diccionario del Español Medieval* (*DEM*). A partir de más de 600 obras literarias y no literarias o colecciones de textos y documentos, el material del archivo representa el caudal léxico del español desde el siglo X hasta comienzos del siglo XV. Accesible en https://demel.uni-rostock.de.

b) *TeLeMe. El Tesoro Lexicográfico Médico*: se inserta en la Red Temática *Lengua y Ciencia* que tiene como objetivo reunir a los grupos de investigación interesados en la lengua de la ciencia y de la técnica. El diccionario puede consultarse en el siguiente enlace: http://teleme.usal.es, mientras que para conocer las iniciativas de la Red temática *Lengua y Ciencia* se puede acudir a https://www.lenguayciencia.net.

c) *DICTER: Diccionario de la Ciencia y de la Técnica del Renacimiento*: vocabulario especializado de la ciencia -excluida la vertiente bio- (medicina, botánica, zoología, etc.)- y de la técnica desarrolladas en España –con alguna prolongación en el Nuevo Mundo- durante el siglo XVI y primer cuarto del XVII. Accesible en: https://dicter.usal.es.

d) *Diccionario audivisual de gestos españoles*: coordinado por A. Cestero, M. Forment y M. Gelaber. Accesible en: https://mele.web.uah.es/diccionario_gestos.

e) *Diccionario de gestos españoles*: aparece entre los recursos de una página dedicada al español coloquial, coordinada por el prof. Gaviño de la Universidad de Cádiz. El Diccionario puede consultarse en el siguiente enlace: https://coloquial.es/es/diccionario-del-espanol-coloquial/. La página que engloba este y otros instrumentos para el estudio del español coloquial es https://www.coloquial.es.

f) *Diccionario de gestos españoles. Lengua española, ciencia de lenguaje e información*: trabajo coordinado por E. Martinell y H. Ueda que puede consultarse en el siguiente enlace: https://lecture.ecc.u-tokyo.ac.jp/~cueda/gakusyu/gestos.

g) *DIEC2. Diccionari de la llengua catalana*: obra del *Institut d'Estudis Catalans* que puede considerarse el Diccionario normativo de la lengua catalana y que cuenta con el aval de la Universidad Pompeu Fabra. Accesible en: https://dlc.iec.cat.

h) *TILG. Tesouro Informatizado da Lingua Galega*: se trata de Base de datos lexicográfica de la lengua gallega. Accesible en: http://ilg.usc.es/TILG/gl.

3.1.4. *Corpus*

3.1.4.1. *Corpus RAE*

a) *CORPES XXI*: banco de datos del español del siglo XXI. La Academia y la Asociación de Academias de la Lengua Española (ASALE) nos ofrecen un corpus de referencia que aún está en construcción. Contiene textos escritos y orales, procedentes de hispanohablantes. Pretende ser una continuación de *CREA* y *CORDE* (vd. *infra*). Los textos han sido extraídos de libros y prensa online, impresos y de canales de información audiovisual. Accesible en: https://apps2.rae.es/CORPES/org/publico/pages/consulta/entradaCompleja.view.

b) *Corpus del Nuevo Diccionario histórico de la lengua española*: accesible en: https://apps.rae.es/CNDHE/view/inicioExterno.view.

c) *CREA. Corpus de Referencia del Español Actual*: conjunto de textos de diversa procedencia, del que es posible extraer información para estudiar las palabras, sus significados y sus contextos. Accesible en: http://corpus.rae.es/creanet.html.

d) *CORDE. Corpus diacrónico del español*: corpus textual desde los orígenes del idioma hasta el año 1974, en que limita con el *CREA*. Está diseñado para extraer información con la cual estudiar las palabras y sus significados, así como la gramática y su uso a través del tiempo. Accesible en: http://corpus.rae.es/cordenet.html.

e) *CorLexIn. Corpus Léxico de Inventarios*: la Academia participa también activamente en la elaboración de este corpus, que recoge documentos notariales del Siglo de Oro y que nace de la labor del prof. José R. Moralo Rodríguez. Accesible en: https://apps2.rae.es/CORLEXIN.html.

3.1.4.2. *Otros corpus de interés*

a) *CHARTA*[11]. *El Corpus Hispánico y Americano en la Red: Textos Antiguos*: conocido también como proyecto *CHARTA*, se propone la edición y el estudio lingüístico de textos archivísticos en español de los siglos XII al XIX. Contendrá documentos de Europa, América y Asia, entendidos estos en sentido amplio, pues no solo acoge piezas oficiales de la cancillería, la administración civil, la de justicia, la Inquisición o contratos de compraventa, sino también cartas particulares, billetes y notas sueltas. Accesible en http://www.corpuscharta.es.

b) *P.S. Post Scriptum. A Digital Archive of Ordinary Writing*[12]: el proyecto tiene por objeto la investigación sistemática, edición y estudio histórico-lingüístico de cartas privadas escritas en España y Portugal durante la Edad Moderna. Accesible en: http://teitok.clul.ul.pt/postscriptum.

c) *PRESEEA. Proyecto para el Estudio Sociolingüístico del Español de España y América*: se trata de un corpus de lengua española hablada representativo del mundo hispánico en su variedad geográfica y social. Estos materiales se reúnen atendiendo a la diversidad sociolingüística de las comunidades de habla hispanohablantes. Accesible en: https://preseea.uah.es/.

d) *CORDIAM. Corpus Diacrónico y Diatópico del Español de América*: contiene solo textos escritos en América. Accesible en: https://www.cordiam.org.

e) *COSER. Corpus Oral y Sonoro del Español Rural*: formado por grabaciones de la lengua hablada en enclaves rurales de la Península Ibérica. Las entrevistas se obtuvieron con el propósito de ofrecer una muestra representativa de la variedad dialectal, pero también permiten conocer los modos de vida en el campo en la época previa a la mecanización agraria y a la despoblación rural. Accesible en: http://www.corpusrural.es.

f) *ODE: Oralia Diacrónica del Español*: se presenta como continuación del *Corpus diacrónico del español del reino de Granada*, 1492-1833 (*CORDEREGRA*), formado principalmente por declaraciones de testigos, inventarios de bienes y certificaciones de barberos y cirujanos. En este nuevo corpus se amplian las zonas geográficas de estudio. Accesible en: http://corpora.ugr.es/ode/index.php?action=home.

---

[11] Sánchez-Prieto Borja 2012.
[12] Vaamonde-Costa-Marquilhas-Pinto-Pratas 2014.

g) *C-Or-DiAL. Corpus Oral Didáctico Anotado Lingüísticamente*: se accede al trabajo coordinado por la prof. Carlota Nicolás Martínez de la Università di Firenze que se presenta como un recurso lingüístico utilizable en la investigación para el análisis general de la lengua oral, y específicamente en el ámbito de la Didáctica de la Lengua. Accesible en: http://lablita.it/app/cordial/.

En resumidas cuentas, damos testimonio en estas pocas palabras de las enormes posibilidades de las que dispone un estudioso o un simple usuario de la Red para acceder tanto a obras de los clásicos de la literatura española en su versión manuscrito, impresa, o en ediciones digitales, como a Bases de datos que permitan estudios profundos sobre un determinado episodio cultural del mundo hispánico, pasando por la opción de estudiar la lengua española diacrónica y sincrónicamente en toda su complejidad en texto escritos, textos orales e, incluso, a través de las cartas de nuestros antepasados. Todo ello nos proporciona un sinfín de noticias que pueden llevar a otros tantos trabajos de investigación.

Todos estos estudios tendrán en su base un análisis profundo de la literatura primaria y de la literatura secundaria que podemos obtener a través de un uso concreto de los repositorios presentes en las plataformas y en los portales reseñados a lo largo de estas páginas.

BIBLIOGRAFÍA

BARANDA-RODRÍGUEZ 2014 = C. BARANDA - E. RODRÍGUEZ, *Red* ARACNE: *retos y objetivos de un proyecto de coordinación en letras hispánicas digitales*, in *Humanidades Digitales: desafíos, logros y perspectivas de futuro*, S. LÓPEZ POZA – N. PENA SUEIRO (eds.), *Janus* [en línea], Anexo 1, 2014, pp. 101-109, publicado el 11/04/2014, consultado el 07/02/2023. URL: <https://www.janusdigital.es/anexos/contribucion.htm?id=10>.

CANET 2014 = J. L. CANET, *Reflexiones sobre las humanidades digitales*, in *Humanidades Digitales: desafíos, logros y perspectivas de futuro*, S. LÓPEZ POZA - N. PENA SUEIRO (eds.), *Janus* [en línea] Anexo 1, 2014, pp. 11-20, publicado el 11/04/2014, consultado el 07/02/2023. URL: <https://www.janusdigital.es/anexos/contribucion.htm?id=4>.

CENTENERA CENTENERA-DÍEZ PLATAS 2014 = P. CENTENERA CENTENERA - M. L. DÍEZ PLATAS, *El proceso de desarrollo de una biblioteca digital y su apertura e integración en el recolector* Hispana: *el caso de la* Biblioteca Digital Ovidiana Abierta, in *Humanidades Digitales: desafíos, logros y perspectivas de futuro*, S. LÓPEZ POZA - N. PENA SUEIRO (eds.), *Janus* [en línea] Anexo 1, 2014, pp. 137-150, publicado el 11/04/2014, consultado el 07/02/2023. URL: <https://www.janusdigital.es/anexos/contribucion.htm?id=13>.

FERNÁNDEZ TRAVIESO 2014 = C. FERNÁNDEZ TRAVIESO, *Base de datos sobre* Inventarios y Bibliotecas del Siglo de Oro (IBSO). *Utilidad y posibilidades*, in *Humanidades Digitales: desafíos, logros y perspectivas de futuro*, S. LÓPEZ POZA – N. PENA SUEIRO (eds.), *Janus* [en línea] Anexo 1, 2014, pp. 175-183, publicado el 11/04/2014, consultado el 07/02/2023. URL: <https://www.janusdigital.es/anexos/contribucion.htm?id=16>.

Ferrer Valls *et alii* 2021 = T. Ferrer Valls - A. Fuertes Seder - R. Peña Ortiz - A. García-Reidy - D. Josa Martínez - H. Urzáiz Tortajada, ASODAT: *una plataforma de información sobre el teatro clásico español a partir de bases de datos federadas*, in *Talía: Revista de estudios teatrales*, 3, 2021, pp. 45-58.

García Aranda 2021 = M. A. García Aranda, La Biblioteca Virtual de la Filología Española*, diez años después¸* in *Boletín de la Sociedad Española de Historiografía Lingüística*, 15, 2021, pp. 25-41.

Haro Cortés 2019a = M. Haro Cortés, Aul@Medieval, in *Historias Fingidas*, 7, 2019, pp. 413-418. [en línea: DOI: http://dx.doi.org/10.13136/2284-2667/138. ISSN:2284-2667.]

Haro Cortés 2019b = M. Haro Cortés, Parnaseo *(Servidor Web de Literatura Española)*, in *Historias Fingidas*, 7, 2019, pp. 437-442. [en línea: DOI: http://dx.doi.org/10.13136/2284-2667/140.ISSN:2284-2667.]

López Poza - Saavedra Places 2014 = S. López Poza - Á. Saavedra Places, *Recursos digitales ofrecidos por el* SIELAE *para el estudio del Siglo de Oro. Creación, gestión y evolución de BIDISO»*, in *Humanidades Digitales: desafíos, logros y perspectivas de futuro*, S. López Poza - N. Pena Sueiro (eds.), *Janus* [en línea], in *Anexo* 1, 2014, pp. 285-303, publicado el 11/04/2014, consultado el 07/02/2023. URL: <https://www.janusdigital. es/anexos/contribucion.htm?id=27>.

Muñoz Basols (dir.) 2016 = J. Muñoz Basols (dir.), *Introducción a la lingüística hispánica actual: teoría y práctica*, Londres 2016.

Pena Sueiro-Saavedra Places 2019 = N. Pena Sueiro - Á. Saavedra Places, Aracne. *Red de Humanidades Digitales y Letras Hispánicas*, in *Historias Fingidas*, 7, 2019, pp. 407-412. [en línea: https://doi.org/10.13136/2284-2667/138.]

Redondo Pérez 2019 = G. Redondo Pérez, Dialogyca BDDH, in *Historias Fingidas*, 7, 2019, pp. 427-431. [en línea: DOI:http://dx.doi.org/10.13136/2284-2667/147. ISSN:2284-2667]

Romero López 2014 = D. Romero López, *Hacia la Smartlibrary:* Mnemosine*, una biblioteca digital de textos literarios raros y olvidados de la Edad de Plata (1868-1936)1. Fase I»*, in *Humanidades Digitales: desafíos, logros y perspectivas de futuro*, S. López Poza - N. Pena Sueiro (eds.), *Janus* [en línea] Anexo 1, 2014, pp. 411-422, publicado el 11/04/2014, consultado el 07/02/2023. URL: <https://www.janusdigital.es/ anexos/contribucion.htm?id=37>.

Sánchez-Prieto Borja 2012 = P. Sánchez-Prieto Borja, *La red* CHARTA*: proyecto global de edición de documentos hispánicos*, in *Nuevas perspectivas para la edición y el estudio de documentos hispánicos antiguos*, M. J. Torrens Álvarez - P. Sánchez-Prieto Borja (coords.), Berna 2012, pp. 17-44.

Vaamonde-Costa-Marquilhas-Pinto-Pratas 2014 = G. Vaamonde - A. L. Costa - R. Marquilhas - C. Pinto - F. Pratas, Post Scriptum: *Archivo Digital de Escritura Cotidiana*, in *Humanidades Digitales: desafíos, logros y perspectivas de futuro*, S López Poza - N. Pena Sueiro (eds.), *Janus* [en línea] Anexo 1, 2014, pp. 473-482, publicado el 11/04/2014, consultado el 07/02/2023. URL: <https://www.janusdigital.es/anexos/ contribucion.htm?id=41>.

INDICE TOPOGRAFICO DEI MANOSCRITTI

a cura di

Angelo Piacentini

PARIS

Bibliothèque nationale de France
Latin
    4939: 39, 44
    5150: 39
    6802: 39
    8082: 39

PARMA

Biblioteca Palatina
Palatino
    245: 75
Parmense
    1081: 68-69, 71, 75

PERUGIA

Archivio di Stato
    Carte Del Chiaro, senza segnatura: 38-39
Biblioteca Comunale Augusta
    I 20: 68, 75

PESARO

Biblioteca Oliveriana
    921: 75

ROMA

Biblioteca Angelica
    1882: 75
Biblioteca dell'Accademia Nazionale dei Lincei e Corsiniana
Rossi
    244 [= 43.B.26]: 75
    B1 fasc. 7 (verbale del 20 gennaio 1891): 85

SIENA

Biblioteca Comunale degli Intronati
    H.XI.54: 69, 75
    I.IX.18: 69-70, 75

STUTTGART

Wüttembergische Landesbibliothek

Finito di stampare nel mese di maggio 2023
per conto de «L'ERMA» di BRETSCHNEIDER®
da Centro Stampa di Meucci Roberto - Città di Castello (PG)